"十四五"普通高等教育本科部委级规划教材

# 国际服装商务（第3版）

## INTERNATIONAL GARMENT BUSINESS
## （THIRD EDITION）

姚 蕾 郭 燕 ｜ 编著

中国纺织出版社有限公司

# 内 容 提 要

本书以国际纺织品服装贸易为主要内容，系统介绍了国际纺织品服装贸易发展、多边贸易体制下的国际纺织品服装贸易规则、国际商务基本理论、国际纺织品服装贸易壁垒和国际纺织品服装贸易格局等内容。

纺织品服装作为国际货物贸易重要组成部分，又是受贸易限制较多的商品。本书力求对国际纺织品服装贸易相关理论及知识进行系统介绍，为国际贸易专业、国际纺织品服装贸易专业、国际商务专业的本科生、研究生，尤其是纺织服装类院校学生以及研究机构人员的学习提供教材或参考。

## 图书在版编目（CIP）数据

国际服装商务/姚蕾，郭燕编著 . --3 版 . --北京：
中国纺织出版社有限公司，2024.3
"十四五"普通高等教育本科部委级规划教材
ISBN 978-7-5229-1225-7

Ⅰ.①国…　Ⅱ.①姚…②郭…　Ⅲ.①服装－国际贸易－高等学校－教材　Ⅳ.①F746.83

中国国家版本馆 CIP 数据核字（2023）第 215172 号

责任编辑：亢莹莹　　责任校对：高　涵　　责任印制：王艳丽

中国纺织出版社有限公司出版发行
地址：北京市朝阳区百子湾东里 A407 号楼　邮政编码：100124
销售电话：010—67004422　传真：010—87155801
http://www.c-textilep.com
中国纺织出版社天猫旗舰店
官方微博 http://weibo.com/2119887771
三河市宏盛印务有限公司印刷　各地新华书店经销
2007 年 11 月第 1 版　2019 年 7 月第 2 版
2024 年 3 月第 3 版第 1 次印刷
开本：787×1092　1/16　印张：15.25
字数：320 千字　定价：58.00 元

凡购本书，如有缺页、倒页、脱页，由本社图书营销中心调换

# 第3版前言

党的二十大报告提出,坚持高水平对外开放,加快构建以国内大循环为主体、国内国际双循环相互促进的新发展格局。其中,重点强调加快建设贸易强国,维护多元稳定的国际经济格局和经贸关系。

纺织服装行业是我国的传统支柱产业,对促进国民经济发展、解决就业、增加国民收入、促进社会和谐发展等方面具有十分重要的意义。

近几年,全球货物贸易呈现强劲反弹,终端需求稳步恢复也带动了纺织品服装贸易快速增长。我国纺织服装行业在全球价值链中地位稳固,产业链整体竞争力不断增强,在国际市场需求复苏、出口订单回流等因素的支撑下,我国稳居全球纺织品服装出口第一大国,出口竞争力保持稳定。在国际货物贸易中,纺织品服装贸易历史悠久,纺织服装产品较为敏感且竞争激烈,贸易限制和壁垒繁多、复杂,国际纺织服装市场竞争日趋激烈。因此,对国际服装商务进行系统地研究意义深远。

本书继续延用第2版的篇章分布,全书分为四篇,共七章。第一篇为国际纺织品服装贸易概况,第二篇为国际商务基本理论,第三篇为国际纺织品服装贸易壁垒,第四篇为国际纺织品服装贸易格局。本书具有以下特点:

(1)系统性。本书对国际服装商务理论与贸易措施进行了系统归纳,使读者对国际纺织品服装商务有了系统化的了解,具有实际指导作用。

(2)数据新。书中所用数据既考虑到历史发展数据,也搜集整理最新统计数据,呈现出数据最新动态变化。

(3)内容实。本书内容翔实丰富,涉及国际纺织品服装贸易最新发展格局、相关背景知识和国际商务理论,对国内纺织服装院校师生了解国际纺织品服装商务具有参考价值。

本书第一章至第五章由北京服装学院商学院姚蕾教授编写,第六章、第七章由北京服装学院商学院郭燕编写。

本书在撰写过程中查阅和参考了大量国内外网站、数据库、图书及期刊资料,在此特做说明,并致以诚挚感谢。书中如有不妥之处,敬请各位读者批评、指正。

编著者

2023 年 7 月

# 第2版前言

自第一次工业革命以来的近250年间,纺织服装业一直是世界各国进入工业化早期首选的先导产业。无论是第一次工业革命,英国纺织工业的崛起,带动英国进入工业化发展阶段;还是第二次工业革命,纺织服装业在德国及其他欧洲国家、美国的迅速发展;到第三次工业革命,纺织服装业带动了日本、韩国、中国、土耳其、印度、巴基斯坦的经济的快速发展,都证明了这一点。21世纪初,新一轮全球纺织服装产业转移,东南亚、南亚以及非洲等国家纷纷承接纺织服装产业,成为新兴的纺织品服装出口国,跃居前十位服装出口国的行列。纺织服装业对一国经济的发展、出口创汇、提供就业等均具有显著的贡献。同时,各国纺织服装业的发展也离不开国际市场的支撑,包括原料、纱线、面辅料的进口及成衣的出口。

在国际货物贸易中,纺织品服装贸易历史悠久,竞争激烈,贸易限制多。长期以来,与进口相关的限制措施都涉及纺织品服装贸易,如关税和非关税措施、技术性贸易壁垒、绿色壁垒和社会责任、产品召回制度等。发达经济体既是全球纺织品服装的主要进口市场,也是贸易措施的制定国和实施国。

全书分为四篇,共七章。第一篇为国际纺织品服装贸易概况,第二篇为国际商务基本理论,第三篇为国际纺织品服装贸易壁垒,第四篇为国际纺织品服装贸易格局。主要对国际服装商务理论与贸易措施进行了系统归纳,内容广泛,具有实际指导作用。

本书具有以下特点:

(1)系统性:从全新的视角深入诠释了国际纺织品服装贸易发展历程、国际商务理论及其应用、相关国际贸易措施介绍等,使读者对国际纺织品服装商务有了系统化的了解。

(2)体例新颖:每一章都从基本问题的提出为出发点,深入浅出地阐述了基本理论和贸易措施,并辅以背景知识介绍。

(3)内容丰富:引用最新的国际纺织品服装贸易数据阐述相关知识和理论,对国内纺织服装院校师生了解国际纺织品服装贸易具有参考价值。

本书可作为应用型人才培养的"国际服装商务"专业特色课程教材,也可以作为纺织服装类院校的专业基础理论课程教材,为我国纺织服装行业培养国际商务专业人才。

本书第一章、第二章、第六章和第七章由北京服装学院商学院郭燕教授编写,第三章至第五章由北京服装学院商学院姚蕾编写。

本书在撰写过程中查阅和参考了大量有关的国内外网站、数据库、图书及期刊资料,在此特做说明,并致以诚挚感谢。新国际贸易理论及其应用仍在探索中,愿本书的出版能对读者有所帮助。书中如有不妥之处,敬请各位读者批评、指正。

编著者

2019 年 3 月

# 第1版前言

本书以服装产品的国际商务活动为主要内容,介绍当前国际服装商务概况、贸易格局、商品结构、各大洲主要国家服装市场现状、国际服装进出口贸易操作流程等。由于在国际贸易中,服装产品较为敏感且竞争激烈,贸易限制和壁垒繁多、复杂。特别是许多发展中国家成为国际服装贸易的主要出口国,美国、欧盟、日本等国家为主要进口国。因此,发达国家为了限制进口,长期以来对国际服装贸易设置了种种障碍,包括传统的关税和非关税壁垒以及技术壁垒、绿色壁垒和社会壁垒等新型的贸易壁垒。在世界贸易组织中,除了《纺织品与服装协议》外,还有许多与服装贸易相关的协议,如《原产地规则协议》《技术性贸易壁垒协议》《与贸易有关的知识产权协议》和《保障措施协议》等,以规范国际服装贸易的发展。

自1994年以来,我国一直保持世界纺织品服装第一大出口国地位,同时,服装又是我国最大类别的贸易顺差产品。随着中国服装出口额的不断增长,国际市场上一批新兴发展中服装出口国家的崛起,使未来的国际服装市场竞争更加激烈。因此,对于国际服装商务进行系统的研究意义深远。

本书具备以下特点:

1. 数据新

书中所列相关数据,大多为近年最新统计数据,并加以整理和分析。同时收集了部分历史数据,以丰富相关的知识。

2. 理论与实践相结合

书中介绍了国际贸易理论,包括国际分工理论、保护政策理论、直接投资理论和地区经济一体化理论。同时,介绍了国际服装商务操作流程、合同订立、履行等贸易实务知识,有利于读者掌握。

3. 内容新

书中将当前服装贸易的新壁垒,如技术壁垒、绿色壁垒、社会壁垒一一加以介绍,还重点分析了世界区域一体化,对未来国际服装商务市场格局的影响。

4. 系统性

全书内容共分为六篇十五章,涉及国际服装商务概况、国际贸易理论、WTO中与服装贸易相关的协议、国际服装商务中的贸易壁垒、世界主要纺织服装市场概况和国际服装商务进出口贸易实务操作等方面的内容。上述内容将国际服装商务知识进行了系统归纳,内容广泛,具有实际指导作用。

国际服装商务的研究,有许多理论和实践问题仍在探索中,还需要进一步地完善和丰富。愿本书的出版能对读者和国内服装企业有所帮助。本书如有不妥之处,敬请各位读者批评指正。

本书由郭燕任主编,东艳任副主编。参加本书编写的主要人员有:东艳(第一章、第二章)、郭燕(第三章~第八章)、瞿文芳(第九章第一、第二、第四节、第十章第一节)、张彦欣(第九章第三节、第十章第二节~第四节)、刘宝成(第十一章~第十三章)。

本书编写过程中得到了中国纺织出版社的大力协助,作者查阅和参考了大量相关的国内外图书、报刊资料以及教材,有些加以引用,在此特予说明,并致以诚挚感谢。

编著者

2007 年 5 月于北京

# 教学内容及课时安排

| 课程性质/课时 | 篇/课时 | 章/课时 | 节 | 课程内容 |
|---|---|---|---|---|
| 基础理论与研究/48 | 第一篇 国际纺织品服装贸易概况/12 | 第一章/6 | ● | 国际纺织品服装贸易发展 |
| | | | 一 | 国际纺织品服装贸易发展阶段 |
| | | | 二 | 国际纺织品服装贸易发展现状 |
| | | 第二章/6 | ● | 多边贸易体制下的国际纺织品服装贸易规则 |
| | | | 一 | 多边贸易体制回顾 |
| | | | 二 | 与纺织品服装贸易相关的国际贸易规则 |
| | 第二篇 国际商务基本理论/16 | 第三章/16 | ● | 国际商务理论 |
| | | | 一 | 国际分工理论 |
| | | | 二 | 贸易保护政策理论 |
| | | | 三 | 国际直接投资理论 |
| | | | 四 | 区域经济一体化理论 |
| | 第三篇 国际纺织品服装贸易壁垒/12 | 第四章/6 | ● | 关税壁垒和非关税壁垒 |
| | | | 一 | 关税壁垒 |
| | | | 二 | 非关税壁垒 |
| | | | 三 | 反倾销措施、反补贴措施和保障措施 |
| | | 第五章/6 | ● | 技术性贸易壁垒、绿色壁垒、社会壁垒和产品召回制度 |
| | | | 一 | 技术性贸易壁垒 |
| | | | 二 | 绿色壁垒 |
| | | | 三 | 社会壁垒 |
| | | | 四 | 产品召回制度 |
| | 第四篇 国际纺织品服装贸易格局/8 | 第六章/4 | ● | 世界主要纺织品服装进口市场 |
| | | | 一 | 美国 |
| | | | 二 | 欧盟 |
| | | | 三 | 日本 |
| | | 第七章/4 | ● | 发展中国家纺织品服装出口 |
| | | | 一 | 中国 |
| | | | 二 | 印度、巴基斯坦和土耳其 |
| | | | 三 | 孟加拉国、越南、印度尼西亚和柬埔寨 |

注　各院校可根据自身的教学特点和教学计划对课程时数进行调整。

# 目　录

## 第一篇　国际纺织品服装贸易概况

**第一章　国际纺织品服装贸易发展** ················· 4

第一节　国际纺织品服装贸易发展阶段 ················· 4

第二节　国际纺织品服装贸易发展现状 ················· 25

**第二章　多边贸易体制下的国际纺织品服装贸易规则** ················· 40

第一节　多边贸易体制回顾 ················· 40

第二节　与纺织品服装贸易相关的国际贸易规则 ················· 46

## 第二篇　国际商务基本理论

**第三章　国际商务理论** ················· 76

第一节　国际分工理论 ················· 76

第二节　贸易保护政策理论 ················· 97

第三节　国际直接投资理论 ················· 106

第四节　区域经济一体化理论 ················· 118

## 第三篇　国际纺织品服装贸易壁垒

**第四章　关税壁垒和非关税壁垒** ················· 128

第一节　关税壁垒 ················· 128

第二节　非关税壁垒 ················· 131

第三节　反倾销措施、反补贴措施和保障措施 ················· 134

**第五章　技术性贸易壁垒、绿色壁垒、社会壁垒和产品召回制度** ……………… 148

　　第一节　技术性贸易壁垒 ………………………………………………… 149

　　第二节　绿色壁垒 ………………………………………………………… 155

　　第三节　社会壁垒 ………………………………………………………… 162

　　第四节　产品召回制度 …………………………………………………… 168

## 第四篇　国际纺织品服装贸易格局

**第六章　世界主要纺织品服装进口市场** ……………………………………… 180

　　第一节　美国 ……………………………………………………………… 181

　　第二节　欧盟 ……………………………………………………………… 188

　　第三节　日本 ……………………………………………………………… 198

**第七章　发展中国家纺织品服装出口** ………………………………………… 204

　　第一节　中国 ……………………………………………………………… 206

　　第二节　印度、巴基斯坦和土耳其 ……………………………………… 214

　　第三节　孟加拉国、越南、印度尼西亚和柬埔寨 ……………………… 223

# 第一篇　国际纺织品服装贸易概况

纺织业是世界各国工业化发展历程中的先导产业，在人类社会200多年工业化发展进程中，许多国家的工业、经济和社会发展历程都证明了这一点。无论是在第一次工业革命时期，纺织业作为英国先导产业的出现，还是在21世纪初，越南、孟加拉国和柬埔寨的工业化初期阶段，都选择纺织业为本国工业化的先导产业。其原因在于发展纺织业投资小、见效快、技术含量低、技术障碍较小，又是劳动密集型产业，能为一国提供大量的就业机会，同时纺织业还能带动农业、机械工业、化工和化纤工业、商贸领域的发展。

在一个国的工业化进程中，科技革命的出现带来先进的生产方式，必然引起产业结构的调整，最终各国产业结构的演进一般都沿着"轻工业化—重化工业—重加工业—知识技术集约化"的路径发展。同时，与之相伴的是生产要素投入的改变，即"劳动密集型—资本密集型—技术密集型—知识密集型"的依次更迭。

世界上各国的工业化道路并无统一的模式，但是就工业化的基本进程而言，却有着相同的特征，即从轻工业或消费品工业开始工业化，然后发展到重工业或资本品工业，继而推动服务业或第三产业兴起。而每一个时期处于国际纺织品服装贸易中心地位的国家，其纺织服装业在该国都属于先导产业，基本上当时都处于本国工业化的早期阶段。这一规律无论是第二次世界大战后的日本工业化早期，还是改革开放初期的中国，直至当今的越南等国家都未改变。

# 国际纺织品服装贸易发展

**课程名称：** 国际纺织品服装贸易发展

**课程内容：** 1. 国际纺织品服装贸易发展阶段

2. 国际纺织品服装贸易发展现状

**课程学时：** 6 课时

**教学要求：** 通过本章的学习，了解国际纺织工业发展历程、纺织原料贸易特点、国际纺织品服装贸易发展阶段及发展现状，掌握国际纺织品服装贸易特征和变化规律。

# 第一章　国际纺织品服装贸易发展

## 第一节　国际纺织品服装贸易发展阶段

### 一、工业革命与国际纺织品服装贸易发展阶段

人类历史上四次科技革命及与之相伴的四次产业革命，都对全球纺织品服装贸易的发展起到了积极的推动作用，自第一次工业革命至今，国际纺织品服装贸易经历了三个发展阶段。

国际纺织品服装贸易格局是由纺织品服装生产格局决定的，在过去的200多年间，曾出现了三次明显的贸易格局转移：第一次是从英国转移到美国、日本和欧洲；第二次是转移到韩国、中国香港和中国台湾；第三次是转移到中国（内地/大陆）、印度和巴基斯坦。目前有迹象表明，第四次转移是全球纺织品服装产地正在向越南、孟加拉国和柬埔寨等新兴国家转移，上述新兴生产国已成为国际纺织品服装的出口国，新的全球纺织品贸易格局已经形成。

### （一）第一次工业革命——以英国为中心的纺织品贸易体系的形成

工业革命，也称为产业革命，是资本主义由工场手工业阶段过渡到大机器生产的一次飞跃。第一次工业革命，以英国为首，以蒸汽机为主要标志，以轻工业为主导，从18世纪60年代珍妮纺纱机的问世，到19世纪30年代蒸汽机的广泛应用，火车、小汽车和轮船的出现都基本完成，历时70余年。

第一次工业革命以前，纺织服装业是以手工操作的生产方式为主要特征。1785年瓦特发明了一种能耗低、效率高，有实际价值的蒸汽机，开始应用于棉纺业，随后用于毛纺业。在第一次科技革命中，欧洲的棉纺业、毛纺业向以蒸汽为动力的生产方式转变，机械力取代了人类社会千百年来对人力和畜力的依赖，形成了一大批以蒸汽为动力的新兴制造业。

第一次工业革命使英国作为世界头号工业强国迅速崛起，也使世界格局随之发生了巨变。英国真正成为"世界工厂"，国际纺织品服装贸易格局初步形成，世界纺织品服装

生产和出口以英国为中心，而印度、澳大利亚等殖民地国家成为英国棉花、羊毛的供应地，全球市场成为英国棉纺产品和毛纺产品的销售地，形成了以英国为中心的国际纺织品服装贸易分工格局。

## 背景知识

### 第一次工业革命前后一系列纺织机器的发明

在由工场手工业向机器大工业的转化过程中，由于圈地运动的进一步发展，广大农民失去了赖以生存的土地，他们只好流浪到城市谋生。大量自由劳动力的出现有力地促进了当时英国的工场手工业的快速发展。同时，由于纺织工业本身具有投资少、见效快等特点，因此它成为当时的工场手工业的中坚。第一次工业革命首先出现于工场手工业新兴的棉纺织业。

1733 年，机械师约翰·凯伊发明了飞梭，大大提高了织布速度，棉纱顿时供不应求。

1765 年，纺织工詹姆士·哈格里夫斯发明了"珍妮纺纱机"，大幅度增加了棉纱产量。"珍妮纺纱机"的出现首先在棉纺织业中引发了发明机器、进行技术革新的连锁反应，揭开了工业革命的序幕。

1769 年，钟表匠理查德·阿克莱特发明了一种以水力为动力的纺纱机，这种以水力米转动纺轮的新纺纱机，是继"珍妮纺纱机"后的又一大进步。

1779 年，一个童工出身的纺织工塞缪尔·克隆普顿（1753—1827）对"珍妮纺纱机"和水力纺纱机进行了综合分析，在综合这两种纺纱机优点的基础上，研制出了一种被称为骡机的新纺纱机。骡机以水力为动力，一台骡机能带动近 2000 个纱锭，使纺纱机的工效大大提高。

1785 年，牧师卡埃德蒙·特赖特（1743—1823）在水力纺纱机和骡机的启发下，发明了水力织布机。新的水力织布机的工效要比原来带有飞梭的人力织布机的工效高 40 倍。水力织布机的发明，又暂时缓和了织布机落后的矛盾。就像一对相互啮合的齿轮，纺纱机与织布机在相互作用下共同发展。

### （二）第二次工业革命——以欧洲和美国为中心的国际纺织品分工格局

第二次科技革命是以内燃机和电动机的发明与使用为代表，电能取代蒸汽能。电力技术在纺织工业中得到广泛应用，因而进一步提高了纺织业的生产效率，实现了纺织服装生产设备的电气化，比原有的以蒸汽为动力的生产方式，效率提高了数十倍。

在科技革命的推动下，化学工业在第二次产业革命中得到了迅速发展，合成化学对纺织业的影响主要表现为"合成染料"的发明及其推广和应用，它改变了人们对天然染料的依赖，纺织业开始减少对自然资源的依赖。

在第二次工业革命中处于领先地位的是德国和美国。这一时期，英国以外的一些欧洲发达国家和美国，纷纷从事纺织品服装的生产，并开始大量出口，随着欧美国家的对外扩张，亚洲、非洲、拉丁美洲的许多国家成为帝国主义的殖民地，为欧美纺织业生产提供棉花、羊毛和丝麻原料，并成为纺织加工产品的销售地。以欧洲和美国为中心的国际纺织品服装贸易分工格局基本形成。

法国的工业革命起自18世纪80年代，到19世纪中叶完成。法国棉纺织业首先开始了技术革命，采用机器，并开始建立自己的机器制造厂。1852年，法国纺织业共有工厂1438家，蒸汽机1179台，动力达16494马力，所采用的蒸汽机数量和马力居法国各工业部门之首。丝织业是法国传统的工业部门，1835年以后，较大型的丝织厂开始建立。在丝织业方面，法国机器比英国机器还要精良。因此，法国一直是世界精美丝织品的供应商，其产品一半销往国外。19世纪20年代以后，法国的毛纺织业也开始使用机器，并大量出口毛纺织品。虽然法国的棉纺织业比英国的规模小，但丝织业、毛纺织业有较强的竞争力。法国的纺织工业在当时仅次于英国居世界第二位。

德国的工业革命从19世纪30年代开始，到19世纪80年代基本完成。第二次工业革命与德国两个工业部门的领先地位相关，一个是电气工业，另一个是化学工业。德国是最早发明和广泛应用电力的国家，第二次工业革命时期德国毛纺织业普遍采用了机器，19世纪40年代德国还建立了几家制造纺织机的工厂，纺织业成为德国最主要的产业。

19世纪德国的化学研究突飞猛进，以合成染料的生产为例，1900年德国已完全垄断了世界染料市场。纺织工业的发展扩大了对染料的需求，由于德国首先发明和使用了矿物染料，纺织品成本下降，德国的纺织品在国际市场上具有了一定的竞争优势。

早在1789年，美国在罗德岛建立了第一座水力纺织厂。美国纺织业发展迅速，很快成为最主要的工业部门。在棉纺织业的带动下，一些纺织机械制造厂先后建立起来，成为最早的机器制造业。毛纺织业也随着国内市场的扩大发展了起来。

19世纪的后30年，昔日的英国逐渐失去了工业垄断地位。1863年诺贝尔发明了炸药。炸药化学的研制又引来了合成纤维工业。1884年第一座人造丝厂问世，化学纤维时代从此开始了。1899年，德国开始生产铜氨丝。20世纪30年代，美国成功生产出一种纺织纤维，即后来举世闻名的尼龙纤维。1828年，德国法本公司的保罗首次发明了德国的贝纶，与尼龙纤维具有同等价值。

如果说第一次工业革命造就了一个大英帝国，那么第二次工业革命则成就了德国和美国的崛起。


**（三）第三次工业革命——国际纺织品服装贸易形成了产业内分工格局**

第三次工业革命发生在第二次世界大战之后，是以原子能技术、航天技术、电子计算机的应用为代表，包括人工合成材料、分子生物学和遗传工程等高新技术。计算机的应用使纺织纤维的生产实现了自动化，从而减少了对劳动力的依赖，生产效率得到了飞跃式发展。

化学合成纤维的出现是纺织原料的重大革命，化学纤维在产量上与天然纤维并驾齐驱，且应用范围比天然纤维更广泛。化学纤维在纺织服装领域的应用，改变了纺织工业原料对农牧业的依赖，化纤技术及纺织技术的高速发展和变化，促进了发达国家纺织业向高端发展和升级，而低端产品的生产和加工向发展中国家转移。第二次世界大战以后国际纺织品服装贸易形成了产业内分工格局，即欧美发达国家将劳动密集型的服装加工转移到发展中国家，发展中国家成为服装生产国和出口国；发达国家将高端的资本密集型和技术密集型纺织纤维生产留在本国内，成为纺织品的生产国和出口国。

这个阶段的特点是纺织服装生产和贸易的地区结构发生了重大变化。在20世纪60年代，纺织服装生产中心从美国、日本和西欧各国转移到亚洲新兴工业国家和地区，如韩国、中国香港和中国台湾等；从20世纪80年代开始又继续从韩国、中国香港和中国台湾向亚洲的其他国家地区转移，如中国（内地/大陆）、印度和巴基斯坦。亚洲发展中国家成为服装出口地区。20世纪60年代初，世界服装贸易主要集中在西欧和北美洲之间，从20世纪70年代开始，西欧各国和美国成为服装的净进口国。同时，亚洲和其他地区的发展中国家的服装出口不断增长。

如表1-1所示，在20世纪90年代，1990年世界服装出口前15位国家和地区中有8个是发达国家，其中意大利和德国服装出口额位居全球前5。前15位中还有中国香港、韩国和中国台湾三个新兴工业化国家和地区，以及中国（内地/大陆）、土耳其、泰国、印度等发展中国家、地区。

表1-1 全球服装主要出口国家和地区

| 1990 年 | | 2000 年 | | 2010 年 | |
|---|---|---|---|---|---|
| 服装出口国家和地区 | 出口额（亿美元） | 服装出口国家和地区 | 出口额（亿美元） | 服装出口国家和地区 | 出口额（亿美元） |
| 中国香港 | 154.1 | 中国（内地/大陆） | 360.7 | 中国（内地/大陆） | 1298.2 |
| 意大利 | 118.4 | 中国香港 | 242.1 | 中国香港 | 240.5 |
| 中国（内地/大陆） | 96.7 | 意大利 | 133.8 | 意大利 | 201.2 |
| 德国 | 78.8 | 墨西哥 | 86.3 | 德国 | 173.0 |
| 韩国 | 78.8 | 美国 | 86.3 | 孟加拉国 | 148.6 |
| 法国 | 46.7 | 德国 | 73.2 | 土耳其 | 127.6 |
| 中国台湾 | 39.9 | 土耳其 | 65.3 | 印度 | 112.3 |
| 葡萄牙 | 34.9 | 印度 | 59.7 | 越南 | 103.9 |
| 土耳其 | 33.3 | 法国 | 54.1 | 法国 | 100.7 |
| 英国 | 30.4 | 孟加拉国 | 50.7 | 比利时 | 78.1 |
| 泰国 | 28.2 | 韩国 | 50.3 | 西班牙 | 71.5 |
| 美国 | 25.7 | 印度尼西亚 | 47.3 | 荷兰 | 70.1 |
| 印度 | 25.3 | 英国 | 40.7 | 印度尼西亚 | 68.2 |
| 荷兰 | 21.9 | 比利时 | 39.4 | 英国 | 56.0 |
| 比利时 | 20.0 | 泰国 | 37.6 | 美国 | 46.9 |

| 2019 年 | | 2020 年 | | 2021 年 | |
|---|---|---|---|---|---|
| 服装出口<br>国家和地区 | 出口额<br>（亿美元） | 服装出口<br>国家和地区 | 出口额<br>（亿美元） | 服装出口<br>国家和地区 | 出口额<br>（亿美元） |
| 中国（内地/大陆） | 1515.4 | 中国（内地/大陆） | 1415.0 | 中国（内地/大陆） | 1760.5 |
| 孟加拉国 | 340.3 | 越南 | 280.7 | 孟加拉国 | 358.1 |
| 越南 | 308.9 | 孟加拉国 | 274.7 | 越南 | 311.8 |
| 意大利 | 267.6 | 德国 | 235.9 | 意大利 | 273.4 |
| 德国 | 245.6 | 意大利 | 228.3 | 德国 | 266.2 |
| 印度 | 171.6 | 土耳其 | 153.5 | 土耳其 | 187.3 |
| 土耳其 | 163.8 | 荷兰 | 131.8 | 荷兰 | 165.4 |
| 西班牙 | 151.6 | 印度 | 129.7 | 西班牙 | 164.0 |
| 荷兰 | 137.8 | 西班牙 | 124.1 | 印度 | 161.5 |
| 法国 | 132.9 | 法国 | 116.2 | 马来西亚 | 145.4 |
| 中国香港 | 122.9 | 马来西亚 | 99.0 | 法国 | 138.6 |
| 比利时 | 98.8 | 波兰 | 90.7 | 波兰 | 117.9 |
| 英国 | 90.0 | 比利时 | 89.2 | 比利时 | 95.8 |
| 印度尼西亚 | 86.0 | 中国香港 | 82.3 | 印度尼西亚 | 93.5 |
| 柬埔寨 | 83.3 | 英国 | 79.5 | 中国香港 | 85.9 |

资料来源：根据 WTO 各年度统计数据整理得出。

进入 21 世纪以来，2000 年世界服装出口前 15 位国家和地区中仅有 6 个发达国家，意大利和美国服装出口额仍保持全球前 5 位的地位，中国台湾跌出前 15 位，孟加拉国和印度尼西亚新兴服装出口国脱颖而出。

2010 年，世界服装出口前 15 位国家和地区中有 8 个欧美发达国家，这些国家以高品质服装，继续保持服装出口竞争力。同时，以低劳动力成本优势的孟加拉国、越南已跃居全球服装出口前 3 位国家，成为全球中低价位服装加工出口国。由此，世界服装出口形成欧美国家以高端出口为主，孟加拉国、越南、印度尼西亚等新兴服装生产国以中低端服装出口为主的两大贸易格局。

2019 年以后，以欧美国家出口高端服装和新兴国家出口中低端服装这两大贸易格局继续维持。2019 年至 2021 年，服装出口前 5 位国家仍然维持不变，排名稍后的国家和地区变化比较明显，其中英国出口市场份额逐年下降，已经跌出世界前 15 位，波兰自 2020 年首次上榜，出口额有所上升。

如表 1-2 所示，1990 年以来世界服装进口前 15 位国家和地区中，以欧洲、北美、日本发达国家为主，上述国家也是全球服装主要消费市场。其中，美国、德国、英国、日本和法国是全球服装进口五大市场。总体来说，全球服装进口市场比较稳定。

表 1-2　全球服装主要进口国家和地区

| 1990 年 | | 2000 年 | | 2010 年 | |
|---|---|---|---|---|---|
| 服装进口<br>国家和地区 | 进口额<br>（亿美元） | 服装进口<br>国家和地区 | 进口额<br>（亿美元） | 服装进口<br>国家和地区 | 进口额<br>（亿美元） |
| 美国 | 269.8 | 美国 | 671.2 | 美国 | 819.4 |
| 德国 | 204.1 | 德国 | 201.8 | 德国 | 322.9 |
| 日本 | 87.7 | 日本 | 197.1 | 日本 | 268.7 |
| 法国 | 83.8 | 中国香港 | 160.1 | 英国 | 264.2 |
| 英国 | 69.6 | 英国 | 151.8 | 法国 | 219.9 |
| 中国香港 | 69.1 | 法国 | 114.1 | 中国香港 | 166.5 |
| 荷兰 | 47.7 | 意大利 | 61.4 | 意大利 | 164.0 |
| 比利时 | 35.9 | 荷兰 | 53.7 | 西班牙 | 138.8 |
| 瑞士 | 34.4 | 比利时 | 48.3 | 荷兰 | 97.5 |
| 意大利 | 25.8 | 西班牙 | 38.5 | 比利时 | 87.3 |
| 瑞典 | 25.1 | 加拿大 | 36.9 | 加拿大 | 83.1 |
| 加拿大 | 23.9 | 墨西哥 | 36.0 | 俄罗斯 | 75.4 |
| 奥地利 | 23.5 | 瑞士 | 31.8 | 奥地利 | 55.8 |
| 西班牙 | 16.5 | 奥地利 | 27.5 | 瑞士 | 52.9 |
| 挪威 | 12.3 | 丹麦 | 22.1 | 澳大利亚 | 48.3 |
| 2019 年 | | 2020 年 | | 2021 年 | |
| 服装进口<br>国家和地区 | 进口额<br>（亿美元） | 服装进口<br>国家和地区 | 进口额<br>（亿美元） | 服装进口<br>国家和地区 | 进口额<br>（亿美元） |
| 美国 | 954.9 | 美国 | 824.2 | 美国 | 1062.9 |
| 德国 | 393.5 | 德国 | 386.5 | 德国 | 441.7 |
| 日本 | 297.6 | 英国 | 263.2 | 法国 | 266.0 |
| 英国 | 263.7 | 日本 | 262.7 | 日本 | 265.3 |
| 法国 | 257.6 | 法国 | 232.7 | 英国 | 232.3 |
| 西班牙 | 203.9 | 西班牙 | 176.0 | 西班牙 | 198.7 |
| 荷兰 | 189.0 | 意大利 | 157.6 | 荷兰 | 184.2 |
| 意大利 | 175.6 | 荷兰 | 147.1 | 意大利 | 179.5 |
| 中国香港 | 112.2 | 波兰 | 110.8 | 波兰 | 135.9 |
| 加拿大 | 110.3 | 加拿大 | 103.1 | 中国（内地/大陆） | 123.1 |
| 韩国 | 110.2 | 韩国 | 97.3 | 加拿大 | 118.6 |
| 比利时 | 97.9 | 中国（内地/大陆） | 94.9 | 韩国 | 114.2 |
| 波兰 | 89.9 | 比利时 | 90.4 | 比利时 | 98.4 |
| 中国（内地/大陆） | 89.4 | 瑞士 | 80.3 | 俄罗斯 | 90.8 |
| 俄罗斯 | 81.2 | 中国香港 | 77.5 | 瑞士 | 89.4 |

资料来源：根据 WTO 各年度统计数据整理得出。

## 二、全球纺织原料纤维结构的变化

### （一）天然纤维以棉为主

纺织天然原料包括棉花、羊毛、蚕丝、麻四大类，这些原料统称为天然纤维，取自动物或植物，天然纤维的种植、养殖与气候、地理条件和农业密切相关，在天然纤维中又以棉花生产和消费为主。如图 1-1 所示，2020 年，全球棉花消费量为 2277.1 万吨，羊毛消费量为 104.3 万吨，麻消费量约为 383.9 吨，其他纤维消费量为 109.7 万吨，天然纤维总消费量约为 2875.1 万吨。

（万吨）

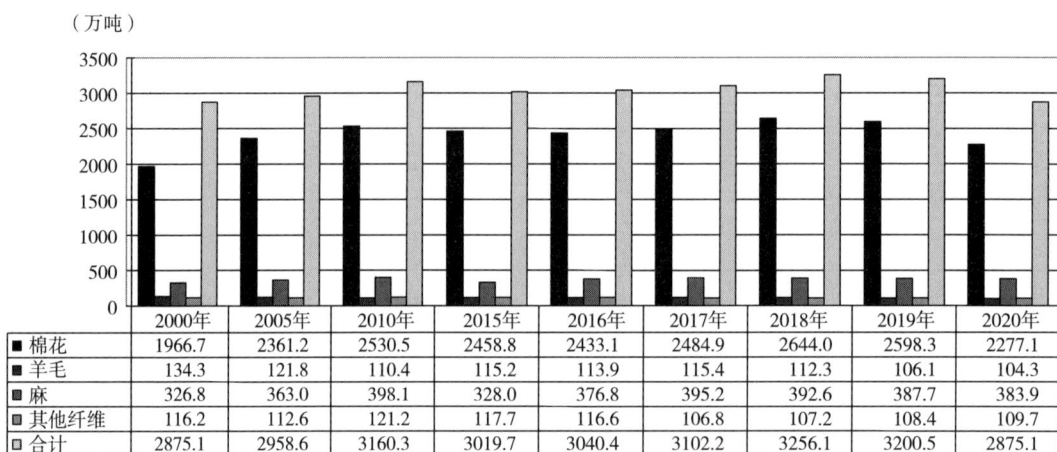

| | 2000年 | 2005年 | 2010年 | 2015年 | 2016年 | 2017年 | 2018年 | 2019年 | 2020年 |
|---|---|---|---|---|---|---|---|---|---|
| 棉花 | 1966.7 | 2361.2 | 2530.5 | 2458.8 | 2433.1 | 2484.9 | 2644.0 | 2598.3 | 2277.1 |
| 羊毛 | 134.3 | 121.8 | 110.4 | 115.2 | 113.9 | 115.4 | 112.3 | 106.1 | 104.3 |
| 麻 | 326.8 | 363.0 | 398.1 | 328.0 | 376.8 | 395.2 | 392.6 | 387.7 | 383.9 |
| 其他纤维 | 116.2 | 112.6 | 121.2 | 117.7 | 116.6 | 106.8 | 107.2 | 108.4 | 109.7 |
| 合计 | 2875.1 | 2958.6 | 3160.3 | 3019.7 | 3040.4 | 3102.2 | 3256.1 | 3200.5 | 2875.1 |

**图 1-1　全球天然纤维消费量**

资料来源：《2021/2022 中国纺织工业发展报告》（2022），由作者整理。

注：羊毛为洗净毛；麻包括亚麻、大麻、黄麻、苎麻及其他麻纤维；其他纤维包括蕉麻、剑麻、椰壳纤维、木棉、丝、西沙尔麻。

### （二）化学纤维以合成纤维为主

第二次世界大战以后的第三次科技革命，在纺织领域引发了新型纤维材料的发明与创新，各种化学纤维不断涌现。化学纤维是指用天然的或人工合成的高分子物质为原料，经过化学或物理方法加工而成的纤维的统称。因所用高分子化合物来源不同，可分为以天然高分子物质为原料的人造纤维和以人工合成的高分子物质为原料的合成纤维两类，简称化纤。

人造纤维是以天然高分子化合物（如纤维素）或其衍生物为原料，经溶解后制成纺织溶液，然后纺制成纤维，竹子、木材、甘蔗渣、棉籽绒等都是制造人造纤维的原料。根据人造纤维的形状和用途，分为人造丝、人造棉和人造毛三种。重要品种有黏胶纤维、醋酯纤维、铜氨纤维等。

合成纤维是以人工合成的高分子化合物为原料制成的化学纤维，如聚酯纤维、聚酰胺纤维、聚丙烯腈纤维等。主要有涤纶、锦纶、腈纶、维纶、丙纶和氯纶六大化学纤维。

化学纤维出现以后，纺织工业的原料完全依赖农牧业的现状才开始发生变化。在化学纤维中，以合成纤维生产和消费为主，如图1-2所示。2020年，全球合成纤维产量为7410.2万吨，人造纤维产量为676.4万吨，全球化学纤维总产量达8086.6万吨，远远高于天然纤维的产量，并且逐年增加。

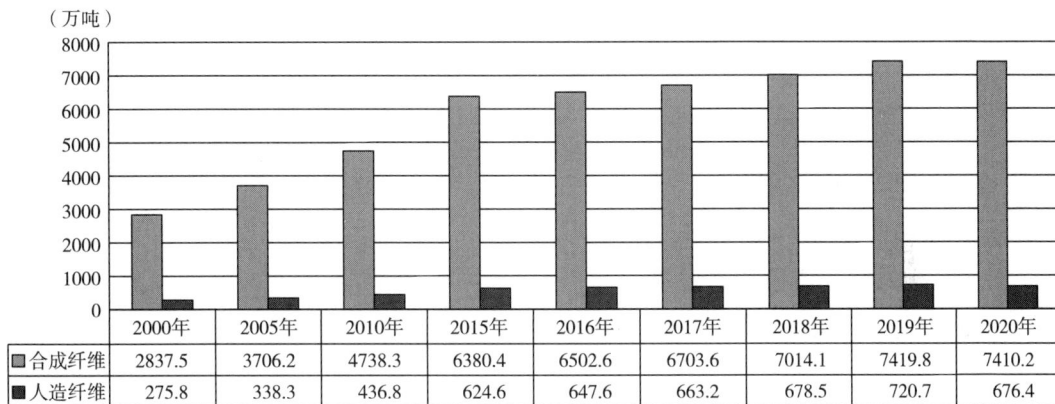

| （万吨） | 2000年 | 2005年 | 2010年 | 2015年 | 2016年 | 2017年 | 2018年 | 2019年 | 2020年 |
|---|---|---|---|---|---|---|---|---|---|
| ■ 合成纤维 | 2837.5 | 3706.2 | 4738.3 | 6380.4 | 6502.6 | 6703.6 | 7014.1 | 7419.8 | 7410.2 |
| ■ 人造纤维 | 275.8 | 338.3 | 436.8 | 624.6 | 647.6 | 663.2 | 678.5 | 720.7 | 676.4 |

图1-2 全球化学纤维产量

资料来源：《2021/2022中国纺织工业发展报告》，由作者整理。

### （三）纺织服装原料向以化学纤维为主、天然纤维为辅的二元型结构发展

一百多年前，纺织用的材料全部来自天然物质。为了种植棉、麻，养蚕，牧羊，要占用大量土地，消耗许多人力、物力。

人类于20世纪50年代发明化学纤维并在纺织工业中应用以来，化学纤维的广泛使用和稳定的供给来源，使纺织原料的生产和供给在很大程度上摆脱了对农牧业的依赖，使纺织原料由农牧业生产扩大到了工业领域。由于长期以来纺织天然纤维的生产受到气候状况、自然灾害、耕地面积的约束，导致产量难以预测和供给的不确定性，因此对化学纤维的需求不断增长。

20世纪60年代初，天然纤维与化学纤维的产量的比重为68∶32，到20世纪80年代末，化学纤维的产量超过天然纤维，天然纤维与化学纤维产量的比重为49∶51。

自21世纪以来，受到服装消费需求的增加、天然纤维价格上涨等一系列因素的影响，纺织服装业原料生产和消费，从第二次世界大战后的"天然纤维+化学纤维"并重，向以"化学纤维"为主、"天然纤维"为辅的二元型结构发展。如图1-3所示，2010年天然纤维与化学纤维产量比重为37.9∶56.8。近年来，化学纤维为主的趋势越发明显，到2015年，天然纤维与化学纤维的比重大概维持在3∶7，直到2020年这个比重基本维持不变。天然纤维产量占比下降，大大地降低了纺织服装业原料对土地的依赖。

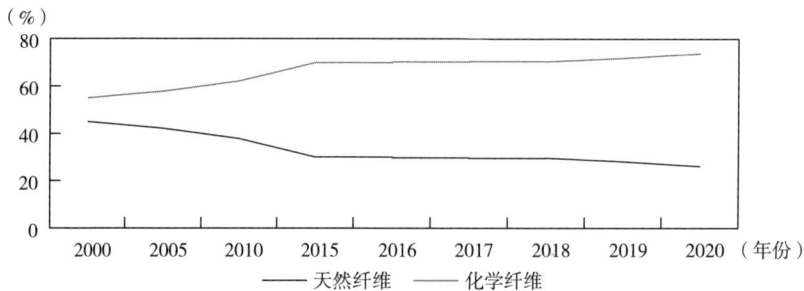

**图 1-3 全球天然纤维及化学纤维产量占比**

资料来源：《2021/2022 中国纺织工业发展报告》，由作者整理。

## 三、全球棉花贸易格局

### （一）全球棉花产量和消费量

自 20 世纪 40 年代以来，全球棉花产量和消费量均有大幅度增长，如图 1-4 所示，1940/1941 年度全球棉花产量为 697.1 万吨，棉花消费量为 612.8 万吨，2011/2012 年度产量达历史最高点，达 2787.9 万吨，消费量为 2238.9 万吨。之后，产量略有下降，2015/2016 年度下降至 2164.7 万吨，为 2000 年后最低值，棉花消费量波动变化，2023/2024 年度全球棉花消费量为 2441.1 万吨。

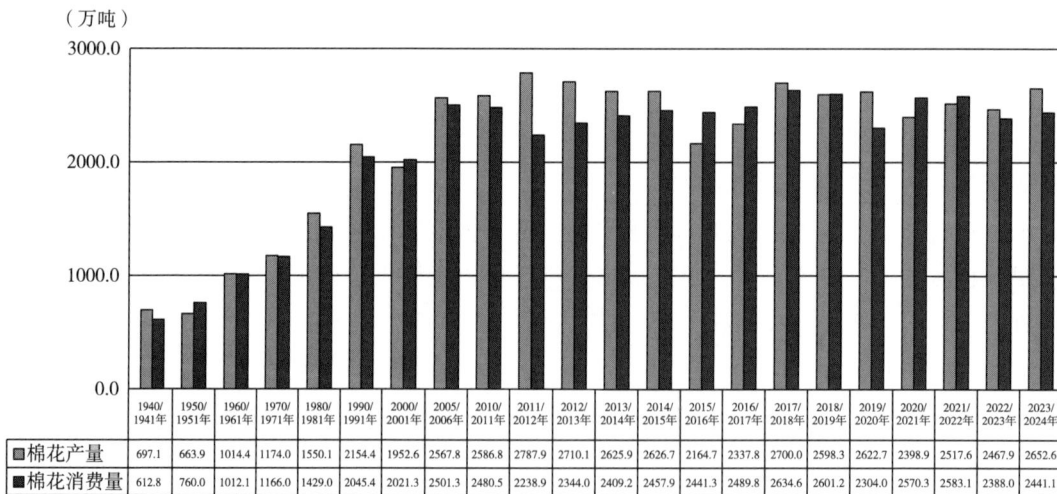

| （万吨） | 1940/1941年 | 1950/1951年 | 1960/1961年 | 1970/1971年 | 1980/1981年 | 1990/1991年 | 2000/2001年 | 2005/2006年 | 2010/2011年 | 2011/2012年 | 2012/2013年 | 2013/2014年 | 2014/2015年 | 2015/2016年 | 2016/2017年 | 2017/2018年 | 2018/2019年 | 2019/2020年 | 2020/2021年 | 2021/2022年 | 2022/2023年 | 2023/2024年 |
|---|---|---|---|---|---|---|---|---|---|---|---|---|---|---|---|---|---|---|---|---|---|---|
| ■棉花产量 | 697.1 | 663.9 | 1014.4 | 1174.0 | 1550.1 | 2154.4 | 1952.6 | 2567.8 | 2586.8 | 2787.9 | 2710.1 | 2625.9 | 2626.7 | 2164.7 | 2337.8 | 2700.0 | 2598.3 | 2622.7 | 2398.9 | 2517.6 | 2467.9 | 2652.6 |
| ■棉花消费量 | 612.8 | 760.0 | 1012.1 | 1166.0 | 1429.0 | 2045.4 | 2021.3 | 2501.3 | 2480.5 | 2238.9 | 2344.0 | 2409.2 | 2457.9 | 2441.3 | 2489.8 | 2634.6 | 2601.2 | 2304.0 | 2570.3 | 2583.1 | 2388.0 | 2441.1 |

**图 1-4 全球棉花产量和消费量**

资料来源：根据 ICAC 数据整理得出。

多年来，全球棉花产量基本能够满足需求，个别年份也存在一定的缺口（图 1-5），棉花缺口主要通过棉花库存加以弥补。总体而言，全球棉花产量受天气条件、种植面积和政策性因素的影响，棉花消费量主要受服装消费需求、居民收入水平和国际市场环境等因素的影响。最大缺口出现在 2015/2016 这一年度，缺口为 276.6 万吨，近五年产缺量不定，2021/2022 年度缺口 65.5 万吨，2023/2024 年度盈余达 211.5 万吨。

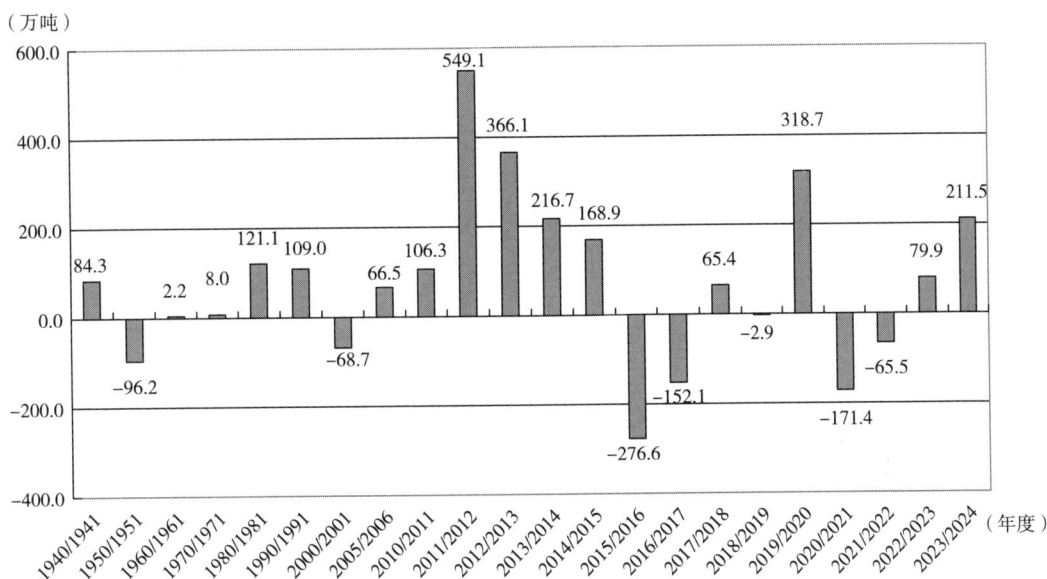

图 1-5　全球棉花产销缺口情况

资料来源：根据 ICAC 数据整理得出。

## （二）全球棉花主要贸易国家和地区构成

### 1. 亚洲是全球棉花主要产地和消费地

世界棉花生产历史悠久，近代科学技术的发展、育种技术和种植工艺的革命极大地推动了世界棉花的生产。棉花作为纺织品服装的主要原料，产地分布于亚洲、非洲、北美洲、南美洲和欧洲的热带及其他温暖地区，是种植较广泛且集中度相对较高的大田经济作物。

全球有 100 多个国家种植棉花，产棉区域大多在北纬 40°至南纬 30°的广阔地带，全球具有商品量、千吨量以上的产棉国约 80 个，其他为自产自用国家。

亚洲是全球最大的产棉洲，2022/2023 年度产量占全球半数以上，如图 1-6 所示。主要有中国、印度、巴基斯坦和土耳其。北美洲是全球的第二大产棉洲，主要产棉国有美国和墨西哥，2022/2023 年度美国棉花产量占全球的 12.8%。南美洲的巴西产量约占全球的 12.2%。总体来说，虽然全球产棉国较多，但产量不高。

亚洲还是全球最大的棉花消费区，2022/2023 年度消费量前 3 的国家是：中国、印度和土耳其。这三个国家的棉花消费量约占全球棉花消费总量的六成，它们是全球纺织产业转移的承接地，形成了全球棉纺织品生产中心。美国和巴西虽然棉花产量高，但以出口为主，国内消费量较少（图 1-7）。

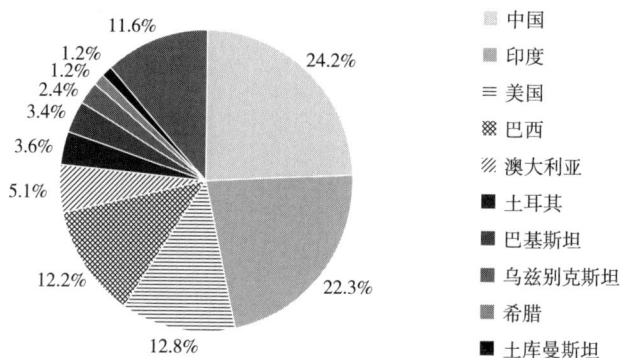

**图 1-6　2022/2023 年度全球主要产棉国及占全球比重**

资料来源：根据 ICAC 数据整理得出。

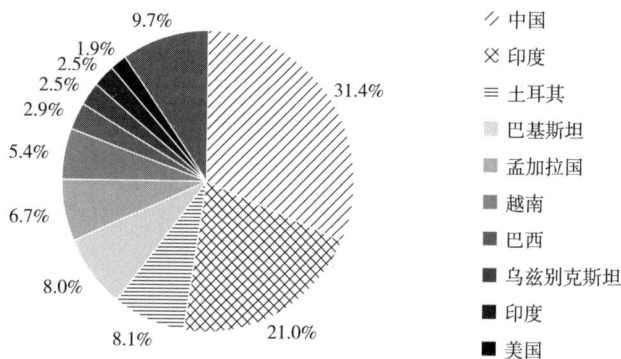

**图 1-7　2022/2023 年度全球棉花主要消费国及占全球比重**

资料来源：根据 ICAC 数据整理得出。

## 背景知识

### 国际棉花市场介绍

世界棉花生产有着悠久的历史，积累了丰富的种植经验。由于近代科学技术的突飞猛进，育种技术和种植工艺的革命极大地推动了世界棉花的生产。目前，世界上种植棉花的国家有 100 多个，分布在亚洲、非洲、美洲、欧洲和大洋洲，产棉区域大多在北纬 40°至南纬 30°的广阔地带。

**国际权威棉花价格及其走势**

目前，国际市场上权威的棉花价格有两个：一是纽约期货交易所的棉花期货价格，它是目前世界上唯一的棉花期货价格，也是各国政府制定棉花政策和各国涉棉企业生产经营时参考的主要依据；二是英国利物浦棉花展望公司整理的 Cotlook A 和 Cotlook B 指数，它是英国棉花展望公司每天从各个渠道得到的北欧主要港口的棉花到岸价，是实际交易价格。影响国际市场棉价波动的原因很多，如气候、经济景气程度、战争、化纤的价格等。

**国际棉花期货市场**

在纽约棉花期货交易所推出棉花期货交易以前，棉花现货市场价格波动很大，供求关系的突然失衡会造成价格的剧烈波动并严重冲击棉花生产和贸易。为了转移现货市场固有的风险，1870 年纽约棉花交易所应运而生，并于当年推出棉花期货交易。在此后的 130 多年中，全球有 15 个商品交易所开展过棉花期货交易，比较著名的有：亚历山大棉花交易所（埃及）、新奥尔良交易所（美国）、利物浦棉花交易所（英国）、不来梅交易所（德国）等。日本、印度、巴基斯坦、法国、巴西、中国香港等地交易所也曾先后开展过棉花期货交易。除纽约棉花交易所（现已更名为纽约期货交易所，简称 NYBOT）至今仍在进行棉花期货交易外，其他 14 个交易所的棉花期货交易均已停止。

随着棉花期货市场的不断发展，尤其是 20 世纪 60~70 年代以后，纽约棉花的期货价格越来越受到重视，其规避风险、发现价格的功能已充分发挥出来，棉花期货价格在贸易界和管理界都有很高的权威，目前已成为棉花行业和产棉国政府不可缺少的价格参考依据。美国政府依据纽约期货交易所的棉花期货价格对农民进行补贴；墨西哥政府为保护棉农利益，由农业部出面在纽约期货交易所对全国棉花进行套期保值操作（主要利用期权）；英国的棉花企业、澳大利亚的植棉农场主也都在纽约期货交易所从事棉花的套期保值交易。

资料来源：中国棉花网。

**2. 中国是全球棉花主要生产国**

如表 1-3 所示，亚洲是目前全球棉花的主要生产地。其中，中国是第一生产大国，2022/2023 年度中国棉花生产量为 598 万吨，占全球棉花生产量的 24.2%，印度紧随其后，2022/2023 年度印度棉花生产量为 550 万吨，占全球棉花生产量的 22.3%，中国和印度也是世界棉花生产最主要国家，2022/2023 年度土耳其棉花生产量为 88.7 万吨，占全球棉花生产量的 3.6%，位居世界第六，2022/2023 年度巴基斯坦棉花生产量为 83.6 万吨，占全球棉花生产量的 3.4%，位居世界第七。

棉花生产在中国处于重要地位。20 世纪 80 年代后棉花生产发展迅速，中国成为世界上的产棉大国之一。经过多年发展，中国目前主要有三大产棉区域，即新疆棉区、黄淮流域棉区和长江流域棉区。

表 1-3　2022/2023 年度全球棉花主要生产国

| 排序 | 国家 | 产量<br>（万吨） | 占比<br>（%） |
| --- | --- | --- | --- |
| 1 | 中国 | 598 | 24.2 |

| 排序 | 国家 | 产量<br>（万吨） | 占比<br>（%） |
|---|---|---|---|
| 2 | 印度 | 550 | 22.3 |
| 3 | 美国 | 315 | 12.8 |
| 4 | 巴西 | 302 | 12.2 |
| 5 | 澳大利亚 | 125.2 | 5.1 |
| 6 | 土耳其 | 88.7 | 3.6 |
| 7 | 巴基斯坦 | 83.6 | 3.4 |
| 8 | 乌兹别克斯坦 | 59 | 2.4 |
| 9 | 希腊 | 30.5 | 1.2 |
| 10 | 土库曼斯坦 | 29.9 | 1.2 |

资料来源：根据 ICAC 数据整理得出。

美国是北美洲最大的棉花生产国，居全球第三位，2022/2023 年度美国棉花生产量为 315 万吨，占全球棉花生产量的 12.8%；巴西为南美洲最大产棉国，2022/2023 年度巴西棉花生产量为 302 万吨，占全球棉花产量的 12.2%，居全球第四位。

如表 1-3 所示，全球棉花的主要生产地为亚洲。2015 年以前，中国一直保持全球第一大棉花生产国地位。2015 年，印度的棉花生产量超过中国，成为第一大产棉国，2017 年印度棉花生产量达 596.4 万吨，占全球棉花生产量的 25.5%。2017 年，巴基斯坦棉花生产量为 192.5 万吨，占全球棉花生产量的 8.2%，居全球第四位。土耳其棉花生产量居全球第六位。

## 背景知识

### 美国的四大棉花种植区

在美国，棉花生长主要分布在四个区域，即东南部地区、中南部地区、西南部地区和西部地区。

东南部地区包括亚拉巴马州、佛罗里达州、佐治亚州、北卡罗来纳州、南卡罗来纳州和弗吉尼亚州。这一区域种植的棉花约占美国棉花总量的 24%，同时也是美国国内纺织业最发达的地区。棉花的生长周期是从 4 月初到 6 月初，有大约 20% 的棉花需要灌溉，而且纤维平均长度超过 $1\frac{1}{16}$ 英寸，收获期是从 9 月底开始一直持续到 12 月初。

中南部地区种植着占美国总量 32% 的棉花，这一区域包括阿肯色州、路易斯安那州、密西西比州、密苏里州和田纳西州。这里的棉花大部分供国内消费使用，生长周期是从 4 月中旬一直延续到 6 月初，有大约 35% 的区域需要灌溉，棉花的平均纤

维长度超过 $1\frac{3}{32}$ 英寸，收获期是在 9 月底到 12 月初。

西南部棉区包括堪萨斯州、俄克拉荷马州和得克萨斯州，棉花产量约占总产量的 24%。至少有一半棉花用于出口，有近 30% 的棉花需要灌溉，平均纤维长度低于 $1\frac{1}{16}$ 英寸。得克萨斯州南部棉区的棉花播种从 2 月底开始，收获是从 7 月底到 9 月中旬。其余地区从 4 月中旬开始播种，收获从 10 月中旬开始到 12 月结束。

亚利桑那州、加利福尼亚州和新墨西哥州组成了西部棉区，有近 20% 的棉花生长在这一区域。其中大部分棉花用于出口，平均纤维长度超过 $1\frac{1}{8}$ 英寸。该区域最大的特点就是所有棉花都需要灌溉，收获期从 9 月底一直到 12 月初。

资料来源：中国棉花网。

### 3. 中国是全球棉花最大消费国，产需缺口较大

如表 1-4 所示，全球棉花主要消费国为中国、印度、巴基斯坦、孟加拉国、越南等。其中，2022/2023 年度中国棉花消费量为 750 万吨，占全球总消费量的 31.4%，居全球第一位。但是如表 1-5 所示，中国棉花产量远远不能满足棉花消费需求，缺口较大，因此需要通过进口棉花来弥补缺口。

表 1-4　2022/2023 年度全球棉花主要消费国

| 排序 | 国家 | 消费量（万吨） | 占比（%） |
|---|---|---|---|
| 1 | 中国 | 750 | 31.4 |
| 2 | 印度 | 500.6 | 21.0 |
| 3 | 土耳其 | 192.8 | 8.1 |
| 4 | 巴基斯坦 | 190 | 8.0 |
| 5 | 孟加拉国 | 160 | 6.7 |
| 6 | 越南 | 130 | 5.4 |
| 7 | 巴西 | 69.7 | 2.9 |
| 8 | 乌兹别克斯坦 | 60 | 2.5 |
| 9 | 印度 | 59.3 | 2.5 |
| 10 | 美国 | 44.6 | 1.9 |

资料来源：根据 ICAC 数据整理得出。

印度是全球棉花第一大生产国和第二大棉花消费国，也是世界上种植棉花历史最悠

久的国家之一，早期曾是世界最主要的棉纺织品出口国。18 世纪末英国机器纺织工业
兴起，印度转而成为英国原棉供应地。19 世纪统治印度的不列颠东印度公司，为了从
印度获得廉价原棉以供应英国纺织工业的需求，鼓励植棉。印度棉花产量直到第二次
世界大战前一直超出本国需求。第二次世界大战以后，由于人口增长，对粮食需求增
加，棉花年平均总产量大幅度下降。20 世纪 60 年代起，印度大力进行品种改良，单产
和品质都得到提高，生产开始持续发展，到 20 世纪 70 年代中期，棉花开始自给有余，
有部分出口。

2022/2023 年度印度棉花消费量占全球棉花消费总量的 21%，近年来，随着印度棉花
产量的增加，供需矛盾已得到解决，从 2003 年开始印度棉花产量大于消费量，不仅能自
给自足，并且还能出口（表 1-5）。

表 1-5　2022/2023 年度主要国家棉花生产量与消费量缺口或盈余

| 国家 | 产消量（万吨） | 国家 | 产消量（万吨） |
|---|---|---|---|
| 中国 | -152 | 巴西 | 232.3 |
| 印度 | 49.4 | 印度 | 490.7 |
| 土耳其 | -104.1 | 美国 | 270.4 |
| 巴基斯坦 | -106.4 | | |

资料来源：根据 ICAC 数据整理得出。

注：本表数据是用表 1-3 中主要生产国棉花生产量减去表 1-4 中主要消费国棉花消费量得出该国当年棉花供求缺
　　口或盈余额。

巴基斯坦是全球第七大棉花生产国和第四大棉花消费国，随着巴基斯坦服装加工业
的快速发展，对棉花消费需求增长较快，2022/2023 年度巴基斯坦棉花生产量为 83.6 万
吨，仅占全球棉花生产量的 3.4%，消费量为 190 万吨，占全球消费量的 8%。巴基斯坦
棉花生产量和消费量缺口较大，只能通过进口弥补。

美国是全球第三大棉花生产国和第十大棉花消费国，美国自用棉比例越来越低，从
20 世纪 80 年代棉花年消费 250 万吨，下降到 2022/2023 年度仅为 44.6 万吨，约占全球棉
花消费量的 1.9%。美国棉花种植和出口一直处于世界霸主地位，美国棉花生产量远远大
于消费量，因此，长期以来美国棉花原料资源丰裕，不仅能够满足国内需求，还有大量
充裕的棉花可供出口。

巴西棉花在世界上占有很重要的地位，生产量居世界第四位，消费量居第七位。18
世纪英国的工业革命，带动了巴西的植棉业。从 1781 年开始，英国消费的原棉大部分来
源于巴西。美国的南北战争，推动了巴西棉花生产，出口量剧增。巴西棉花生产品质较
好，这是巴西棉花能够保持一定出口的原因所在。2022/2023 年度巴西棉花生产量占全球
棉花生产量的 12.2%，消费量占全球棉花消费量的 2.9%。长期以来，巴西棉花生产量大
于消费量，并可供出口。

**4. 美国是全球棉花最大出口国，中国是全球棉花最大进口国**

棉花作为重要的纺织原料，除生产国消费棉花外，许多非产棉国也要消费棉花，主要是从国际市场进口，同时一些产棉国由于亦是棉花消费大国，也需要从国际市场进口棉花，这就出现了产棉国与非产棉国之间、产棉国之间的供求和调剂关系，形成世界棉花进出口市场和棉花贸易格局。

棉花消费趋势的变化反映了纺织工业中心的转移。当前全球棉花贸易格局具有以下特点：①美国既是棉花生产大国，也是棉花出口大国，每年40%的产量要依赖国际市场；②中国、印度均是棉花生产和消费大国，但是中国棉花产销缺口较大，印度棉花自给自足有余，还可以出口；③东亚各国与澳大利亚、欧盟各国与土耳其是全球棉花主要消费区域，而且每年均有较大的消费缺口，需要从国际市场上大量进口棉花。

如图1-8所示，2005/2006年度、2012/2013年度、2020/2021年度是全球棉花进口量和出口量峰值。美国是全球棉花第一大出口国，美国棉花出口量占全球棉花出口总量的30%~40%。

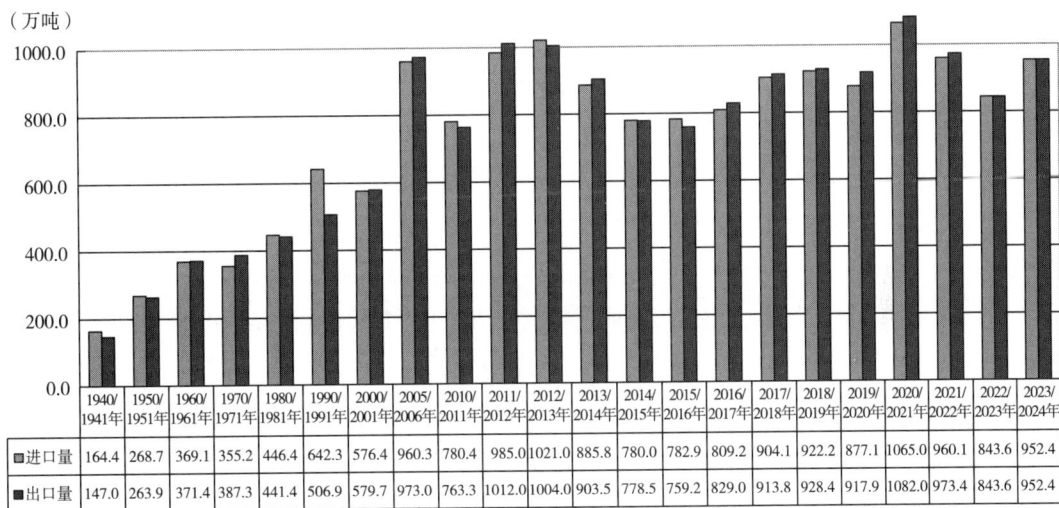

（万吨）

| | 1940/<br>1941年 | 1950/<br>1951年 | 1960/<br>1961年 | 1970/<br>1971年 | 1980/<br>1981年 | 1990/<br>1991年 | 2000/<br>2001年 | 2005/<br>2006年 | 2010/<br>2011年 | 2011/<br>2012年 | 2012/<br>2013年 | 2013/<br>2014年 | 2014/<br>2015年 | 2015/<br>2016年 | 2016/<br>2017年 | 2017/<br>2018年 | 2018/<br>2019年 | 2019/<br>2020年 | 2020/<br>2021年 | 2021/<br>2022年 | 2022/<br>2023年 | 2023/<br>2024年 |
|---|---|---|---|---|---|---|---|---|---|---|---|---|---|---|---|---|---|---|---|---|---|---|
| 进口量 | 164.4 | 268.7 | 369.1 | 355.2 | 446.4 | 642.3 | 576.4 | 960.3 | 780.4 | 985.0 | 1021.0 | 885.8 | 780.0 | 782.9 | 809.2 | 904.1 | 922.2 | 877.1 | 1065.0 | 960.1 | 843.6 | 952.4 |
| 出口量 | 147.0 | 263.9 | 371.4 | 387.3 | 441.4 | 506.9 | 579.7 | 973.0 | 763.3 | 1012.0 | 1004.0 | 903.5 | 778.5 | 759.2 | 829.0 | 913.8 | 928.4 | 917.9 | 1082.0 | 973.4 | 843.6 | 952.4 |

**图1-8　全球棉花进出口量**

资料来源：根据ICAC数据整理得出。

## 四、全球羊毛贸易格局

### （一）全球羊毛产量持续下降

世界羊毛产量持续下降，从1995年的259.6万吨，2015年相较于2010年略有上升，但随后2020年依旧持续下降，到2020年全球羊毛产量仅为196.1万吨，世界羊毛协会（IWTO）预计世界羊毛产量将在2021年继续下降（图1-9）。

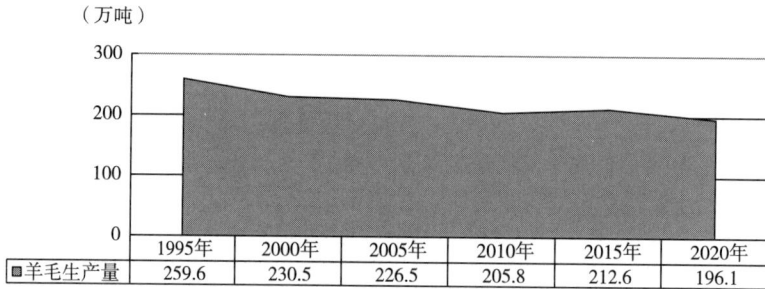

图 1-9　全球羊毛产量

资料来源：根据 IWTO 数据整理得出。

### （二）澳大利亚是羊毛最大生产国和出口国

2020 年，全球羊毛产量占全球纤维产量的 2.37%。目前，世界羊毛的主要产区集中在澳大利亚、中国、新西兰、土耳其、摩洛哥以及伊朗，2020 年上述产区羊毛产量占全球总产量的 50% 以上。

澳大利亚的养羊业发达，有"骑在羊背上的国家"之称。澳大利亚是世界上著名的适宜养羊并生产优质美利奴羊毛的国家。美利奴羊毛是毛纺工业的重要原料。近年来，澳大利亚羊毛产量一直下降，主要是因为澳大利亚羊群数量受到气候持续干旱的影响不断减少。2020 年澳大利亚羊毛产量为 35.6 万吨，占世界羊毛总产量的 18.1%。澳大利亚是全球最大的羊毛生产和出口国，澳大利亚国内羊毛总产量的 95% 以上用于出口，国内消费量不足 5%。羊毛出口结构主要以原毛为主，占该国羊毛出口总量的 85% 左右。澳大利亚除有原毛出口外，还有部分羊毛经过加工以洗净毛的形式出口，年约在 10 万吨。

中国羊毛产量居世界第二位，与其他主要生产国羊毛产量下降相反，中国羊毛产量除 2015 年外稳定在 35 万吨左右，2020 年中国羊毛产量为 33.4 万吨，占世界总产量的 17%（表 1-6）。

表 1-6　世界主要国家羊毛产量

| 年份 | 澳大利亚（万吨） | 澳大利亚占全球比重（%） | 中国（万吨） | 中国占全球比重（%） | 新西兰（万吨） | 土耳其（万吨） | 摩洛哥（万吨） | 伊朗（万吨） |
|---|---|---|---|---|---|---|---|---|
| 1995 | 73.1 | 28.2 | 27.7 | 10.7 | 28.9 | 7.0 | 3.6 | 5.1 |
| 2000 | 66.6 | 28.9 | 29.3 | 12.7 | 25.7 | 4.3 | 4.0 | 7.5 |
| 2005 | 52.0 | 23.0 | 39.3 | 17.4 | 21.6 | 4.6 | 4.7 | 7.5 |
| 2010 | 41.1 | 20.0 | 38.7 | 18.8 | 17.8 | 4.3 | 5.4 | 6.4 |
| 2015 | 42.7 | 20.1 | 42.7 | 20.1 | 15.4 | 5.9 | 6.0 | 5.6 |
| 2020 | 35.6 | 18.1 | 33.4 | 17.0 | 13.6 | 8.0 | 5.9 | 5.8 |

资料来源：根据 IWTO 数据整理得出。

新西兰是世界第三大羊毛生产国和第二大羊毛出口国，羊毛出口额约占全世界羊毛出口总量的 20%，出口量占其产量的 85%~90%。新西兰羊毛品种丰富，既有质量上乘的美利奴羊毛，也有强度最高的各种杂交型羊毛，新西兰羊毛以其一贯的优异品质而获得了国际声誉。新西兰的羊毛出口采取在羊毛拍卖交易会上进行拍卖的方式，新西兰北岛城市内皮尔和南岛城市克赖斯特彻奇的羊毛交易会是主要的羊毛拍卖场所。

阿根廷是世界中细、半细羊毛的主要出口国，天然牧场和人工牧场约占全国总面积的55%。畜牧业总值占农业总产值的40%。阿根廷羊毛生产主要为美利奴中度细毛和考力代半细毛，其中中细毛和半细毛产量约占全国羊毛总量的70%。近年来，阿根廷羊毛产量在不断下降，2012年羊毛产量仅为4.6万吨，占全球产量的4%左右。

### （三）中国是世界羊毛最大进口国

中国和澳大利亚是世界上位居前两位的羊毛生产国和贸易国，在全球羊毛生产和贸易中占有重要的地位。澳大利亚是全球羊毛第一大出口国，中国是羊毛最大进口国，如表1-7所示，2019—2022年中国羊毛年进口量基本保持在20万吨左右，其中，澳大利亚是中国羊毛第一大进口来源地，中澳双边羊毛贸易依存度非常高，无论是中国的羊毛需求对澳大利亚的养羊业，还是澳大利亚羊毛供给对中国羊毛加工和纺织服装业都起着举足轻重的作用。

表1-7　中国羊毛进口来源国　　　　　　　　　　　　单位：万吨

| 国家和地区 | 2020年 | 国家和地区 | 2021年 | 国家和地区 | 2022年 |
| --- | --- | --- | --- | --- | --- |
| 世界 | 18.68 | 世界 | 24.42 | 世界 | 23.02 |
| 澳大利亚 | 13.24 | 澳大利亚 | 17.99 | 澳大利亚 | 17.88 |
| 南非 | 2.18 | 南非 | 2.14 | 南非 | 1.51 |
| 新西兰 | 1.57 | 新西兰 | 1.75 | 新西兰 | 1.31 |
| 英国 | 0.47 | 西班牙 | 0.46 | 乌拉圭 | 0.42 |
| 阿根廷 | 0.23 | 英国 | 0.44 | 英国 | 0.35 |
| 西班牙 | 0.22 | 乌拉圭 | 0.41 | 西班牙 | 0.34 |
| 法国 | 0.14 | 阿根廷 | 0.36 | 阿根廷 | 0.30 |
| 乌拉圭 | 0.13 | 莱索托 | 0.20 | 莱索托 | 0.18 |
| 莱索托 | 0.12 | 法国 | 0.17 | 法国 | 0.17 |
| 比利时 | 0.09 | 美国 | 0.13 | 美国 | 0.16 |

资料来源：UNCOMTRADE数据库，由作者整理。

注：羊毛指的是HS12 510111。

如表1-7和图1-10所示，中国羊毛进口市场的集中度非常高，羊毛进口主要来源于澳大利亚、南非和新西兰3个国家，而澳大利亚羊毛作为中国羊毛进口的第一大来源，其占有的市场份额远远高于新西兰和乌拉圭。2022年中国进口澳大利亚羊毛17.88万吨，占中国羊毛进口总量的77.7%；进口南非羊毛1.51万吨，占比6.6%；进口新西兰羊毛1.31万吨，占比5.7%；其他还有西班牙、英国、乌拉圭，这些国家占中国羊毛进口总量的98%以上，集中度非常高。

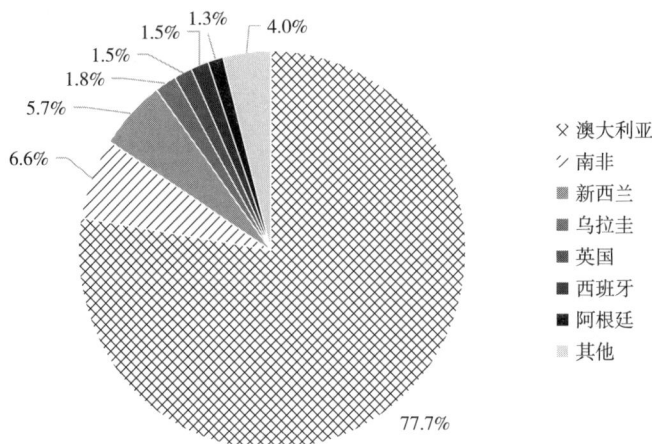

**图 1-10　2022 年中国羊毛进口来源地所占比重**

资料来源：UNCOMTRADE 数据库，由作者整理。

注：羊毛指的是 HS12 510111。

## 五、化学纤维生产格局

20 世纪 50 年代以前，纺织纤维一直以棉花为主体，其次是羊毛、丝和麻，天然纤维一直占据绝对优势。1900 年棉花占纺织纤维总产量的 80% 左右，1950 年棉花所占比重下降到 71%，1970 年降为 55%，仍占 50% 以上。羊毛曾是第二大类纺织纤维，1900 年占纺织纤维总产量的 18%，1950 年占纺织纤维总产量的 11%，此后羊毛地位明显下降，特别是 1991 年以来，全球羊毛产量持续减产，之后的 20 年间羊毛在纺织纤维中的比重只有 2% 左右。2008 年天然纤维产量为 2539 万吨，其中棉花 2340 万吨，羊毛 119 万吨，丝麻 80 万吨，如图 1-11 所示。

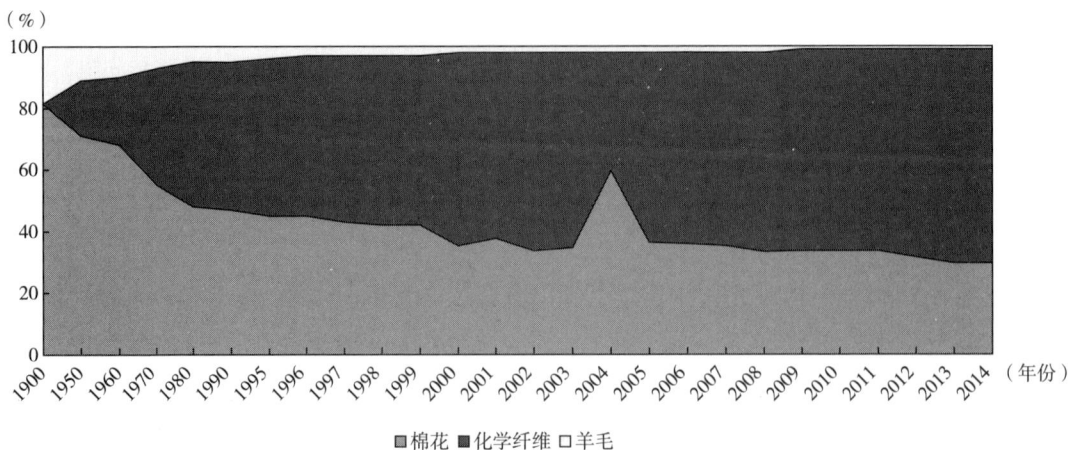

**图 1-11　世界棉花、化学纤维、羊毛占纤维总产量的比重**

20 世纪 50 年代以来，随着化学纤维的快速发展，1950 年化学纤维占纺织纤维总产量的 18%，20 世纪 80 年代化学纤维和天然纤维大体上"平分秋色"，1994 年开始化学纤维产量超过天然纤维，成为主要纺织纤维。1960 年世界化学纤维产量只有 32 万吨，2020 年化学纤维达到 8086.6 万吨，突破历史新高，如图 1-12 所示。

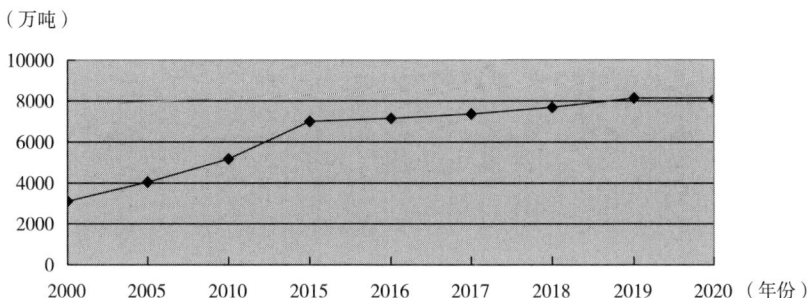

图 1-12 全球化学纤维产量

资料来源：《2021/2022 中国纺织工业发展报告》（2022），由作者整理。

从世界化学纤维产量的地区分布看，亚洲产量居第一位，占全球总产量的 90.2%，如表 1-8 所示，其次是北美洲、欧洲、南美洲和非洲。

表 1-8 全球化学纤维产量地区分布（不含聚丙烯纤维）

| 年份 | 2005 | 2010 | 2014 | 2014 年占总量比重（%） |
|---|---|---|---|---|
| 总量（万吨） | 3598.4 | 4709.3 | 6162.3 | 100.0 |
| 亚洲（万吨） | 2644.5 | 4112.2 | 5560.2 | 90.2 |
| 北美洲（万吨） | 326.4 | 220.0 | 234.9 | 3.8 |
| 欧洲（万吨） | 247.1 | 218.7 | 187.3 | 3.1 |
| 南美洲、非洲（万吨） | 187.7 | 158.4 | 179.9 | 2.9 |

资料来源：根据历年中国纺织工业发展报告数据整理得出。

化学纤维是第二次世界大战前后发展起来的纺织纤维，发达国家以美国为首，在第二次世界大战以后纷纷开始发展化纤业，1950 年美国化学纤维产量为 62.3 万吨，1960 年为 77.4 万吨，1970 年迅速增长到 224.9 万吨，至 1980 年达到 360.8 万吨，一直处于世界第一位，此后一直停滞不前，长期停留在 300 万吨的水平。在 20 世纪 50 年代至 20 世纪 80 年代，英国、法国、德国、意大利、日本也经历了化纤业快速发展阶段，1980 年美国、英国、法国、德国、意大利、日本 6 个发达国家的化学纤维产量占世界化学纤维产量的 53%。

从 20 世纪 70 年代开始，发展中国家大力发展化学纤维，到 20 世纪 90 年代进入高速增长阶段，特别是中国，1997 年化学纤维产量达到 460.9 万吨，超过美国，成为全球化学纤维第一大生产国，一直保持至今。中国台湾化纤业发展是从 20 世纪 60 年代开始的，

1960 年产量仅为 0.4 万吨，1970 年为 6.9 万吨，1980 年迅速上升到 63.6 万吨，1997 年增加到 308 万吨，化学纤维产量居世界第三位。目前，发展中国家的化学纤维产量已超过发达国家，并主要集中在亚洲。

在亚洲，化学纤维主要生产国家和地区有中国大陆、印度、中国台湾、韩国和日本。其中，中国大陆是全球化学纤维第一大生产国，占全球产量的 53.6%，年产量不断增长。2007 年印度超过中国台湾，成为全球第三大化学纤维生产国。

2015—2020 年，中国、越南和土耳其化学纤维产量持续增加，尤其是越南产量增长迅速，泰国产量略有提升但 2020 年有所回落，其他国家和地区总体呈现下降趋势。印度虽居全球化学纤维产量第二位，但年产量小幅度下降 12.31%，马来西亚、印度尼西亚、巴基斯坦减产最为明显，分别为 40%、25% 和 25%（表 1-9）。

表 1-9　全球主要国家和地区化学纤维产量

| 年份 | 2000 | 2005 | 2010 | 2015 | 2018 | 2019 | 2020 | 2020 年占总量比重（%） |
|---|---|---|---|---|---|---|---|---|
| 总量（百万吨） | 31.1 | 40.4 | 51.8 | 70 | 76.9 | 81.4 | 80.9 | 100.0 |
| 中国大陆（百万吨） | 6.7 | 17.6 | 30 | 47.3 | 52.8 | 57.3 | 59.4 | 73.4 |
| 印度（百万吨） | 1.9 | 2.3 | 4.2 | 5.3 | 6.2 | 6.5 | 5.7 | 7.1 |
| 美国（百万吨） | 4.2 | 3.9 | 2.8 | 2.9 | 3 | 3 | 2.7 | 3.3 |
| 印度尼西亚（百万吨） | 1.4 | 1.2 | 1.7 | 1.8 | 1.9 | 2 | 1.7 | 2.1 |
| 中国台湾（百万吨） | 3.2 | 2.9 | 2.4 | 2 | 1.8 | 1.6 | 1.4 | 1.7 |
| 韩国（百万吨） | 2.8 | 1.8 | 1.6 | 1.5 | 1.6 | 1.4 | 1.2 | 1.5 |
| 土耳其（百万吨） | 0.8 | 1 | 1 | 1.2 | 1.3 | 1.3 | 1.3 | 1.6 |
| 泰国（百万吨） | 0.9 | 1.1 | 0.9 | 0.8 | 1 | 0.9 | 0.9 | 1.1 |
| 越南（百万吨） | 0 | 0.1 | 0.2 | 0.4 | 0.8 | 0.9 | 0.9 | 1.1 |
| 日本（百万吨） | 1.5 | 1.2 | 0.9 | 0.8 | 0.7 | 0.7 | 0.6 | 0.7 |
| 巴基斯坦（百万吨） | 0.5 | 0.6 | 0.4 | 0.5 | 0.5 | 0.6 | 0.4 | 0.5 |
| 马来西亚（百万吨） | 0.4 | 0.5 | 0.5 | 0.5 | 0.4 | 0.3 | 0.3 | 0.4 |

资料来源：《2021/2022 中国纺织工业发展报告》（2022），由作者整理。

从化学纤维主要品种看，以涤纶为主，主要是涤纶、锦纶、丙纶、腈纶、纤维素等五大类。2020 年涤纶产量居第一位，为 6290 万吨，占合成纤维的比例超过 90%，其次是纤维素、锦纶、丙纶和腈纶（表 1-10）。

单位：百万吨

表 1-10　全球主要化学纤维产量

| 品种 | 2000 年 | 2005 年 | 2010 年 | 2015 年 | 2018 年 | 2019 年 | 2020 年 |
|---|---|---|---|---|---|---|---|
| 合计 | 31.1 | 40.4 | 51.8 | 70.0 | 76.9 | 81.4 | 80.9 |
| 涤纶长丝 | 10.7 | 15.7 | 24.5 | 37.4 | 43.1 | 45.9 | 45.9 |

续表

| 品种 | 2000 年 | 2005 年 | 2010 年 | 2015 年 | 2018 年 | 2019 年 | 2020 年 |
|---|---|---|---|---|---|---|---|
| 涤纶短纤 | 8.1 | 11.1 | 13.4 | 15.5 | 15.5 | 16.8 | 17.0 |
| 锦纶长丝 | 3.6 | 3.6 | 3.8 | 4.8 | 5.2 | 5.2 | 5.1 |
| 锦纶短纤 | 0.5 | 0.4 | 0.2 | 0.2 | 0.2 | 0.2 | 0.3 |
| 丙纶 | 2.8 | 3.3 | 3.0 | 3.2 | 3.4 | 3.4 | 3.2 |
| 腈纶 | 2.6 | 2.6 | 2.0 | 1.8 | 1.6 | 1.5 | 1.3 |
| 纤维素纤维短纤 * | 2.2 | 2.9 | 4.0 | 5.9 | 6.4 | 6.9 | 6.5 |
| 纤维素纤维长丝 | 0.5 | 0.5 | 0.4 | 0.3 | 0.4 | 0.3 | 0.3 |
| 其他 | 0.2 | 0.4 | 0.6 | 0.9 | 1.1 | 1.2 | 1.2 |

资料来源：《2021/2022 中国纺织工业发展报告》（2022），由作者整理。

注：＊2005 年后包括莫代尔和莱赛尔。

# 第二节　国际纺织品服装贸易发展现状

从世界范围看，纺织品服装贸易格局已形成三大消费市场、三大制造中心和三大贸易圈。三大消费市场是：以美国、加拿大为中心的北美市场，以欧盟为中心的欧洲市场，以日本为主的东亚市场。三大制造中心分别为：中国、印度、东盟成员国、巴基斯坦、孟加拉国等亚洲国家，墨西哥和加勒比海盆地国家，土耳其、中东欧和北非诸国。三大贸易圈是：欧盟及其周边国家，如土耳其、地中海沿岸国家以及中东欧国家和北非诸国组成的泛欧洲贸易圈；美国、加拿大、墨西哥及加勒比海盆地国家组成的美洲贸易圈；中国、东盟成员国、印度、巴基斯坦及孟加拉国家与日本、欧盟成员国、美国、加拿大组成的亚洲—欧盟—北美贸易圈。

## 一、国际纺织品服装贸易占国际货物贸易的比重逐年下降

"二战"后，国际纺织品服装出口额占国际货物贸易出口额的比重在 4%～6%，20 世纪 90 年代，超过了 6%，之后逐年下降，2008 年纺织品服装出口额占国际货物贸易出口额的 3.8%，为"二战"后的最低点。之后，略有回升，2012 年又再次降到 3.8%。2015 年回升至 4.5%，2021 年为 4.0%。总的来说，近 10 年，国际纺织品服装出口额占同期国际货物出口总额的比重占 4% 左右（图 1-13）。

从 2021 年国际货物贸易出口构成看，在八大类主要出口商品中，化工占比最高，为 12.5%，其次是燃料和办公及信息设备的 11.4%，其他依次顺序为汽车产品、农业产品、

（%）

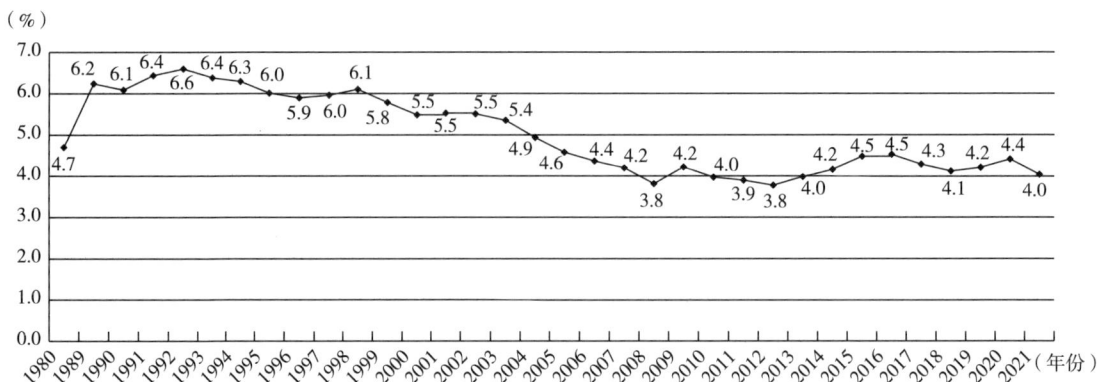

图 1-13  纺织品服装出口占全球货物出口额比重变化

资料来源：根据 WTO 数据整理得出。

钢铁、服装和纺织品（图 1-14）。

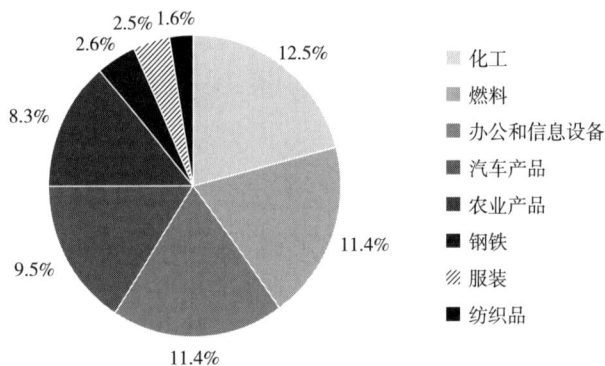

图 1-14  2021 年国际货物贸易出口构成

资料来源：根据 WTO 数据整理得出。

## 二、国际纺织品服装出口额超过 9000 亿美元

如图 1-15 所示，自 20 世纪 80 年代以来，国际货物贸易发展迅速，国际货物贸易出口额从 1980 年的 20361.4 亿美元，到 2021 年的 223280.9 亿美元，31 年间国际货物贸易出口额增长了近 11 倍。同期，国际纺织品服装贸易快速发展，从 1980 年的 955.8 亿美元，到 2021 年的 9031 亿美元，31 年间国际纺织品服装出口额增长了 10 倍。

自 20 世纪 90 年代以来，国际纺织品服装出口贸易增长较快，1995 年超过 3000 亿美元，从 2000 亿美元升到 3000 亿美元，用了 5 年时间；2003 年超过 4000 亿美元，从 3000 亿美元升到 4000 亿美元，用了 8 年时间；2006 年超过 5000 亿美元，仅用了 3 年时间；2008 年达到 6000 亿美元，2011 年超过 7000 亿美元，2014 年接近 8000 亿美元，但随后一路下降，2018 年超过 8000 亿元，用了 7 年时间。随后在 2020 年跌落，直到 2021 年全球纺织品服装出口额超过

（亿美元）

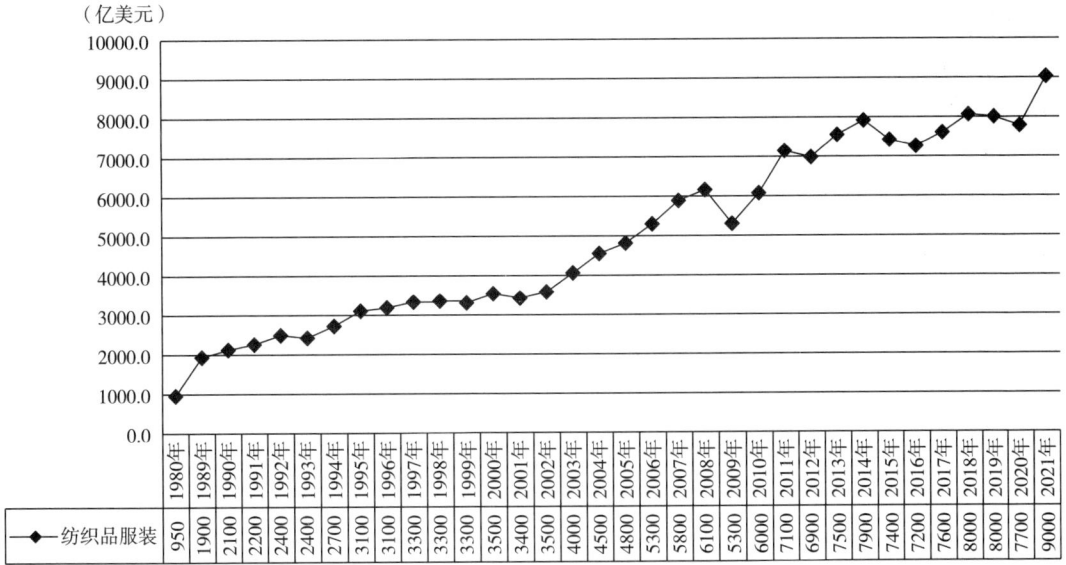

| | 1980年 | 1989年 | 1990年 | 1991年 | 1992年 | 1993年 | 1994年 | 1995年 | 1996年 | 1997年 | 1998年 | 1999年 | 2000年 | 2001年 | 2002年 | 2003年 | 2004年 | 2005年 | 2006年 | 2007年 | 2008年 | 2009年 | 2010年 | 2011年 | 2012年 | 2013年 | 2014年 | 2015年 | 2016年 | 2017年 | 2018年 | 2019年 | 2020年 | 2021年 |
|---|---|---|---|---|---|---|---|---|---|---|---|---|---|---|---|---|---|---|---|---|---|---|---|---|---|---|---|---|---|---|---|---|---|---|
| ◆ 纺织品服装 | 950 | 1900 | 2100 | 2200 | 2400 | 2400 | 2700 | 3100 | 3100 | 3300 | 3300 | 3300 | 3500 | 3400 | 3500 | 4000 | 4500 | 4800 | 5300 | 5800 | 6100 | 5300 | 6000 | 7100 | 6900 | 7500 | 7900 | 7400 | 7200 | 7600 | 8000 | 8000 | 7700 | 9000 |

图 1-15　国际纺织品服装出口额

资料来源：根据 WTO 数据整理得出。

9000 亿元。2005 年全球纺织品服装贸易一体化以来，出口增速总体上加快（表 1-11）。

表 1-11　全球纺织品服装出口贸易增长情况

| 年份 | 纺织品服装出口额（亿美元） | 用时（年） | 年份 | 纺织品服装出口额（亿美元） | 用时（年） |
|---|---|---|---|---|---|
| 1990—1994 | 2000 | 5 | 2008—2010 | 6000 | 1 |
| 1995—2002 | 3000 | 8 | 2011—2017 | 7000 | 7 |
| 2003—2005 | 4000 | 3 | 2018—2020 | 8000 | 3 |
| 2006—2007 | 5000 | 2 | 2021 | 9000 | — |

资料来源：根据 WTO 数据整理得出。

## 三、国际纺织品服装贸易与货物贸易和工业制成品出口增长密切相关

从纺织品服装贸易变化规律看，世界纺织品服装贸易的发展和世界经济发展周期关系密切，两者一般是同步发展。凡是世界经济发展迅速之时，纺织服装业生产发展也比较快，纺织品服装市场需求旺盛，纺织品服装贸易相应扩大。凡是世界经济出现衰退和危机时，纺织服装业生产也将停滞不前，纺织品服装市场需求萎缩，纺织品服装贸易亦将出现停滞或下降。世界经济从供给和需求两个方面影响纺织品服装贸易的发展，世界经济有繁荣衰退的周期，世界纺织品服装市场也有兴衰涨落的变化规律，总的趋势都将是不断地向前发展。

如图 1-16 所示，1960—2021 年世界货物贸易出口额年增长率与全球 GDP 年增长率的变化规律为：两者间的增长不仅表现为一前一后，而且货物出口年增长水平一般要高

于 GDP 年增长率。国际货物贸易是基于总值统计，全球 GDP 包括了货物生产和服务生产所创造的价值。因此，在国际贸易中，半制成品跨境贸易量越大，制成品贸易额相较于 GDP 就越大，国际供应链的增长也呈现同样走势。

因此，全球 GDP 的增长与全球货物出口的高增长率密切相关，如 1973 年和 2021 年。下降是也同样如此，当全球 GDP 下降时，全球货物出口额也随之下降，如 1974 年、2009 年和 2020 年。

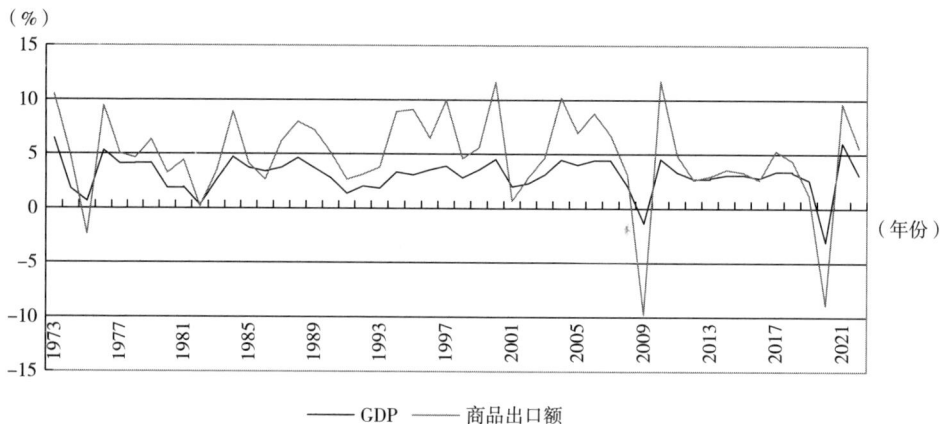

**图 1-16　1960—2021 年世界货物出口额和 GDP 的年增长率**

资料来源：根据 World Bank 数据整理得出。

如图 1-17 所示，世界工业制成品和商品出口贸易年增长率变化规律表现为两者变化走势的一致性。一般而言，出口增长率要高于工业制成品增长率，例如，1998—2008 年世界工业制成品平均年增长率为 3.4%，商品出口贸易平均年增长率为 6.3%。并且在 2009 年世界工业制成品和商品出口均出现了大幅下降，2010 年两者迅速上升后又快速回落，2020 年两者同步骤降后又在 2021 年迅速回升。总体而言，货物和制成品的变动趋势保持一致。

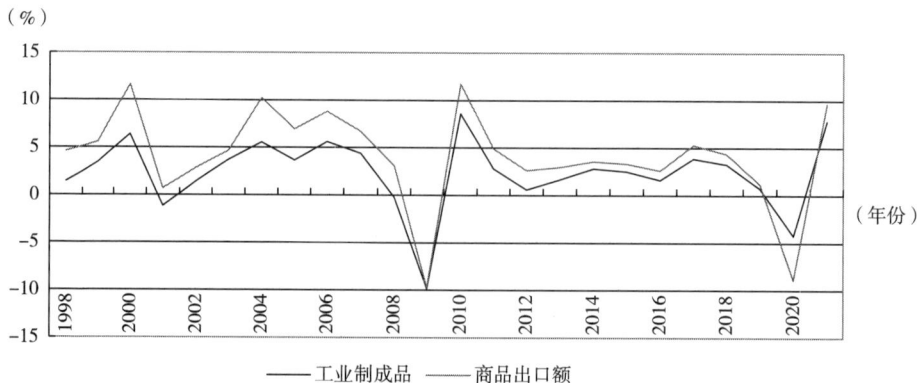

**图 1-17　1998—2021 年世界工业制成品和商品出口年增长率**

资料来源：根据 World Bank 数据整理得出。

纺织品服装出口贸易的发展受到国际市场环境的影响，当国际货物贸易，特别是制成品贸易快速增长时，纺织品服装贸易业呈上升趋势，如果国际货物贸易下降，纺织品服装出口也随之下滑。

如图 1-18 所示，各个时期世界纺织品出口年增长率、服装出口年增长率和制成品出口年增长率变化情况，其中，1990—1995 年和 2000—2005 年为快速增长阶段，1990—1995 年纺织品和服装增长 46.0%，2000—2005 年纺织品增长 30.0%而服装增长 40.8%。

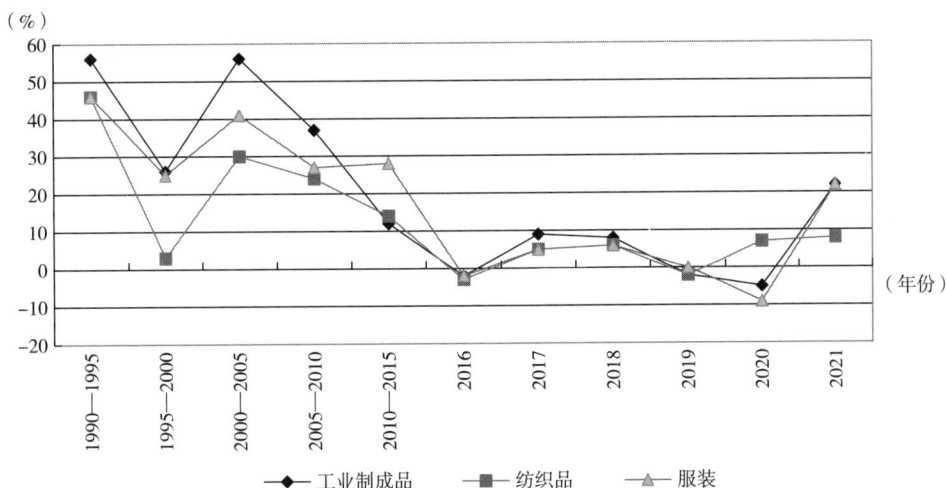

图 1-18　世界纺织品、服装与工业制成品出口年增长率

资料来源：根据 WTO 数据整理得出。

2019 年和 2020 年全球工业制成品出口额和纺织品、服装出口额均为负增长，2020 年恢复到 7.5%以上，其中，工业制成品出口额较 2020 年增速为 22.45%，纺织品出口额增速为 7.83%，服装出口额增速为 21.94%。

## 四、由纺织品出口为主向服装出口为主的转变

20 世纪 60 年代的全球纺织品服装出口贸易，以纺织品出口为主，服装出口规模小，1960 年全球纺织品服装出口额为 64 亿美元，其中纺织品出口额为 52 亿美元，占总额的 81%；服装出口额为 12 亿美元，占总额的 19%。

1987 年，全球服装出口额首次超过纺织品。其中，服装出口额为 790 亿美元，纺织品出口额为 788 亿美元，服装成为全球纺织品服装贸易的主体，这表明各国已经从过去的初加工纺织品出口，向深加工服装出口转变。

在 50 多年的发展过程中，世界纺织品服装贸易结构有了较大变化，从以纺织纤维和纺织品出口为主转为以服装出口为主，纺织品为辅，2010 年以来，纺织品与服装出口额比例保持在 4∶6。2021 年，全球服装出口额为 5488.3 亿美元，占总额的 60.8%；纺织品出口额为 3542.7 亿美元，占总额的 39.2%（图 1-19）。

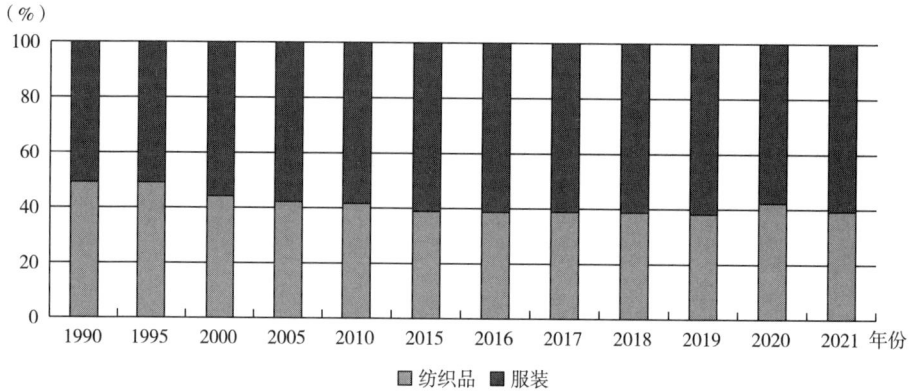

**图 1-19 世界纺织品和服装出口所占比重**

资料来源：根据 WTO 数据整理得出。

## 五、全球纺织品服装出口国家构成

第二次世界大战以后，世界纺织品服装出口国家和地区的构成经历了以发达国家出口为主，到以新兴工业化国家和地区出口为主，后转向以中国出口为主的格局变化。

20 世纪 70 年代以来，日本、德国、意大利和中国香港先后成为世界第一大纺织品服装出口国家或地区。1971 年以前，日本是世界第一大纺织品服装出口国，1972 年被德国取代，中国香港在 1984 年和 1987—1993 年取代了意大利成为世界第一大纺织品服装出口地区。1994 年至今，中国（内地）一直保持着全球纺织品服装第一大单——出口国地位，而欧盟作为区域一体化组织在 2007 年以前一直是第一大出口市场，包括成员国内部贸易和对成员国以外的贸易。

从世界纺织品服装出口排位看（表 1-12），2021 年全球前 10 位的主要出口国家和地区构成走势表现为三大阵营：以欧美发达国家组成的第一阵营；以中国、印度、土耳其等传统出口国组成的第二阵营；以孟加拉国和越南等新兴出口国组成的第三阵营。

**表 1-12 世界纺织品服装主要出口国家和地区排位**

| 全球位次 | 2005 年 | 2010 年 | 2015 年 | 2020 年 | 2021 年 |
| --- | --- | --- | --- | --- | --- |
| 1 | 中国（内地/大陆） | 中国（内地/大陆） | 中国（内地/大陆） | 中国（内地/大陆） | 中国（内地/大陆） |
| 2 | 中国香港 | 中国香港 | 印度 | 越南 | 越南 |
| 3 | 意大利 | 意大利 | 意大利 | 德国 | 德国 |
| 4 | 德国 | 德国 | 德国 | 意大利 | 意大利 |
| 5 | 土耳其 | 印度 | 孟加拉国 | 孟加拉国 | 印度 |
| 6 | 美国 | 土耳其 | 越南 | 印度 | 孟加拉国 |
| 7 | 印度 | 美国 | 中国香港 | 土耳其 | 土耳其 |

| 全球位次 | 2005 年 | 2010 年 | 2015 年 | 2020 年 | 2021 年 |
|---|---|---|---|---|---|
| 8 | 法国 | 孟加拉国 | 土耳其 | 荷兰 | 荷兰 |
| 9 | 比利时 | 法国 | 美国 | 西班牙 | 西班牙 |
| 10 | 韩国 | 比利时 | 西班牙 | 美国 | 美国 |

资料来源：根据 WTO 数据整理得出。

2005—2021 年前 10 位出口国位次基本保持稳定。从出口增长态势看，大致可以分为三大类型：一是增长型——基本保持连续增长，如中国（内地/大陆）、孟加拉国、越南等，上述国家不仅出口规模保持增长，而且出口地位为基本上保持稳定或者上升态势；二是缓慢增长型——波浪式增长且增速减缓，主要包括意大利以及德国；三是逐渐下降型——总体呈下降趋势，位次也在不断下滑，如中国香港、美国。

随着《ATC 协议》❶ 的终止，全球服装出口地区构成正在发生改变，一些出口国，如韩国已不在全球前 10 位纺织品服装贸易出口国行列，同时印度、越南、孟加拉国位次在上升。

## 六、发达国家以纺织品出口为主

按照出口国家和地区统计，2005 年、2010 年、2015 年、2020 年和 2021 全球纺织品出口前 10 位的国家和地区（表 1-13），包括意大利、美国、德国、日本、法国等发达国家，还有中国（内地/大陆）、印度、巴基斯坦等发展中国家，以及中国香港、中国台湾和韩国等新兴工业化国家和地区。其中，纺织品出口增长最快的国家有中国（内地/大陆）、印度和土耳其，而德国和美国纺织品出口增长缓慢，欧盟、意大利、中国香港等国家和地区的纺织品出口在下降。

表 1-13 世界纺织品出口前 10 位国家和地区统计　　　　单位：亿美元

| 2005 年 | | 2010 年 | | 2015 年 | | 2020 年 | | 2021 年 | |
|---|---|---|---|---|---|---|---|---|---|
| 国家/地区 | 出口额 | 国家/地区 | 出口额 | 国家/地区 | 出口额 | 国家/地区 | 出口额 | 国家/地区 | 出口额 |
| 欧盟 | 659.2 | 中国（内地/大陆） | 768.7 | 中国（内地/大陆） | 1089.3 | 中国（内地/大陆） | 1540.9 | 中国（内地/大陆） | 1455.7 |
| 中国（内地/大陆） | 410.5 | 欧盟 | 640.6 | 欧盟 | 610.8 | 欧盟 | 647.3 | 欧盟 | 735.7 |
| 意大利 | 148.3 | 德国 | 141.6 | 印度 | 172.6 | 印度 | 150.4 | 印度 | 222.3 |
| 中国香港 | 138.3 | 意大利 | 129.7 | 美国 | 139.4 | 德国 | 139.8 | 土耳其 | 151.7 |
| 德国 | 135.8 | 印度 | 128.3 | 德国 | 132.6 | 土耳其 | 117.0 | 德国 | 150.4 |

❶ 世界贸易组织多边贸易协定之一，《纺织品与服装协议》，英文全称为 Agreement on Textiles and Clothing，简称为《ATC 协议》。

| 2005 年 | | 2010 年 | | 2015 年 | | 2020 年 | | 2021 年 | |
|---|---|---|---|---|---|---|---|---|---|
| 国家/地区 | 出口额 | 国家/地区 | 出口额 | 国家/地区 | 出口额 | 国家/地区 | 出口额 | 国家/地区 | 出口额 |
| 美国 | 124.0 | 美国 | 121.7 | 意大利 | 117.5 | 美国 | 113.8 | 美国 | 131.2 |
| 韩国 | 103.9 | 中国香港 | 113.1 | 土耳其 | 111.2 | 越南 | 98.0 | 意大利 | 119.1 |
| 中国台湾 | 97.1 | 韩国 | 109.7 | 韩国 | 106.5 | 意大利 | 97.8 | 越南 | 114.7 |
| 印度 | 83.3 | 中国台湾 | 97.2 | 中国台湾 | 96.8 | 韩国 | 77.5 | 巴基斯坦 | 91.9 |
| 比利时 | 74.6 | 土耳其 | 89.6 | 中国香港 | 91.1 | 巴基斯坦 | 71.1 | 韩国 | 86.8 |

资料来源：根据 WTO 数据整理得出。

## 七、全球纺织品服装进口主要集中在三大市场

欧盟、美国和中国是全球纺织品三大进口市场。如表 1-14 所示，欧盟、美国和中国纺织品进口额占全球纺织品进口总额的 35% 以上。2005—2015 年三大纺织品地区进口额相对平稳，但占全球纺织品进口总额比重在下降，2020 年美国纺织品进口额快速提升，带动三大市场占全球纺织品进口总额比重增加，但是 2021 年欧盟与美国纺织品进口快递下跌，只有中国市场保持正向增长。

表 1-14　全球纺织品三大市场进口额

| 进口市场 | 2005 年 | | 2010 年 | | 2015 年 | | 2020 年 | | 2021 年 | |
|---|---|---|---|---|---|---|---|---|---|---|
| | 进口额（亿美元） | 占进口总额比重（%） | 进口额（亿美元） | 占进口总额比重（%） | 进口额（亿美元） | 占进口总额比重（%） | 进口额（亿美元） | 占进口总额比重（%） | 进口额（亿美元） | 占进口总额比重（%） |
| 欧盟 | 626.8 | 29.2 | 635.9 | 23.8 | 621.2 | 20.0 | 874.0 | 24.2 | 794.5 | 20.4 |
| 美国 | 225.3 | 10.5 | 233.8 | 8.7 | 295.4 | 9.5 | 451.7 | 12.5 | 395.6 | 10.2 |
| 中国 | 155.0 | 7.2 | 176.8 | 6.6 | 189.7 | 6.1 | 141.3 | 3.9 | 161.7 | 4.1 |
| 合计 | 1007.2 | 46.9 | 1046.5 | 39.1 | 1106.3 | 35.7 | 1467.0 | 40.7 | 1351.8 | 34.7 |

资料来源：根据 WTO 数据整理得出。

欧盟、美国和日本是全球服装三大进口市场（表 1-15），2005—2010 年，欧盟、美国和日本的服装进口占全球市场份额超过 65%，也是众多新兴服装加工国的主要出口目的地。但三大市场服装进口额占全球比重逐年下降，2015—2021 年三大进口市场占全球服装进口总额 60% 以下，2021 年略有回升，但是上升不明显。

表 1-15 全球服装三大市场进口额

| 进口市场 | 2005 年 | | 2010 年 | | 2015 年 | | 2020 年 | | 2021 年 | |
|---|---|---|---|---|---|---|---|---|---|---|
| | 进口额<br>（亿美元） | 占全球<br>比重<br>（%） | 进口额<br>（亿美元） | 占全球<br>比重<br>（%） | 进口额<br>（亿美元） | 占全球<br>比重<br>（%） | 进口额<br>（亿美元） | 占全球<br>比重<br>（%） | 进口额<br>（亿美元） | 占全球<br>比重<br>（%） |
| 欧盟 | 1044.7 | 37.4 | 1394.3 | 37.6 | 1487.7 | 31.0 | 1684.3 | 34.4 | 1957.9 | 33.9 |
| 美国 | 800.7 | 28.7 | 819.4 | 22.1 | 969.0 | 20.2 | 824.2 | 16.8 | 1062.9 | 18.4 |
| 日本 | 225.4 | 8.1 | 268.7 | 7.2 | 285.6 | 6.0 | 262.7 | 5.4 | 265.3 | 4.6 |
| 合计 | 2070.8 | 74.1 | 2482.4 | 66.9 | 2742.4 | 57.2 | 2771.1 | 56.6 | 3286.1 | 57.0 |

资料来源：根据 WTO 数据整理得出。

整体上讲，在未来相当长的时间内，欧盟、美国和日本将一直是世界服装最大进口国家和地区以及消费市场，同时这三大市场进口需求的变化，也直接影响到全球服装的出口贸易格局。

## 八、《ATC 协议》的终止对全球纺织品服装贸易发展的影响

### （一）《ATC 协议》实施 10 年间，全球纺织品服装贸易稳步发展

伴随着 WTO 的建立，《ATC 协议》作为全球纺织品服装贸易回归 GATT 体制的过渡性协议开始实施，按照《ATC 协议》的规定，全球纺织品服装进口配额在 1995—2004 年 10 年过渡期内逐步削减直至取消，各国进口平均关税降至 11.64%，这一阶段较为开放的国际市场环境，促进了全球纺织品服装贸易的增长。

如图 1-20 所示，1995—2004 年全球纺织品出口额及年增长情况，从 1995 年的 1523.2 亿美元到 2004 年《ATC 协议》结束时的 1950.3 亿美元，10 年间全球纺织品出口额年均增长率为 4%。

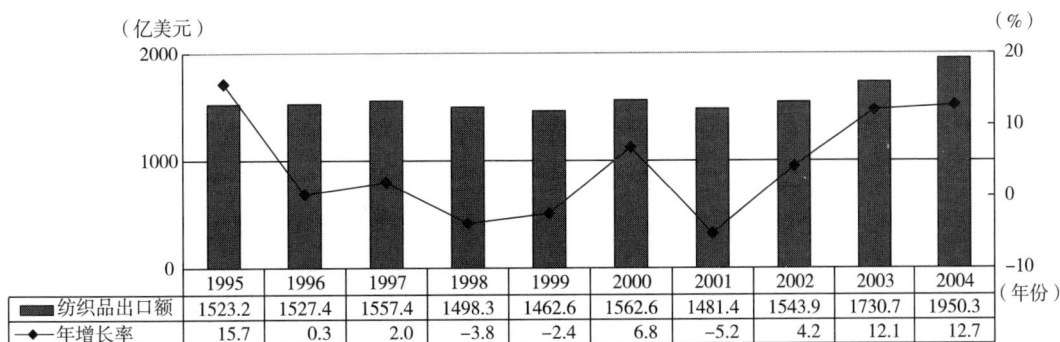

| | 1995 | 1996 | 1997 | 1998 | 1999 | 2000 | 2001 | 2002 | 2003 | 2004 |
|---|---|---|---|---|---|---|---|---|---|---|
| 纺织品出口额 | 1523.2 | 1527.4 | 1557.4 | 1498.3 | 1462.6 | 1562.6 | 1481.4 | 1543.9 | 1730.7 | 1950.3 |
| 年增长率 | 15.7 | 0.3 | 2.0 | -3.8 | -2.4 | 6.8 | -5.2 | 4.2 | 12.1 | 12.7 |

图 1-20 1995—2004 年全球纺织品出口额及年增长率

资料来源：根据 WTO 数据整理得出。

如图 1-21 所示，1995—2004 年全球服装出口额及年增长率情况，从 1995 年的 1583.2 亿美元到 2004 年《ATC 协议》结束时的 2581 亿美元，10 年间全球服装出口额年均增长率为 6.5%。

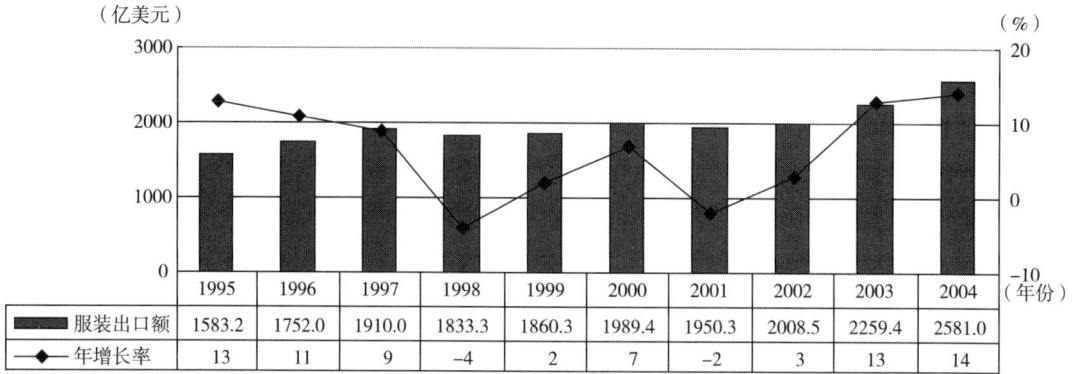

| （亿美元） | 1995 | 1996 | 1997 | 1998 | 1999 | 2000 | 2001 | 2002 | 2003 | 2004 |
|---|---|---|---|---|---|---|---|---|---|---|
| 服装出口额 | 1583.2 | 1752.0 | 1910.0 | 1833.3 | 1860.3 | 1989.4 | 1950.3 | 2008.5 | 2259.4 | 2581.0 |
| 年增长率 | 13 | 11 | 9 | -4 | 2 | 7 | -2 | 3 | 13 | 14 |

图 1-21　1995—2004 年全球服装出口额及年增长率

资料来源：根据 WTO 数据整理得出。

如表 1-16 所示，1995 年和 2004 年全球纺织品出口前 10 位国家和地区构成相同，但是位次略有改变。其中，2004 年韩国和中国台湾纺织品出口额较 1995 年均有所下降，同时位次也降了一位，法国和日本纺织品出口规模保持稳定，其他出口国家和地区均较 1995 年有所增长，中国（内地/大陆）出口增幅最大，另外，印度跃居全球纺织品出口国第九位。

表 1-16　全球纺织品出口前 10 位国家和地区　　　　　　单位：亿美元

| 1995 年 | | 2004 年 | |
|---|---|---|---|
| 国家/地区 | 出口额 | 国家/地区 | 出口额 |
| 德国 | 143.9 | 中国（内地/大陆） | 334.3 |
| 中国（内地/大陆） | 139.2 | 意大利 | 153.1 |
| 中国香港 | 138.2 | 中国香港 | 143.0 |
| 意大利 | 128.8 | 德国 | 140.3 |
| 韩国 | 123.1 | 美国 | 120.3 |
| 中国台湾 | 118.6 | 韩国 | 108.4 |
| 比利时—卢森堡 | 82.9 | 中国台湾 | 100.4 |
| 法国 | 74.7 | 比利时 | 76.7 |
| 美国 | 73.7 | 法国 | 74.1 |
| 日本 | 71.8 | 印度 | 74.1 |

资料来源：根据 WTO 数据整理得出。

表 1-17 显示，1995 年和 2004 年全球服装出口前 10 位国家和地区构成发生了改变，

2004 年泰国和韩国不在前 10 位服装出口国家和地区行列，同时墨西哥和孟加拉跃居前 10 位行列。与 1995 年相比，新兴服装出口国家正在崛起，美国服装出口额在下降。

表 1-17  全球服装出口前 10 位国家和地区  单位：亿美元

| 1995 年 | | 2004 年 | |
| --- | --- | --- | --- |
| 国家/地区 | 出口额 | 国家/地区 | 出口额 |
| 中国（内地） | 240.5 | 中国（内地） | 618.6 |
| 中国香港 | 213.0 | 中国香港 | 251.0 |
| 意大利 | 144.2 | 意大利 | 182.8 |
| 德国 | 75.3 | 德国 | 118.9 |
| 美国 | 66.5 | 土耳其 | 111.9 |
| 土耳其 | 61.2 | 法国 | 79.8 |
| 法国 | 56.6 | 墨西哥 | 74.9 |
| 泰国 | 50.1 | 印度 | 69.3 |
| 韩国 | 49.6 | 孟加拉国 | 63.0 |
| 印度 | 41.1 | 美国 | 62.4 |

资料来源：根据 WTO 数据整理得出。

### （二）2005 年《ATC 协议》终止后，全球纺织品服装贸易进入快速发展阶段

2005 年《ATC 协议》终止后，全球纺织品出口进入快速增长阶段，2005 年全球纺织品出口额超过 2000 亿美元，2009 年受到华尔街金融危机的影响，纺织品出口虽出现了负增长，但 2010 年后又恢复增长，2013 年全球纺织品出口额超过 3000 亿美元，2021 年全球纺织品出口额高达 3542.7 亿美元，达成历史最高点（图 1-22）。

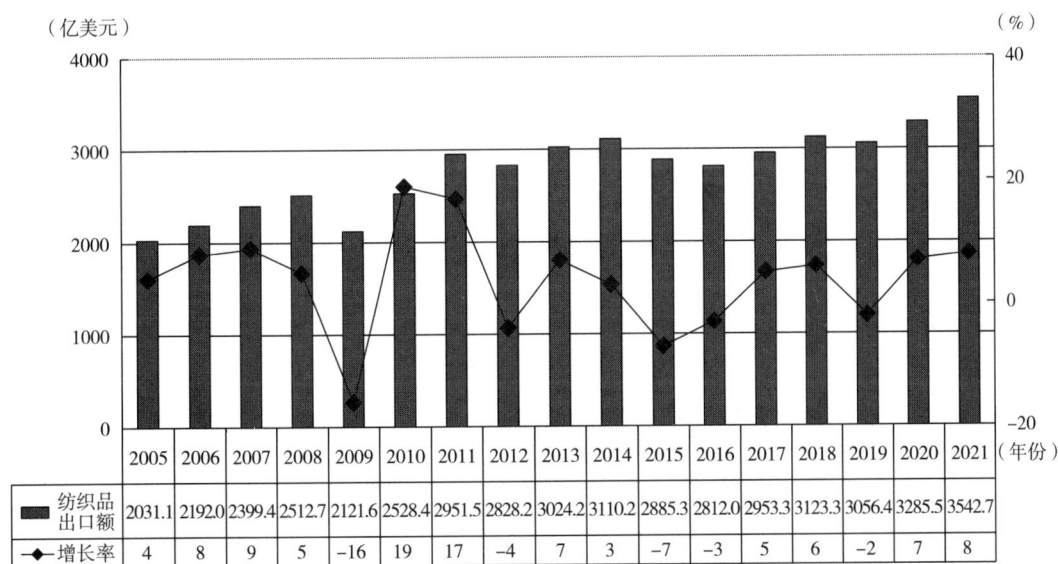

| | 2005 | 2006 | 2007 | 2008 | 2009 | 2010 | 2011 | 2012 | 2013 | 2014 | 2015 | 2016 | 2017 | 2018 | 2019 | 2020 | 2021 |
| --- | --- | --- | --- | --- | --- | --- | --- | --- | --- | --- | --- | --- | --- | --- | --- | --- | --- |
| 纺织品出口额 | 2031.1 | 2192.0 | 2399.4 | 2512.7 | 2121.6 | 2528.4 | 2951.5 | 2828.2 | 3024.2 | 3110.2 | 2885.3 | 2812.0 | 2953.3 | 3123.3 | 3056.4 | 3285.5 | 3542.7 |
| 增长率 | 4 | 8 | 9 | 5 | -16 | 19 | 17 | -4 | 7 | 3 | -7 | -3 | 5 | 6 | -2 | 7 | 8 |

图 1-22  2005—2021 年全球纺织品出口额及增长率

资料来源：根据 WTO 数据整理得出。

2005 年《ATC 协议》终止后，2006 年全球服装出口额超过 3000 亿美元，2011 年全球服装出口额超过 4000 亿美元，2021 年全球服装出口额高达 5488.3 亿美元，为最高点。

因此，2005 年全球纺织品服装取消配额后，促进了全球纺织品服装贸易的自由化，贸易规模逐渐增加（图 1-23）。

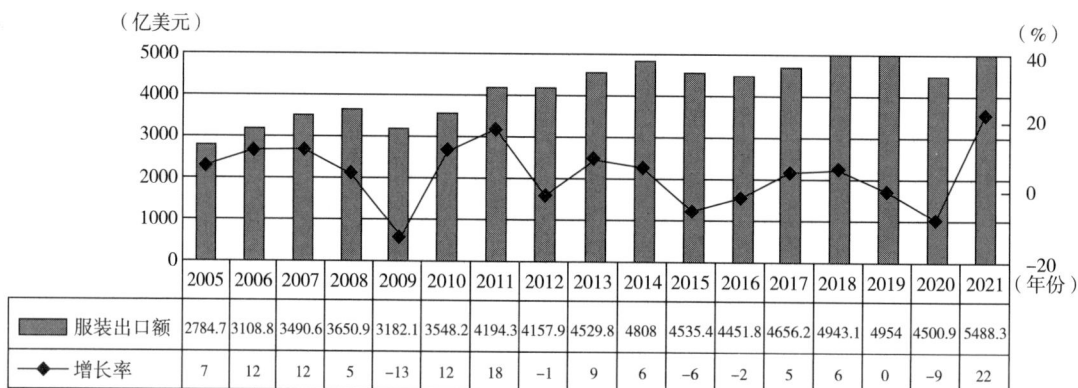

| （亿美元） | 2005 | 2006 | 2007 | 2008 | 2009 | 2010 | 2011 | 2012 | 2013 | 2014 | 2015 | 2016 | 2017 | 2018 | 2019 | 2020 | 2021（年份） |
|---|---|---|---|---|---|---|---|---|---|---|---|---|---|---|---|---|---|
| 服装出口额 | 2784.7 | 3108.8 | 3490.6 | 3650.9 | 3182.1 | 3548.2 | 4194.3 | 4157.9 | 4529.8 | 4808 | 4535.4 | 4451.8 | 4656.2 | 4943.1 | 4954 | 4500.9 | 5488.3 |
| 增长率 | 7 | 12 | 12 | 5 | -13 | 12 | 18 | -1 | 9 | 6 | -6 | -2 | 5 | 6 | 0 | -9 | 22 |

图 1-23 2005—2021 年全球服装出口额及增长率

资料来源：根据 WTO 数据整理得出。

## 小结

本章简要介绍了国际纺织品服装贸易发展阶段、发展现状、纺织品原料贸易、纺织品服装贸易特征等内容，通过大量的统计数据，阐述了国际纺织品发展的走势和特点，并具体讲述了世界纺织品服装贸易格局。

## 复习与思考

（1）世界纺织品服装贸易发展阶段是如何划分的？

（2）全球纺织品原料贸易的特点是什么？

（3）国际纺织品服装贸易市场格局如何？

## 参考文献

［1］施禹之．WTO 与中国纺织工业［M］.北京：中国纺织出版社，2001.

［2］郭燕．后配额时代的中国纺织服装业［M］.北京：中国纺织出版社，2007.

［3］中国纺织工业联合会．2014/2015 中国纺织工业发展报告［M］.北京：中国纺织出版社，2015.

［4］中国纺织工业联合会．2015/2016 中国纺织工业发展报告［M］.北京：中国纺织出版社，2016.

［5］中国纺织工业联合会．2016/2017 中国纺织工业发展报告［M］．北京：中国纺织出版社，2017.

［6］中国纺织工业联合会．2017/2018 中国纺织工业发展报告［M］．北京：中国纺织出版社，2018.

［7］谭劲松．中国纺织经济［M］.北京：中国纺织出版社，2001.

［8］中国纺织工业联合会．2021/2022 中国纺织工业发展报告［M］．北京：中国纺织出版社，2022.

［9］高长春，肖岚．现代纺织经济与纺织品贸易［M］.北京：中国纺织出版社，2008.

基础理论与
研究

# 多边贸易体制下的国际纺织品服装贸易规则

**课程名称：** 多边贸易体制下的国际纺织品服装贸易规则

**课程内容：** 1. 多边贸易体制回顾

2. 与纺织品服装贸易相关的国际贸易规则

**课程学时：** 6 课时

**教学要求：** 通过本章的学习，了解多边贸易体制下的国际纺织品贸易规则变化及其发
展阶段，掌握多边贸易体制下与纺织品服装贸易相关的国际贸易规则的主
要内容，了解全球反倾销、反补贴和保障措施等贸易救济措施实施情况。

# 第二章　多边贸易体制下的国际纺织品服装贸易规则

纺织品服装贸易在世界货物贸易中占有重要的地位。长期以来，美国等发达国家对逐渐衰退的本国纺织服装产业实行保护主义政策，在美国的压力和推动下，从 1961 年开始就在关税与贸易总协定（以下简称 GATT）体制下先后达成了短期和长期的《国际棉纺织品贸易协议》，1974 年又扩大到《多种纤维协定》（以下简称 MFA），MFA 一直实行到 1995 年 1 月 1 日世界贸易组织（以下简称 WTO）成立为止。在长达二十多年的时间里，发展中国家与发达国家的纺织品服装贸易均是在上述多边协议规则框架内进行。

1986 年 9 月发动的乌拉圭回合把纺织品服装列为 15 个谈判议题之一，确定了纺织品服装贸易回到 GATT 规则的谈判目标。《纺织品与服装协议》（以下简称《ATC 协议》）是乌拉圭回合一揽子协议的重要组成部分，但与其他 WTO 协议截然不同，它只是阶段性适用，并不作为一套长期使用的国际纺织品服装贸易规则。《ATC 协议》的有效期自 1995 年 1 月 1 日起至 2004 年 12 月 31 日止，共 10 年期限，不得延长。其核心目标是在规定的 10 年时间内，将长期背离正常国际贸易规则的纺织品服装贸易，重新纳入由 GATT 规则管辖的轨道。

在 WTO 多边贸易体制法律框架下，除了《ATC 协议》外还有一系列与纺织品服装贸易相关的协议，例如《原产地规则协议》《反倾销协议》《补贴与反补贴措施协议》《保障措施协议》《技术性贸易壁垒协议》和《与贸易有关的知识产权协议》等。不仅使国际纺织品服装贸易在 WTO 多边贸易体制下更加有序地发展，还使各国的进出口贸易利益得到保障。

## 第一节　多边贸易体制回顾

第二次世界大战后的 60 年多年间，世界纺织品服装贸易在 GATT 多边贸易体制和 WTO 多边贸易体制下，经历了三个发展阶段：第一阶段是 GATT 多边贸易体制下的国际纺织品贸易规则，主要包括《短期纤维协议》和《长期纤维协议》(1961—1974 年）及《多种纤维协定》(MFA)(1974—1994 年)；第二阶段是 WTO 多边贸易体制下的国际纺织品贸易规则，主要包括《ATC 协议》(1995—2004 年）的实施期；第三阶段是《ATC 协议》终止后（2005 年至今）全球纺织品服装贸易回归 WTO 多边贸易体制，进入贸易自由化发展阶段。

## 一、GATT 多边贸易体制下的国际纺织品贸易规则

自 20 世纪 50 年代中期开始，传统的纺织品生产国英国、美国等，受到来自日本的纺织品威胁。1956 年，美国与日本达成了为期 5 年的"自动限制协议"，将日本纺织品进口纳入配额管理之下。英国、法国及其他一些欧洲国家也援引 GATT 相关条款的规定，对来自日本的纺织品进口实行歧视性的配额限制。

对日本纺织品进口的配额限制为其他未设限纺织品出口国家和地区提供了出口机会。到 20 世纪 50 年代末，中国香港和其他一些纺织品出口国家和地区很快赶上了日本，成为主要纺织品供应方。由于要求各出口国采取自愿限制措施越来越难，单靠在 GATT 体制之外采取自愿限制或引用 GATT 条款已不足以有效限制纺织品进口。美国决定在 GATT 体制内寻求多边解决纺织品问题的办法，通过达成一个国际协议，既能使美国当时的"自愿限制"合法化，又为将来的选择性的纺织品设限提供法律依据。

### （一）《短期纤维协议》和《长期纤维协议》(1961—1974 年)

在美国政府的压力下，GATT 于 1961 年达成了《国际棉纺织品贸易短期协议》，即称为《短期纤维协议》，该协议引用了市场扰乱的概念：

(1) 要有进口商品和国内产品价格差即可。

(2) 没有补偿。

(3) 可以歧视性地进行，允许进口国在进口纺织品造成威胁或市场扰乱时对进口设限，不受 GATT 关于取消数量限制的有关规定的约束。

协议使当时采取的自愿出口限制合法化，允许就其他条款达成双边协议。此外，还建立了棉纺织品委员会，就棉纺织品问题寻求长期解决办法。

1962 年达成的《国际棉纺织品贸易长期安排》又称《长期纤维协议》，期限 5 年，并进行了两次延长。《长期纤维协议》对实行进口限制的程序做了更具体的规定，并界定了可以设限的情形，要求各成员国对各种限制向棉纺织品委员会报告，在棉纺织品委员会下设争端解决机制。在《长期纤维协议》后期，一些进口国，特别是美国，对协议范围之外的非棉纺织品产品开始进行限制，并签订了双边协议。

### （二）《多种纤维协定》(1974—1994 年)

20 世纪 70 年代初，纺织品贸易由棉纺产品转向人造纤维产品是《多种纤维协定》产生的关键因素。取消或减少合成纤维的进口成为当时进口国产业界的主要目标。1972 年

在美国政府的倡导下，GATT 理事会成立了纺织品工作和谈判小组。经过谈判，最后于 1973 年 12 月 20 日签署了《国际纺织品贸易协议》，又称《多种纤维协定》（MFA），涵盖的产品由棉纺产品扩大到人造纤维和毛产品；在市场扰乱确定后，进口国可偏离 GATT 原则，对纺织品进口采取歧视性数量限制；建立了常设的纺织品监督机构，解决争端，监督协议执行。MFA 历经 5 次延长，主宰了世界纺织品贸易长达 20 年，对世界纺织品贸易产生了重大影响。

1994 年年底，当 MFA 效力终止时，它有 39 个成员国，其中，8 个是发达国家，被称为"进口方"；其余 31 个是发展中国家，被称为"出口方"。进口方成员国（美国、加拿大、欧盟 15 国和挪威）与 GATT 成员国签署了 81 项限制性协议，包含超过 1000 项单个配额。此外，还有 29 个对纺织品进口施加限制的非 MFA 协议或单边措施。

MFA 允许出口方与进口方国家签订要求出口方限制其某些种类的纺织品服装出口的双边安排。在达成协议时，要求各国严格遵守 MFA 规则，确定严重损害或严重损害威胁，制定限制程度，包括每年增长率，上年未利用的配额留到下期和部分为下一年使用的当年配额转入规定。

我国于 1984 年加入 MFA。1994 年 12 月 31 日前，我国与其他国家签订的双边纺织品协议均受到 MFA 规定的约束，由于当时我国经济体制的特征，西方国家认为我国是计划经济国家，对我国纺织品出口的限制更加苛刻，加入 MFA 缩短了我国与其他发展中国家成员国在纺织品出口地位上的差距。我国还于 1990 年成为 MFA 下设的纺织品监督局（TSB）的成员，一直到 1994 年。

## 二、WTO 多边贸易体制下的国际纺织品贸易规则

### （一）《纺织品与服装协议》10 年过渡期（1995—2004 年）

《纺织品与服装协议》，是乌拉圭回合一揽子协议的重要组成部分，只是阶段性适用。《ATC 协议》有效期自 1995 年 1 月 1 日起至 2004 年 12 月 31 日止，共 10 年期限，不得延长。因此，《ATC 协议》是世界贸易组织用以取代 MFA 并为最终取消配额限制而制定的一项特殊的过渡性安排，其核心目标是在规定的 10 年时间内，将长期背离正常国际贸易规则的纺织品服装贸易，重新纳入由 GATT 规则管辖的轨道。在《ATC 协议》中，把这种逐步取消纺织品服装贸易限制的做法称为一体化。《ATC 协议》含有 9 个条款，主要内容包括以下几个方面。

#### 1. 适用的产品范围

《ATC 协议》中逐步取消纺织品服装贸易限制的方案适用于协议附件所列的产品，这些产品的范围包括毛条和纱、机织物、纺织制品和服装四个组，涉及协调商品名称及编码制度（HS）第 50 章至第 63 章的全部产品和第 30 章至第 49 章、第 64 章至第 96 章的部分产品，按海关 HS 六位数编码共约 800 个税号。它囊括了世界贸易组织成员根据 MFA 已实行进口数量限制的全部产品，同时也包括少量的非 MFA 数量限制产品。

## 2. 产品一体化安排

《ATC 协议》第 2 条规定，附件中所有产品在 10 年内分阶段取消纺织品服装贸易限制，逐步纳入 1994 年的 GATT 规则，这就是产品一体化的过程。整个一体化进程分四个阶段（3 年、4 年、3 年，最后 10 年）逐步进行，到 10 年过渡期结束时，所有产品将一体化完毕。

《ATC 协议》中最主要的规定是，在不得设立新的限制的前提下逐步取消已有的纺织品服装贸易限制，这一规定通常称为"经济条款"，它具体规定了现有纺织品服装贸易限制的取消方式，包括把《ATC 协议》附件中的产品逐步从配额限制体制中取消，对仍然保留限制的产品进口配额逐步扩大数量。

表 2-1 是以原 MFA 通常使用的 6% 年增长率为基础。但在实践中，由于被限制的国别和产品不同，所适用的基础年增长率也随之不同。

**表 2-1　配额回归比例及额外增长率**

| 回归阶段 | 执行日期 | 回归比例（%） | 额外增长率（%） |
|---|---|---|---|
| 一 | 1995. 1. 1—1997. 12. 31 | 16 | 16 |
| 二 | 1998. 1. 1—2001. 12. 31 | 17 | 25 |
| 三 | 2002. 1. 1—2004. 12. 31 | 18 | 27 |
| 四 | 2005. 1. 1 至今 | 49 | — |

第一阶段：从 1995 年 1 月 1 日至 1997 年 12 月 31 日，一体化的产品比例应不低于成员国 1990 年协议产品进口总量的 16%（以 1990 年进口量为基础），此期间每年为 6.96%。

第二阶段：从 1998 年 1 月 1 日至 2001 年 12 月 31 日，一体化的产品比例为 17%，每年为 8.7%。

第三阶段：从 2002 年 1 月 1 日至 2004 年 12 月 31 日，一体化的产品比例为 18%，每年为 11.05%。

第四阶段：从 2005 年 1 月 1 日开始，所有剩余产品（占 1990 年成员国进口产品总量的 49%）将完全一体化，融入 GATT，届时《纺织品与服装协议》将自行终止。

在符合上述规定比例的条件下，每个进口国可自主决定各阶段取消的具体产品，但取消产品目录必须包括以下四组产品：毛条及纱、机织物、纺织制品及服装。对于每个阶段的取消产品清单，都要提前一年通知世界贸易组织。

《ATC 协议》中还规定了逐步放宽配额数量的比例，实行配额的自由化安排。放宽配额限制的安排是与取消配额限制产品的进程并行实施的一项计划。其具体做法是以 1995 年 1 月 1 日为起点，通过提高配额年增长率的方式，逐年增加从原 MFA 延续下来的现行双边协议的配额数量，达到渐进地放宽限制的目的。原 MFA 项下的配额，自 1995 年 1 月 1 日起转至《ATC 协议》后，标志着协议规定自动的自由化进程的开始。

提高年增长率的具体步骤：从 1995 年 1 月 1 日开始，将现行配额所适用的原 MFA 的年增长率再增加 16%，作为协议第一阶段的年增长率；从 1998 年 1 月 1 日开始，第一阶段的年增长率再增加25%，作为协议第二阶段的年增长率；从 2002 年 1 月 1 日开始，第二阶段的年增长率再增加27%，作为协议第三阶段的年增长率；第四阶段于 2005 年 1 月 1 日完全取消配额。对于结转（本年度剩余配额转入下一年度）、类转（各个配额类别之间进行数量转移）和预借（下一年度配额提前到本年度）等灵活条款的混合使用，不再实行最高比例的限制。

### 3. 过渡期保障措施

《ATC 协议》的一个重要部分是 10 年过渡期内的保障措施，这一机制的目的是保护成员国避免在过渡期内受到未一体化产品且无配额限制产品进口激增的损害。《ATC 协议》第 6 条规定，过渡期保障措施（TSG）是指，在过渡期内，如果未受配额限制的纺织品或服装产品且未纳入关贸总协定的产品大量进口，对国内有关产业造成严重损害或严重损害的实际威胁，就可以采取保护措施，并且自单个成员的进口出现急剧和实质性增加，则可对该特定出口成员的特定产品实施配额限制。

（1）渡期保障措施的条件：这个条款的执行必须具备两个前提：①进口国成员必须确定某一特定产品的总进口对其国内工业正在造成严重损害的威胁。②必须确定这一损害是由哪一个成员造成的。

协议规定，确定损害的经济参数主要有：产量、生产率、开工率、库存、市场份额、出口、工资、就业、国内价格、利润和投资等。判断对某一工业造成严重损害或实质性威胁，必须综合考虑上述各种指标，而不能仅就某一指标来加以说明、判断。

（2）适用对象：《ATC 协议》第 6 条规定，过渡期保障措施只允许针对尚未纳入 GATT 的产品使用，而已纳入的产品应适用 GATT 第 19 条与《保障措施协议》规定的保障措施。如果该损害或威胁是由于技术上的改变或消费者爱好的变化等原因造成的，则不能采取过渡期保障措施，只能采取《保障措施协议》规定的保障措施。

（3）过渡期保障措施实施期限：《ATC 协议》过渡期保障措施实施最长为 3 年（2008 年 12 月 31 日），而无延长期；或直至该产品纳入 GATT 止，两者以前者为准。过渡期保障措施的实施时间超过 1 年的，则随后各年的进口限制水平应在第一年的基础上每年至少增长 6%，除非向纺织品监督机构提出其他正当理由。在使用保障措施的规定时，应该给予最不发达国家、小供应国、新进入市场的国家等以更优惠的待遇。

（4）过渡期保障条款的有效期：如果在某一产品被纳入《1994 年关税与贸易总协定》（GATT 1994）规则之前，若进口国证明某一产品的总进口数量剧增，对有关国家的工业造成严重损害或实际威胁，并且自有关单个国家的进口出现急剧和实质性增加，则可针对该单个出口国家采取"过渡期保障措施"的保护行动。但过渡期保障措施只允许针对未纳入"GATT 1994"规则的产品使用，而已纳入"GATT 1994"的产品应采用世界贸易组织的保障措施。因此，《ATC 协议》的过渡期保障措施则是有明确的期限，即产品纳入 GATT 规则后就不能援用，并在《ATC 协议》2005 年 1 月 1 日终止后，过渡期保障措施就不存在了。

（5）保障措施实施的目的和对象：《ATC 协议》的过渡期保障措施规定的行业性保护措施的目的是保护某一特定行业，但针对特定的具体成员的某一产品，是有针对性的，属于选择性保障措施的一种，而且对因此而受损失的成员无补偿。

（6）实施的步骤：《ATC 协议》对每一步都有明确的标准和步骤。进口成员国必须与有关出口成员国进行磋商。过渡期保障措施可以在双方磋商且相互同意后采取，或如果通过磋商未达成协议，可以单方面采取，但须接受纺织品服装监督机构的审议。限制水平应不低于提出磋商那个月之前 14 个月中前 12 个月的实际进口或出口水平。

任何欲引用过渡期保障措施的成员，必须在规定的时间内，通知纺织品监督机构其保留使用过渡期保障措施的权利。绝大多数世界贸易组织成员方保留了使用该保障措施的权利，并同时提交了各自在纺织服装产品方面逐步取消限制的方案。只有少数几个成员方放弃使用该过渡期保障措施的权利。这些成员方被认定已将附件所列产品 100% 纳入了 GATT 规则，提前实现了自由化。

### 4. 处理非法转口的规则和步骤

《ATC 协议》对处理非法转口的规则和步骤进行了明确规定。非法转口，在《ATC 协议》中称为舞弊（Circumvention），是指通过转运、改道、谎报原产地或原产国、伪造正式文件来达到规避协议规定的目的和逃脱配额管理的做法。只要有纺织品服装贸易的配额制度存在，就有可能出现非法转口问题。不仅进口国关注打击非法转口问题，出口国以及中转国家和地区也都必须重视和防止出现非法转口问题。

引用此条款时需要有关各方进行磋商并充分合作进行调查。如果经过调查，有足够的证据说明进口产品是非法转口产品，则进口国在被指控为非法转口的出口国以及其他有关参与方进行磋商之后，可以采取适当行动。这种行动包括对进口产品拒绝清关；若在产品已经入境的情况下，则可以扣除有关出口国相应数量的配额。《ATC 协议》还规定所有成员方应在符合其国内法律和程序的情况下，制定必要的法律规定和行政措施来处理并打击非法转口行为。

### 5. 设立纺织品监督机构

WTO 专门设立纺织品监督机构（TMB）。其旨在监督《ATC 协议》的执行，并检查根据协议采取的所有措施，确保其与 GATT 规则一致。TMB 是一个常设机构，发挥调解和准司法的作用，它由 1 名独立主席和 10 名成员组成（美国、加拿大、日本、欧盟、巴西与南美国家轮流、印度与北非轮流、东盟 1 位、中国香港和韩国轮流、挪威与土耳其轮流、巴基斯坦与中国澳门轮流）。成员的组成要求平衡并具有广泛的代表性，还应按适当的间隔期进行成员的轮换。TMB 成员由货物贸易理事会指定的 WTO 成员来任命，以个人身份履行他们的职责。TMB 以一致意见方式作出决定。

TMB 负责监督《ATC 协议》的实施，审查根据该协议采取的全部措施是否符合协议的规定，包括各成员逐步取消纺织品服装贸易限制的自由化方案，以及根据过渡期保障条款所采取的限制措施。TMB 就这些问题提出建议并作出裁决，各成员应尽量全面接受这些建议和裁决；如果他们不能接受，而且 TMB 进一步审议之后认为这些问题仍未获得解决，那么就可以将其提交 WTO 争端解决机构处理。TMB 还需要在过渡期的每一个阶段结束时，编写一份全面报告，提交给货物贸易理事会。

**（二）《ATC 协议》终止后（2005 年至今）全球纺织品服装贸易回归 WTO 多边贸易体制**

伴随着 2005 年 1 月 1 日《ATC 协议》的终止，长达 40 年严重背离 GATT 非歧视原则和禁止数量限制原则的全球纺织品服装贸易最终回归 WTO 多边贸易体制，在无进口配额限制下，全球纺织品服装贸易进入贸易自由化发展阶段，将长期背离正常国际贸易规则的纺织品服装贸易，重新纳入 GATT 基本原则的管辖。

在 WTO 多边贸易体制的法律框架下，有一系列与纺织品服装贸易有关的协议和规则，如《原产地规则协议》《反倾销协议》《补贴与反补贴措施协议》《保障措施协议》《技术性贸易壁垒协议》和《与贸易有关的知识产权协议》等。

# 第二节　与纺织品服装贸易相关的国际贸易规则

世界贸易组织不仅是一个由 150 多个成员国组成的多边贸易机构，同时 WTO 也是拥有一整套协议和协定的法律体系的国际经贸组织。WTO 包括一部基本法（《建立世界贸易组织的协议》）、两项程序法（《争端解决规则与程序的谅解》和《贸易政策审议机制》）、三部实体法（《1994 年关税与贸易协定》《服务贸易总协定》《与贸易有关的知识产权协议》）及其配套、附属协议构成，共有 20 多个多边贸易协议和几个诸边贸易协议。在 WTO 的法律体系中还有多项协议内容也涉及与国际纺织品服装贸易有关的协议：《原产地规则协议》《反倾销协议》《补贴与反补贴措施协议》《保障措施协议》《技术性贸易壁垒协议》和《与贸易有关的知识产权协议》等。

## 一、《原产地规则协议》

乌拉圭回合谈判以前，国际社会未能制定出一部协调一致的全球性原产地规则，而主要西方国家和地区制定了多套不同的原产地规则，客观上对国际贸易的发展造成了阻碍。人们意识到在国际范围内制定协调一致的原产地规则的必要性。于是，在 1986 年开始的乌拉圭回合谈判中，原产地规则被列为议题之一，最终达成了《原产地规则协议》。

### （一）《原产地规则协议》的适用范围

《原产地规则协议》（*Agreement on Rules of Origin*）适用于所有用于实施非优惠性商业政策措施的原产地规则，即适用于实施最惠国待遇、反倾销和反补贴、原产国标记和任何歧视性的数量限制或关税配额等措施时所采用的原产地规则，还包括为政府采购外国货物和贸易统计而使用的原产地规则。

由于《原产地规则协议》不适用于优惠性原产地规则。因此，自由贸易区和普惠制给惠国有权自行制定更优惠的货物原产地规则。

### (二)《原产地规则协议》的宗旨

《原产地规则协议》的宗旨是进一步推动世界贸易的自由化和增长，增强世界贸易组织体制对发展变化中的国际经济环境的适应性。《原产地规则协议》的目标是进行除关税优惠之外的原产地规则的长期协调，保证这些规则本身不构成不必要的贸易障碍，不使各成员方在"GATT 1994"项下的权利丧失或减少；协议以公正、透明、可预测、一致和中性的方式制定与实施。

### (三) 实施原产地规则的纪律

(1) 实施明确的原产地规则：由于"实质性改变"原则较为笼统、不易操作。因此，大多数国家在对实质性改变标准作出具体解释时通常采用税目改变、增值百分比及加工工序三个标准。

《原产地规则协议》规定，货物原产地应为："完整生产该项货物的国家；或者当该货物的生产过程涉及一个以上国家时，则对货物最后实现实质性改变的国家。"

如果采用"税目分类编号改变"标准，则必须清楚地列明该规则所述的税则目录内的品目和子目；如果采用"从价百分比"标准，则必须列明计算这一百分比率的方法；在制造或加工工序标准中，则必须准确地列明能授予有关产品原产地资格的制造或加工工序。

(2) 实施中性的原产地规则：原产地规则应为中性，即尽管原产地规则与政策措施或手段有联系，但各成员方不得将原产地规则用作直接或间接追求贸易目标的工具，来达到限制国际贸易的目的。原产地规则本身不得对国际贸易产生限制、扭曲或破坏性的影响。

(3) 肯定性原产地标准：《原产地规则协议》要求各成员方对原产地规则的管理必须建立在肯定的标准基础上。也就是说，应该表明哪些应该被授予原产地证明，而不是表明哪些不被授予原产地证明。

(4) 及时公布原产地规则：《原产地规则协议》规定，出口商、进口商或任何持有正当理由的人可要求有关成员方当局对有关产品的原产地作出评定。

(5) 原产地规则的管理：原产地规则应以连贯的、统一的、公正的和合理的方式加以管理。

### (四) 机构设置

《原产地规则协议》规定，由各成员方代表组成原产地规则委员会，每年至少开会一次，审议和促进原产地规则协调工作计划的实施和运作。世界贸易组织秘书处行使原产地规则委员会秘书处的职责。同时，设立原产地规则技术委员会具体承担原产地规则方面的技术性工作，世界海关组织秘书处行使原产地规则技术委员会秘书处的职责。

### （五）优惠性原产地规则

《原产地规则协议》附件 2 是关于各成员方之间达成的优惠性原产地规则的共同宣言。在承认一些成员方实施不同于非优惠性原产地规则的优惠性原产地规则的前提下，各成员方就如何实施优惠性原产地规则达成协议和安排。

优惠性原产地规则，系指任一成员方为确定货物是否有资格根据契约或自治贸易的规定享受优惠待遇而实施的普遍适用的法律、法规和行政决定。该契约或自治贸易的规定使货物可享受超出"GATT 1994"一般最惠国待遇的优惠关税待遇，并规定了优惠性原产地规则必须遵循的纪律。

## 背景知识

### 美国纺织品服装新原产地规则

1995 年 WTO 各项协议生效后，美国于 1996 年 7 月 1 日生效了重新修改的纺织品服装的原产地规则，并与 WTO《原产地规则协议》有许多不一致的地方，没有以"实质性改变"作为基本准则确定原产地，有些内容甚至背离了 WTO 的《原产地规则协议》精神。美国纺织品服装原产地规则，主要内容有以下三个方面：

（1）服装"用针织成型的部件做成的成衣，原产地是这些部件制造地，除此以外，以缝制国作为原产地"，因而，服装的原产地由原来的"裁剪地"改为"缝制地"。

（2）各种面料的原产地一律为该织物的生产国，而不管其是否在另一个或多个国家进行染色、印花或其他后整理加工，因此，面料的原产地由"染色地和印花地"改为"织造地"。

（3）家居织物和其他纺织制成品是以做成这些产品的织物的生产国作为原产地，而不论该织物在另一个或多个国家进行过多么复杂的缝制。

美国新原产地规则的特点是：纱类产品以纺纱地为原产地；布类产品以织布地为原产地；针织成型产品以织片地为原产地；裁剪成型产品（服装）以缝制地为原产地；多国缝制以最重要的缝制地或最终缝制地为原产地。

新规则直接损害了加工型和转口型的服装出口。如我国来料加工的服装，在我国增值比率较低，我国企业只获取加工费，而按"缝制地"作为原产地，在中国香港地区裁剪，中国内地缝制的服装，出口到美国，其原产地由中国香港改为中国内地，影响到中美之间的贸易统计和贸易顺差问题。

因此，按照新原产地规则，在其他国家或地区的裁片在中国缝制，随后出口到美国的服装；或运到其他国家或地区经染色和印花加工后，再出口到美国的中国坯布；运到其他国家或地区被用来制成家居或其他制成品，再出口到美国的中国面料均将视中国为原产地。

在新原产地规则中规定：完全取得、生产或加工纺织品或衣着产品的国家将是原产国。但是，16 种指定的种类受到另一套规则的约束。因此，用纱线、扁条、细绳、粗绳、绳索、缆绳制成的物品的原产地不是生产该物品的国家，而是生产纱线等的国家。

美国新的原产地规则对纺织品服装出口国的贸易产生了不利影响，对成员国而言，诸如染色和印花的织品、加软衬料缝制产品、床上亚麻织品、手帕、领带、清洁用布、拖把布、枕套和被套，都是限制性物品。一些发展中国家染色或印花进口灰色织品再出口，根据新的规则，这些出口产品的原产地将是灰色织物的生产国。同样，许多国家为制作家用亚麻织品、帷幕或刺绣而进口织品，这些产品的原产地将仍然是进口织品的那个国家。

在新的原产地规则下，美国政府还加强了对世界各地工厂的检查。调查官员通过检查产品制造过程来核实商品的真实渠道。检查涉及厂家的基本情况，包括商业记录、员工数量、员工技能水平、生产设备、库存情况等。同时，调查官员要求厂家提供完整的文件和生产记录，并列明生产步骤、生产设备、员工数量及厂外加工的情况。调查结束后，美国政府在国内公布黑名单，提示美国进口商谨慎与这些企业进行贸易。并且，美国海关通过核查诸如此类繁杂的产品证明文件，来达到管制纺织品服装进口的目的。

资料来源：联合国国际贸易中心英联邦秘书处 . 世界贸易体制商务指南［M］. 上海：上海财经大学出版社，2001.

## 二、《反倾销协议》

反倾销已经成为世界贸易组织各成员方对外贸易政策和法律的重要组成部分。WTO 法律框架下的《关于执行 1994 年关贸总协定第六条的协议》是关于反倾销的规定，所以也称为 WTO《反倾销协议》。该协议是在"GATT 1947"第 6 条基础上逐步演变而来，在不与《反倾销协议》相冲突的情况下，"GATT 1947"第 6 条仍然有效。《反倾销协议》的目的在于约束 WTO 各成员方的行为，以便反倾销措施能公正实施。

### （一）反倾销措施的实施必须具备三个要件

#### 1. 倾销的确定

判断是否具有倾销行为，是采取反倾销措施的前提。《反倾销协议》第二条对倾销给予了明确的界定："在正常的贸易过程中，当一项产品的出口价格低于其在正常贸易中出口国供其国内消费的同类产品的可比价格，即以低于正常价值的价格进入另一国市场，则该产品被视为倾销。"

（1）正常价值：正常价值的确定有三种方法，按正常贸易过程中的出口国国内销售价格、依该国向第三国正常贸易中的出口价格和按结构价格。①出口国国内市场销售价格，一般是指被指控的同类产品在调查期内（通常是 1~1.5 年），在其本国国内市场正常贸易中的成交价（包括批发价格）或销售牌价或一段时间内的加权平均价。以出口国国内市场销售价格确定正常价值时，下列情况例外：出口国国内市场的正常贸易过程中不存在同类产品的销售；虽然同类产品在出口国国内市场有销售，但鉴于特殊的市场情形不允许作适当的价格比较，如某种情况下的关联企业之间销售或低于成本销售；虽然同类产品在出口国国内市场有销售，但如果"销售量低"，也"不允许作适当比较"。《反倾销协议》就"销售量低"做了解释，如果被调查的同类产品在出口国供消费的数量等于或超过该产品向进口成员方销售的 5%，该数量被视为足以作为确定该出口产品正常价值的销售数量。但是如果有证据表明较低比例的国内销售仍属于进行适当比较的足够数量，则可以不以 5% 为限。②向第三国的出口价，是指出口到适当的第三国的可比价格。选用向第三国的出口价应考虑如下因素，产品具有可比性；向所有第三国销售价格较高的产品价格；向该第三国的销售做法与向反倾销调查国销售该类产品的做法相类似；不能以低于成本销售。且出口量一般不低于出口到反倾销调查国市场总量的 5%。③结构价格，是通过同类产品在原产国的生产成本（实际消耗的原材料、折旧、能耗和劳动力等）加上合理金额的管理费、销售费、一般费用和利润确定的。

（2）出口价格：指在正常贸易中一国向另一国出口的某一产品的价格，也就是出口商将产品出售给进口商的价格。

（3）倾销幅度的确定：倾销幅度是对正常价值和出口价格进行适当的比较后确定的。

正常价值和出口价格是两个不同市场的销售价格，不仅在贸易环节上存在差异，其交易水平和渠道也各不相同。因此，在比较之前必须对这两个数据进行必要的调整，使之具有可比性。调整主要考虑如下因素：相同的贸易条件，通常倒推至出厂前的价格水平；尽可能在相同时间进行的销售；影响价格可比性的差异；转售的费用；汇率；产品的同类性等。

《反倾销协议》补充规定，在进口产品来自贸易被完全或实质性垄断的国家，且所有国内价格均由国家确定的情况下，在进行比较价格时可能存在特殊的困难。在这种情况下，进口缔约方可能认为有必要考虑与此类国家的国内价格进行严格比较不一定适当的可能性。在实践中，该款的规定被一些进口国利用，成为使用特殊方法判断来自"非市场经济体制国家"产品正常价值的借口。实践中，这种方法常常导致反倾销的政策歧视。

**2. 损害的确定**

产业损害分四种情况：进口成员方生产同类产品的产业遭受了实质损害；进口成员方生产同类产品的产业受到实质损害威胁；进口成员方生产同类产品的产业的设立受到实质阻碍。

（1）实质损害：指对进口国国内产业造成实质性的重大损害，轻微的影响不能予以考虑。对损害的确定应依据肯定性证据，并应审查下述有关内容：①进口产品倾销的数量情况：包括调查期内被控产品的进口绝对数量，以及相较于进口成员方国内生产或消费相对数量，是否较以前有大量增长。②进口产品的倾销对国内市场同类产品价格的影响，包括调查期内是否使进口成员方同类产品的价格大幅下降、或在很大程度上抑制价格的上涨或本应该发生的价格增长。③进口产品的倾销对国内同类产品、产业产生的影响。应考虑和评估所有影响产业状况的有关经济因素和指标，包括销售、利润、产量、市场份额、生产率、投资收益或设备利用率的实际和潜在的下降；影响国内价格的因素；倾销幅度的大小；对流动资金、库存、就业、工资、增长率、筹措资本与投资的能力的实际影响和潜在的消极影响等。

（2）实质损害威胁：指进口成员方的有关产业尚未处于实质损害的境地，然而事实将会导致这种境地。对实质损害的确定应依据事实，而不是依据指控、推测或极小的可能性。

（3）实质阻碍产业的新建：确定新建产业受阻必须有充分的证据。这不能被理解为倾销产品阻碍了建立一个新产业的设想或计划，而应是一个新产业的实际建立过程受阻。

损害的累积评估：累积评估也称累积进口。《反倾销协议》规定，在一定条件下进口成员方可以累积评估从不同来源进口的倾销产品对本国产业的影响。

这些条件是：来自每一个国家或地区的产品的倾销幅度超过了2%，即超过了"最低倾销幅度"；来自每一个国家或地区的倾销产品的进口量并非可以忽略不计，一般来讲是指高于进口成员方对该类倾销产品进口总量的3%，或几个出口国各自所占份额虽低于3%，但它们的总和超过进口成员方进口该倾销产品总量的7%；根据进口产品之间的竞争条件及进口产品和国内同类产品之间的竞争条件，对进口产品所做的累积评估是适当的。

### 3. 因果关系的认定

实施反倾销措施的第三个必要条件是认定倾销与损害之间存在因果关系。

调查机关应审查除进口倾销产品以外的其他可能使国内产业受到损害的已知因素。这些因素包括但不限于：未以倾销价格出售的进口产品的价格及数量；需求萎缩或消费模式的改变；外国与国内生产商之间的竞争与限制性贸易做法；技术发展以及国内产业的出口实绩以及生产率等。

进口成员方主管机关应调查、审议其他方面的因素并分析其对产业损害的影响，并且不应把这些因素造成的产业损害归咎于进口产品倾销造成的。

### （二）国内产业

"国内产业"解释为国内同类产品生产者全体，或其产量总和占国内该产品生产总量大部分的那些国内生产者；若其中有些生产者与进口商有关或其本身就是从其他国家进口被指控为补贴产品或同类产品的进口商，"国内产业"一词则可解释为除他们以外的所有生产者。

《反倾销协议》的国内产业定义是有特定含义的，其范围应为国内同类产品的全部生产商，或者是其产品合计总产量占全部国内产品产量的相当部分的那些生产商。但如果生产商与出口商或进口商是关联企业或其本身就被指控为倾销产品的进口商可以不计算在内。

### （三）反倾销措施

反倾销措施主要包括临时反倾销措施和最终反倾销措施。

#### 1. 临时反倾销措施

临时反倾销措施，指调查机关经过调查，初步肯定被控告的产品存在倾销行为和由此对国内同类产业造成的损害，据此可以在全部调查结束之前，采取临时性的措施，以防止在调查期间国内产业继续受到损害。

临时反倾销措施可以是征收临时反倾销税，也可以是要求进口商自裁决之日起提供与临时反倾销税数额相等的现金担保金或保函。

临时措施必须自反倾销案件正式立案调查之日起 60 天后才能采取。临时反倾销税征收时间应尽可能短，一般情况下不得超过 4 个月，特定情况下临时措施可以延长到 6~9 个月。

#### 2. 最终反倾销措施

在全部调查结束后，进口成员方调查机关有充分的证据证明被调查的倾销产品存在倾销和对国内同类产品产业的损害，倾销与损害之间有因果关系，将采取最终反倾销措施。最终反倾销措施采取征收反倾销税的形式。

### （四）征收反倾销税

反倾销税，指在正常海关税费之外对倾销产品征收的一种附加税。反倾销税的税额不得超过所裁定的倾销幅度。

除了达成价格承诺的产品，应在非歧视的基础上对所有确定具有倾销行为和造成损害的进口产品征收反倾销税，但要根据每一个案件的不同情况征收不同的适当的反倾销税。

反倾销税的纳税义务人为倾销产品的进口商，出口商不得直接或间接替进口商承担反倾销税。初裁时的反倾销税率与终裁时的反倾销税率不同时，其不足部分不再补交，而多交部分则应退还。

除非进口成员方当局以复审方式决定继续维持该项征税，反倾销税的征收应自决定征收之日起不超过 5 年。

### （五）价格承诺

价格承诺，指被控倾销产品的生产商和出口商与进口成员方当局达成提高出口价格以消除产业损害，进口成员方借此暂中止案件调查的协议。从实际效果来讲，价格承诺也属于反倾销措施的一种形式。《反倾销协议》规定，如收到任何出口商关于修改其价格或停止以倾销价格向所涉地区出口的令人满意的自愿承诺，而调查机关认为倾销的损害性影响已经消除，则调查程序可以中止或终止，而不采取临时措施或征收反倾销税。价格承诺协议对承诺者的出口价格进行限制，并通过定期核查等手段对其进行监督。

## 背景知识

### 全球反倾销调查情况

自 1995 年 WTO 成立以来至 2020 年，在世界范围内共产生 5389 起反倾销立案调查，其中经过最终裁决被采取反倾销措施的共有 3781 起。

1995 年至 2020 年，如图 2-1 所示，中国（内地/大陆）遭受的反倾销调查数量位居世界第一，共有 1354 起，占世界总数的 25%；韩国位居第二，共遭受 395 起调查；列第三位的是中国台湾地区，共 290 起；美国遭受调查 259 起，位居第四。

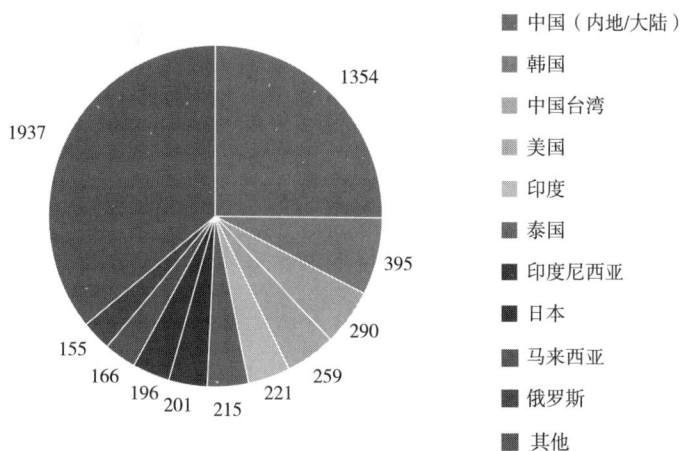

图 2-1　1995 年以来遭受反倾销调查的主要国家或地区和数量

1995 年至 2020 年，在发起反倾销调查的国家或地区中，印度以 974 起位居世界第一。其次是美国、欧盟、巴西、阿根廷以及中国（内地/大陆）等，如图 2-2 所示。

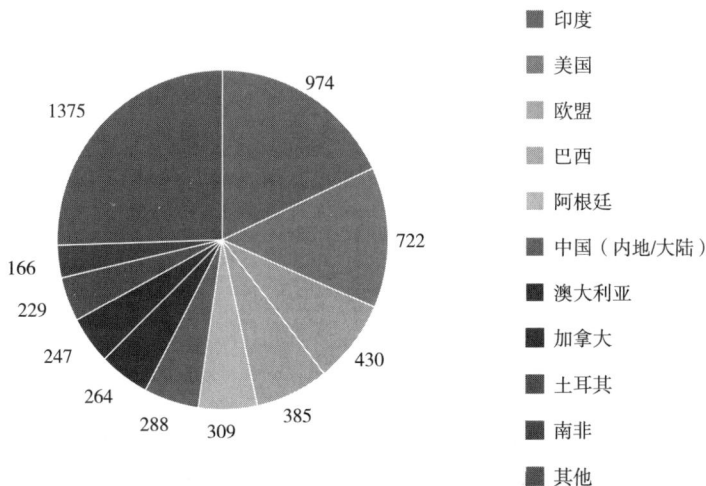

图 2-2　1995 年以来发起反倾销调查的主要国家或地区和数量

从调查的裁决结果，也就是被采取反倾销措施的案件来看，中国（内地/大陆）以 1044 起位居第一，占遭受反倾销调查的案件的比重达到 77%，高于位居第二的韩国（281 起），第三位中国台湾地区（213 起）以及第四位美国（178 起），如图 2-3 所示。

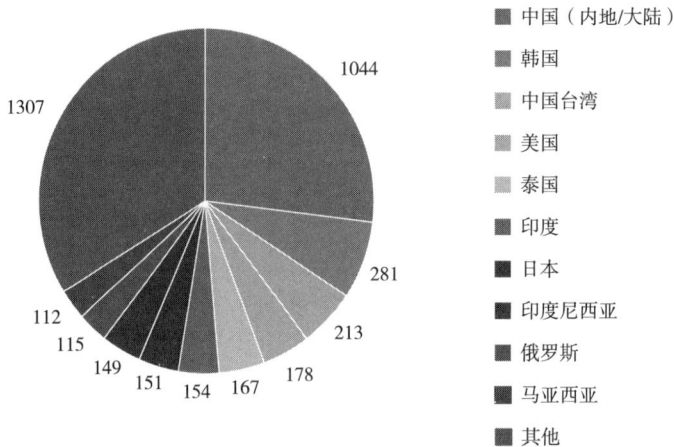

图2-3　1995年以来被采取反倾销措施的主要国家或地区和数量

在采取反倾销措施的国家或地区中，排名第一的印度共采取了670项措施，随后是美国、欧盟以及巴西等，如图2-4所示。

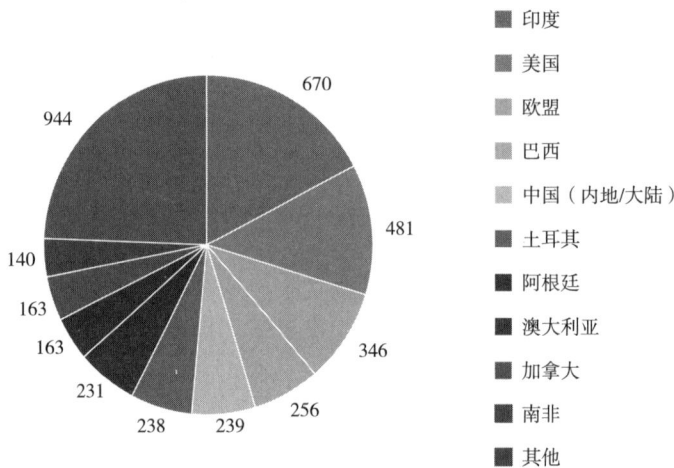

图2-4　1995年以来采取反倾销措施的主要国家或地区和数量

资料来源：根据WTO数据整理得出。

## 三、《补贴与反补贴措施协议》

### （一）补贴的定义

**1. 《补贴与反补贴措施协议》将以下情况视为存在补贴**

（1）在某一成员的领土内由政府或任何公共机构（统称"政府"提供的财政资助，即：涉及资金直接转移的政府行为，如赠予、贷款、投股）、资金或债务潜在的转移（如贷款担保）；政府本应征收收入的豁免或未予征收（如税额减免之类的财政鼓励）；政府不是提供一般基础设施而是提供商品或服务，或收购产品；政府通过向基金机构支付或向私人机构担保或指示后者行使上述所列举的一种或多种通常应由政府执行的功能，这种行为与通常的政府从事的行为没有实质性差别。

（2）存在"GAAT 1994"第16条规定所定义的任何形式的收支或价格支持，和由此而给予的某种利益。

2. 补贴的类型

《补贴与反补贴措施协议》将补贴分为禁止实施的补贴、可申诉的补贴和不可申诉补贴三种。

如所涉及的措施被认为是一种被禁止实施的补贴，WTO将建议实行该补贴的成员方立即取消该项补贴。如果当一成员方认为另一成员方实施了可申诉的补贴，对其国内产业造成了损害或严重损害时，它就可以要求与实施了该项补贴的成员方进行磋商。实施不可申诉补贴的成员方有通知其他成员方的义务。

### （二）反补贴措施

1. 征收反补贴税

各成员方应采取一切必要的措施，以保证对来自任何另一成员方领土的任何产品反补贴税的征收。任何一项特定的反补贴税的征收，应在起征之日起算不迟于5年期限之内停止征收。

2. 临时措施

临时措施可采用临时反补贴的形式，临时反补贴税由相当于初步确定的补贴额所交存的现金存款或债券来担保。临时措施不得早于自发起调查之日以后的60天。临时措施的实施应限定在尽量短的时期内，不得超过4个月。

### （三）反补贴税的征收条件

（1）一成员最终认定补贴的存在及其数量。

（2）因补贴导致受补贴的进口正在造成损害，包括：损害另一成员方的国内产业；使其他成员方直接或间接获得的利益取消或减少；严重损害另一成员方的利益。

对任何产品征收的反补贴税，不得超过经确认存在的补贴额，补贴额应以每单位受补贴和出口产品受到的补贴来计算。

在各个成员方的领土内征收反补贴税应该是允许的，征收的税以较低的税率足以抵消对国内产业所造成的损害，补税额就应低于实际的补贴额。

当一种反补贴税是针对某种产品而征收时，这一反补贴税应以适当的税率，对来自任何地方的，被认定是受到补贴并造成损害的产品无歧视地征收。

## 背景知识

### 全球反补贴措施的立案调查情况

根据WTO统计报告显示，统计数据截至2020年12月底，全球反补贴立案共1076起，如图2-5所示。

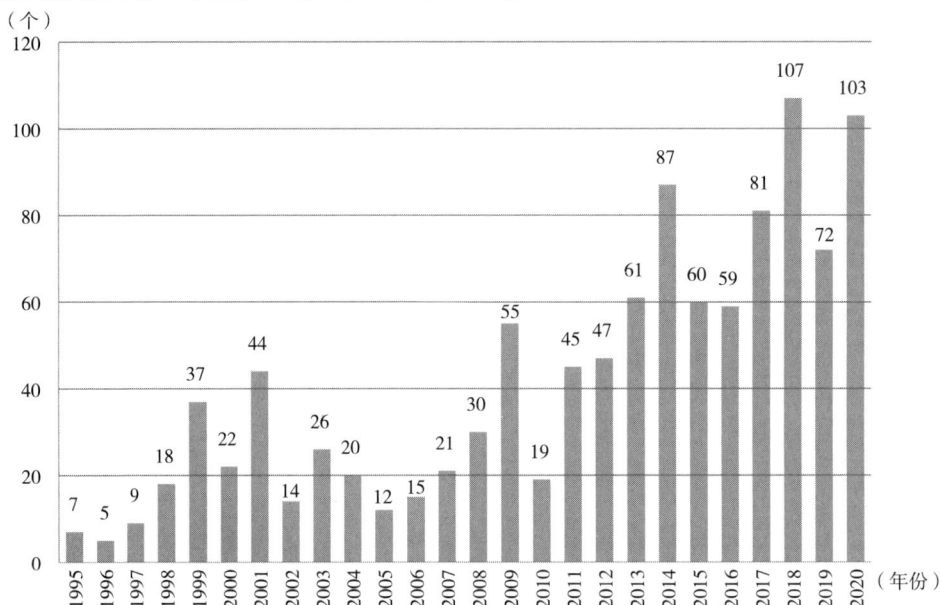

**图 2-5　1995—2020 年全球反补贴立案数量**

全球反补贴案件总量远远少于反倾销案件，主要由于以下两个原因：①反补贴调查涉及的更多的是政治因素。调查不仅涉及出口商，同时还涉及该出口商所在国家（地区）的政府的补贴政策；②补贴比倾销更难以认定。

因此，一些成员在使用反补贴调查时，往往与反倾销调查一并进行，称为双反调查。

资料来源：根据 WTO 数据整理得出。

## 四、《保障措施协议》

《保障措施协议》是 WTO 体制在特定情况下允许成员方采取措施，限制进口，保护国内产业的三个协议之一。但保障措施在性质上不同于反倾销和反补贴，后两者针对的是不公平贸易，而保障措施针对的是在公平贸易条件下进口的产品。《保障措施协议》的宗旨在于澄清和加强"GATT 1994"第 19 条的纪律，重建保障措施的多边制约机制，消除规避这种制约的不当做法，进一步稳定并改善国际贸易体制。

### （一）实施保障措施的条件

保障措施，指成员方在进口急剧增长并对其国内相关产业造成严重损害或严重损害威胁时，采取的进口限制措施。

根据"GATT 1994"第 19 条和《保障措施协议》的规定，成员方实施保障措施必须满足以下条件。

### 1. 某项产品的进口急剧增长

协议规定的进口激增指"数量急剧增长"，其中包括两种情况，绝对增长和相对增长。绝对增长是指进口实际的增长，相对增长是指相较于进口方国内生产而言进口产品所占市场份额的相对上升。

### 2. 进口增长的原因是意外情况的发生和成员方履行 WTO 义务

《保障措施协议》对所谓"意外情况的发生"并没有非常明确的解释。成员方履行 WTO 义务，主要指成员方履行关税减让和削减非关税壁垒的义务。这些义务的履行都会增强进口产品对进口方国内产品的竞争力，进口的增长将是一种非常可能的结果。成员方实施保障措施，必须证明进口增长是由上述两种原因造成的。

### 3. 进口增长对国内产业造成了严重损害或严重损害威胁

拟实施保障措施的成员方必须证明进口增长与产业损害或损害威胁之间存在因果关系，该种证明必须有客观证据的支持。如果在同一时期国内产业所受损害系由进口增长以外的各类因素所致，则此类损害不得归咎于进口增长。

《保障措施协议》规定，"国内产业"应理解为在该成员方国内生产相似产品（Like Product）或直接竞争产品的国内生产者全体，或其产量之和占该国该产品生产总量主要部分的生产者。需要注意的是，关税同盟既可针对同盟所辖全部区域采取保障措施，也可仅代表同盟的某个成员实施保障措施。当针对全部区域实施保障措施时，对损害及损害威胁的确定应以同盟内整个产业的情况为基础；当仅代表同盟的某个成员实施保障措施时，对损害及威胁的确定应仅以该成员的产业情况为基础，保障措施的实施也仅以该成员的地域为限。

"严重损害"是指对国内某一产业的状况造成重大的总体损害。在确定对国内某一产业造成严重损害或严重损害威胁的调查中，主管当局须评估与该产业状况相关的、客观的和可量化的所有相关因素，特别是绝对或相对条件下的有关产品进口的比例和数量，增加的进口产品在国内市场的占有份额，销售水平的变化，总产量、生产率、能耗、盈亏及就业等相关因素。

"严重损害威胁"应理解为危急且显而易见的威胁，不能仅是想象或推测的威胁。

### 4. 采取非歧视待遇

保障措施应不分来源地适用与某项进口产品，不能对不同来源的产品有歧视待遇。

### （二）实施保障措施的程序

为了保证充分的透明度和公正性，《保障措施协议》对保障措施的实施规定了比较详细的程序。该程序主要包括以下几个环节。

### 1. 调查

调查是采取保障措施的必经步骤，而且必须按照"GATT 1994"第 10 条规定的程序进行。第 10 条主要强调了调查及决定的透明度问题。协议指出，成员国当局在采取措施前，应向所有利害关系方作出适当的公告，举行公开听证会，或给进口商、出口商以及利害关系方提供其他合适机会陈述证据和看法，并对其他相关方的陈述作出回答。调查结束后，成员国当局须公布一份报告，列明对一切相关事实和法律问题的调查结果以及作出的合理结论。

### 2. 通知

协议规定，成员方应将下列事项立即通知保障措施委员会：①发起调查的决定。②对进口增长与严重损害或损害威胁因果关系问题提出的调查结果。③就实施或延长保障措施做出的决定。

在履行②和③项通知义务时，成员方应提供以下有关信息：进口增长造成严重损害或严重损害威胁的证据、对调查所涉及产品和拟采取措施的准确描述、保障措施实施的日期、期限以及逐步放宽的时间表等。货物贸易理事会或保障措施委员会可以要求准备采取措施的成员方提供它们认为必要的补充资料。另外，成员方在采取临时保障措施之前应通知保障措施委员会。

### 3. 磋商

由于采取保障措施会影响到有关成员方根据 WTO 相关协议所享有的利益，因此，协议规定采取或延长保障措施的成员方应与各利害关系方进行协商，就保障措施交换看法，并达成谅解。协商的结果应由有关成员方及时通知货物贸易理事会。

## （三）保障措施的形式、期限和实施方式

### 1. 保障措施的形式

成员方应仅在防止或补救严重损害的必要限度内实施适当的保障措施。保障措施的形式包括三种：①提高有关进口商品关税；②采取数量限制；③采取关税配额。

鉴于非关税措施对贸易的扭曲作用较大，《保障措施协议》第 5 条对数量限制和配额措施做了专门限定。协议规定，在实施数量限制时，不得使进口数量低于过去三个有代表性年份的平均进口水平，但进口方有正当理由的除外。在使用配额时，进口方应当与有利害关系的供应国就配额分配达成协议，磋商未能达成协议，则进口方应基于出口方前一有代表性时期的份额进行分配。除非在保障委员会的主持下进行了磋商并存在正当的理由，否则，分配应在非歧视的基础上进行。

### 2. 保障措施的实施期限

保障措施的实施期限一般不应超过 4 年，如果仍需防止损害或救济受损害的产业或该产业正处于调整之中，则期限可延长，但总期限（包括临时措施）不应超过 8 年。期限延长必须符合一定的条件，即按前述实体和程序规定确认继续实施保障措施是必需的，并拥有该产业正在进行调整的证据。

### 3. 临时保障措施

协议规定，在紧急情况下，如果迟延会造成难以弥补的损失，成员方可不经协商而采取临时保障措施。成员国当局只能在初步裁定进口增长已经或正在造成严重损害或损害威胁的情况下，方可采取临时措施。临时措施的实施期限不得超过 200 天，并且此期限计入保障措

施总的期限。临时保障措施只能采取增加关税形式，但如果随后的调查不能证实增加的进口已经导致或威胁导致对国内产业的损害，则增收的关税应迅速退还。成员方在采取临时保障措施前应通知保障措施委员会，在采取措施后应尽快与各利害关系方举行磋商。

### （四）对实施保障措施的若干限制

如果保障措施的适用期预定在一年以上，进口方在适用期内应按固定的时间间隔逐渐放宽该措施；如果实施期超过三年，进口方须在中期审查实施情况，并根据审查情况，撤销或加快放宽该措施。延长期内的保障措施应宽于最初适用的措施。

对同一进口产品再次适用保障措施必须遵守以下规定。一般情况下，两次保障措施之间必须有一个不适用期，时间长度应不短于第一次保障措施的实施期限，且最短为两年。但是，如果保障措施的适用期只有 180 天或少于 180 天，并且在保障措施实施之日前的五年之内未对同种产品采取不超过两次的保障措施则自保障措施实施之日起一年后，可针对同种进口产品再次适用期限为 180 天或少于 180 天的保障措施。

### （五）补偿与报复

保障措施针对的是公平贸易条件下的产品进口，其实施必然影响出口方的正当利益。为此，协议第 8 条要求双方就保障措施对贸易产生的不利影响，协商贸易补偿的有效方式。如果 30 天内不能达成协议，出口方可以在保障措施实施后 90 天内，并在货物贸易理事会收到书面中止通知 30 天后，对进口方实施对等报复。但是，如果采取保障措施是因为进口的绝对增长，并且该措施符合《保障措施协议》的规定，则出口国在保障措施实施的第一个三年中不得进行对等报复。

## 背景知识

### 全球保障措施实施情况

根据 WTO 统计，1995 年至 2020 年 12 月底 WTO 成员方共发起保障措施调查 430 起，如图 2-6 所示。

1995—1997 年，全球发起的保障措施调查案件每年都在 5 起及以下；1998—2004 年，每年都在 10 起以上，2002 年达到最高峰 34 起；2005 年低于 10 起，直至 2008 年都在 10 起左右徘徊；2009 年起，发起案件每年多数都在 20 起左右，除 2019 年达到历史最多 40 起。

430 起保障调查中，发起保障措施调查次数超过 10 起的国家有 10 个，其中印度 46 起，位居第一。11 个成员方共发动 241 起保障措施案件，占保障措施案件的 56%（图 2-7）。在上述国家中，除美国外，都为发展中国家，这说明越来越

（起）

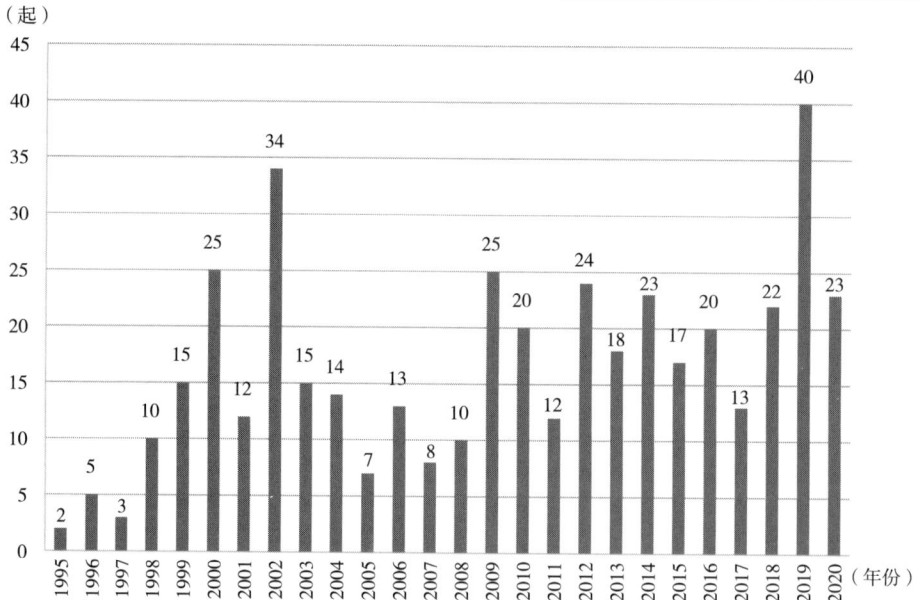

图 2-6　1995 年以来全球发起保障措施案例数量

多的发展中国家开始使用保障措施来保护国内市场和产业。

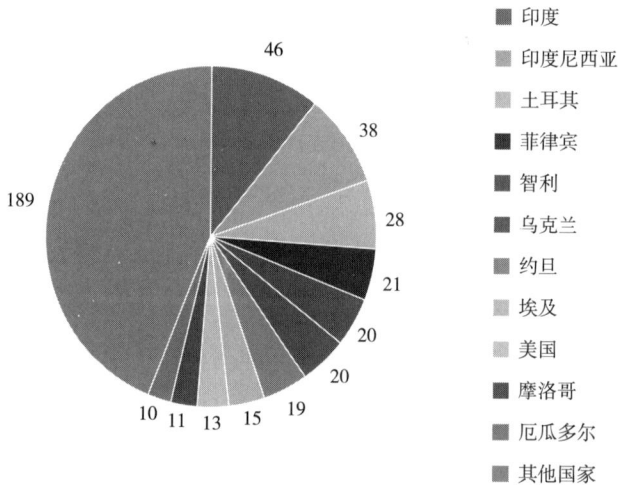

图 2-7　1995 年以来发起全球保障措施的国家和数量（起）

　　相较于发起的保障措施案件调查数，最终被实施的数量较少，除少数年份保障措施的执行率比较高外，大部分案件的执行率都远远低于 60%。这是因为有的通过磋商达成协议而终止了调查；有的作出了否定的调查结果；而有的虽作出了肯定的裁决，但出于公共利益的考虑而最终未实施保障措施；有的是出于政治目的，如大选前的拉选票而立案调查，而一旦政治目的已达到或政治压力已消除，就自动放弃调查或终止实施（图 2-8）。

　　保障措施的案件执行率较低，从保障措施制度本身来看，则是实施保障措施的代价很大，易招致别国的报复。当一个国家，尤其是贸易大国采取保障措施时，通常会

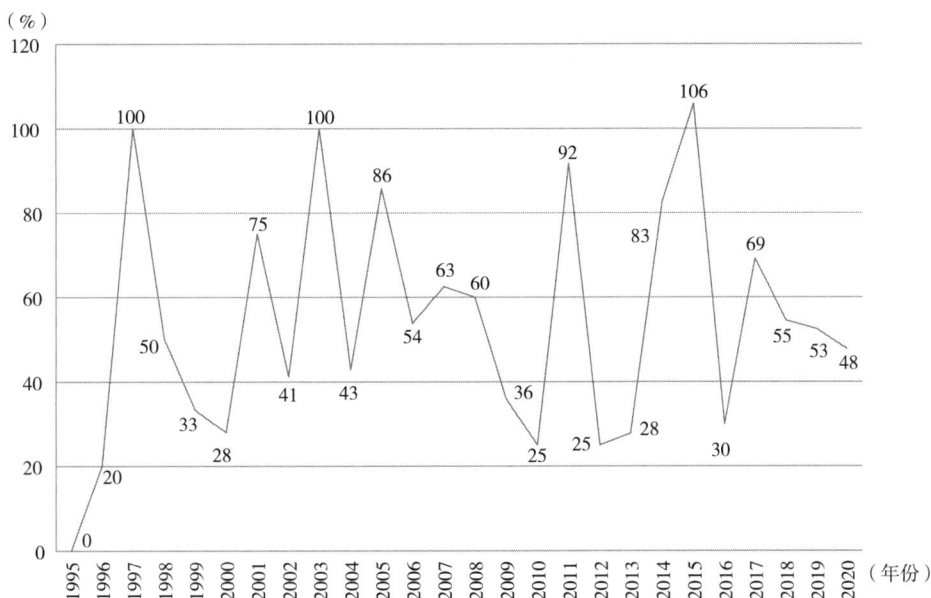

图 2-8 1995 年以来发起全球保障执行率

引发较多的国际贸易争端。另外，保障措施在结果上讲求利益的平衡，要求给予出口方补偿，且出口方有报复的权利。

资料来源：根据 WTO 数据整理得出。

## 五、《技术性贸易壁垒协议》

《技术性贸易壁垒协议》（以下简称《TBT 协议》）其目标，一是消除不合理的技术性措施，减少国际贸易壁垒；二是通过制定多边规则指导成员制定、采用和实施被允许采取的技术性措施，努力保证这些措施不成为任意或不合理的歧视，造成不必要的国际贸易障碍；三是鼓励采用国际标准和合格评定程序，提高生产效率和便利国际贸易。《TBT 协议》适用于所有产品，包括工业品和农产品。

### （一）制定、采用和实施技术性措施须遵守的规则

根据《TBT 协议》，WTO 各成员方在采取技术性措施时，必须遵守世界贸易组织的基本原则，特别是非歧视原则和透明度原则。在采取技术性措施时，进口产品的待遇不得低于国内同类产品的待遇；不能造成在具有同等条件的国家之间任意的或不公正的歧视，成为变相限制进口贸易的一种手段。

当成员方拟采取与国际标准的内容有实质性不一致并对其他成员方的贸易产生重大影响的技术性措施时，应通过各种方式（出版物、咨询点和秘书处）提前告知其他成员方，为它们留出准备书面意见的合理时间，并让这些书面意见、讨论结果迅速公布，以

使相关各方知晓；在公布和生效之间给予宽限期，以便有关方面适应其要求。制定、采用和实施技术性措施必须遵守下述规则。

### 1. 贸易影响最小规则

成员制定、采用和实施技术性措施时，不能给国际贸易造成不必要的障碍。努力采取对贸易影响最小的措施，对贸易的限制也不应超过为实现合法目标所必需的限度，同时要考虑不能实现合法目标可能带来的风险。在评估风险时，应考虑相关因素，特别是可获得的科学和技术信息、有关的加工技术或产品的预期最终用途。

### 2. 合理性规则

若采取对其他成员方贸易产生重大影响的措施，经其他成员方请求，该成员方应说明技术措施的合理性。

### 3. 协调规则

《TBT协议》鼓励成员为协调技术法规、标准和合格评定程序而做出努力，以减少国家间的差异对贸易造成的障碍。协调的方法主要有：中央政府要保证地方政府及非政府机构制定、采用和实施的技术性措施也遵守《TBT协议》的有关规定；如果有关的国际标准及国际性或区域性合格评定体系已经存在或即将拟就，成员方应采用这些标准和合格评定程序作为各自技术性措施的基础，除非采用它们无法实现合法目标。《TBT协议》鼓励成员方参与国际标准化机构的工作；成员方应积极考虑接受其他成员方的技术性措施作为等效措施，只要这些措施能够充分实现相同的合法目标；为避免同一产品的多重测试、检查和认证对贸易造成的不必要壁垒，减少商业成本和不确定性，《TBT协议》鼓励成员方之间谈判达成相互承认协议。

### 4. 发展中成员尤其是最不发达成员的特殊和差别待遇规则

在规定权利和义务及履行协议时，应考虑发展中国家在发展、财政和贸易方面的特殊需要，向它们提供差别和更优惠的待遇。即使可能存在国际标准、指南或建议，发展中国家仍可按照其特定的技术和社会经济条件，采用某些技术性措施，以保护与其发展需要相适合的本国技术、生产方法和工艺；不应期望发展中国家成员使用不适合其发展、财政和贸易需要的国际标准作为其采取技术性措施的依据；应制定对发展中国家有特殊利益的产品的国际标准；《TBT协议》鼓励发达国家对发展中国家在制定和实施技术性措施方面提供帮助和技术援助；为了确保发展中国家成员能遵守《TBT协议》，TBT委员会在接到请求时，应就全部或部分义务给予特定的、有时限的例外。《TBT协议》要求特别考虑最不发达国家成员的特殊问题。

### （二）技术法规、标准与合格评定程序

#### 1. 技术法规

技术法规，指必须强制性执行的有关产品特性或其相关工艺和生产方法，包括国家法律和法规；政府部门颁布的命令、决定、条例；技术规范、指南、准则、指示；专门术语、符号、包装、标志或标签要求。许多强制性标准也是技术法规的组成部分。《TBT

协议》规定，只要适当，成员方应按照产品的性能而不是按照其设计或描述特征来制定技术法规。

《TBT 协议》规定，成员方应采取合理措施和机制，确保地方政府和非政府机构制定、采用与实施的技术法规遵守《TBT 协议》的规定。

如果有关国际标准已经存在或即将拟就，成员方应使用这些国际标准或其相关部分作为技术法规的基础，除非由于基本气候因素、地理因素、基本技术问题等，采用这些国际标准或其中的相关部分无法达到合法目标。成员方应在力所能及的范围内充分参与有关国际标准化机构制定国际标准的工作。

### 2. 技术标准

技术标准是指经公认机构批准的、非强制执行的、供通用或重复使用的产品或相关工艺和生产方法的规则、指南或特性的文件。有关专门术语、符号、包装、标志或标签要求也是技术标准的组成部分。

《TBT 协议》专门制定了《关于制定、采用和实施标准的良好行为规范》，规定标准化机构要遵守非歧视原则，保证不给国际贸易制造不必要的障碍；同时，尽量采用国际标准并充分参与有关国际标准化机构的工作。各成员方的中央政府机构有义务接受并遵守该规范的规定，还要鼓励地方和非政府机构同样这样做。但是，无论其他标准化机构是否正式接受这一规范，成员方都有义务使其领土内的标准化机构符合这一规范。WTO还通过了两个决定，对该规范中的通知要求提供了支持：一是《关于世界贸易组织——国际标准化组织标准信息系统拟定谅解的决定》，这一系统在瑞士日内瓦建立，现被命名为世界贸易组织标准信息服务机构，作用是收集和公布该规范签署方的通知；二是《关于审议国际标准化组织/国际电工委员会信息中心出版物的决定》，规定对成员方有关这一问题的通知进行定期审议。

### 3. 合格评定程序

合格评定程序是指任何直接或间接用以确定是否满足技术法规或标准中相关要求的程序。特别包括：抽样、检验和检查；评估、验证和合格保证；注册、认可和批准以及各项的组合。合格评定程序一般由认证、认可和相互承认三个方面组成。

（1）认证：指由授权机构出具的证明，一般由第三方对某一事物、行为或活动的本质或特征，经对当事人提出的文件或实物审核后给予的证明，这通常被称为"第三方认证"。认证可以分为产品认证和体系认证。

产品认证主要指产品符合技术法规或标准的规定。其中，因产品的安全性直接关系到消费者的生命健康，所以产品的安全认证为强制认证，例如，欧盟对玩具、锅炉、建筑用品、通信设备等20多类产品实行安全认证并要求加贴 CE 安全合格标志，否则不得在欧盟市场销售。典型的还有美国的 UL 安全认证、加拿大的 CSA 认证、日本的电器产品认证等。还有对产品合格的质量进行认证，认证是自愿的。

体系认证是指确认生产或管理体系符合相应规定。目前，最为流行的国际体系认证有 ISO 9000 质量管理体系认证和 ISO 14000 环境管理体系认证；行业体系认证有 QS 9000

汽车行业质量管理体系认证、TL 9000 电信产品质量体系认证；还有 OHSAS 18001 职业安全卫生管理体系认证等。

（2）认可：指权威机构依据程序对某一机构或个人具有从事特定任务或工作的能力给予正式承认的活动。包括产品认证机构的认可、质量和管理体系认证机构的认可、实验室认可、审核机构认可、审核员/评审员资格认可、培训机构的注册等。到目前为止，世界上已有几十个国家和地区建立了 80 多个认可机构和 3000 余个认证机构。

（3）相互承认：指在评审通过的基础上，认可机构之间通过签署相互承认协议，互相承认彼此的认可与认证结果。《TBT 协议》鼓励成员只要符合技术法规或标准就尽可能接受其他成员的合格评定程序，并就达成相互承认合格评定结果的协议进行谈判。

中央政府、地方政府、非政府机构制定、采用和实施合格评定程序都要符合《TBT 协议》的规定；只要保证能符合技术法规或标准，成员应采用国际标准化机构已经发布或即将拟就的有关指南或建议，作为其合格评定程序的基础。另外，只要能确保符合技术法规或标准，而且可行，成员应采用国际合格评定体系，作为该体系的成员或参与其活动。成员也要尽其所能采取合理措施，保证国内相关机构加入或参与的国际或区域合格评定体系遵守《TBT 协议》的规定。

各成员方应以不低于本国或其他国家合格评定机构的条件，允许其他成员方的合格评定机构参与其合格评定活动。

## 六、《与贸易有关的知识产权协议》

WTO 的《与贸易有关的知识产权协议》（*Agreement on Trade-Related Aspects of Intellectual Property Rights*，*TRIPs*），是 WTO 多边贸易体制的组成部分之一。把知识产权列入 WTO 协议范围，是乌拉圭回合谈判的主要成果之一。《与贸易有关的知识产权协议》的宗旨是：为减少国际贸易中的扭曲和阻力，有必要促进对知识产权进行充分、有效的保护，防止知识产权执法的措施与程序变成合法贸易的障碍。

《与贸易有关的知识产权协议》全面规定了知识产权的保护标准，对知识产权执法和救济提出了要求，并且为知识产权国际争端的解决提供了途径。此外，《与贸易有关的知识产权协议》对原有国际公约还有一些突破，《与贸易有关的知识产权协议》着重于知识产权对贸易的影响。因此，知识产权中的科学发现权、与民间文学有关的权利、实用技术专有权（例如实用新型）、创作者的精神权利等，被认为与贸易无关而没有包括在《与贸易有关的知识产权协议》范围内。

《与贸易有关的知识产权协议》与"货物贸易多边协定"和《服务贸易总协定》不同，后两个协定是就与贸易政策有关的一般规则和原则达成的协定，并取得了各国自由化的承诺，但并没有要求各国政策的协调统一，而《与贸易有关的知识产权协议》包括所有成员方都必须达到的知识产权保护的最低标准（如专利保护期为 20 年）。《与贸易有关的知识产权协议》要求各成员方积极采取行动保护知识产权，在多边贸易框架下寻求协调统一，制定最低标准，以影响贸易政策和管理体制。

### （一）《与贸易有关的知识产权协议》中的基本原则

《与贸易有关的知识产权协议》中的知识产权范围包括版权与邻接权；商标权；地理标志权；工业品外观设计权；专利权；集成电路布图设计（拓扑图）权；未披露过的信息专有权。

#### 1. 与其他知识产权公约的关系

《与贸易有关的知识产权协议》的规定，不得有损于成员方之间依照《巴黎公约》《伯尔尼公约》《罗马公约》及《集成电路知识产权条约》已经承担的义务。

#### 2. 国民待遇原则

各成员方在知识产权保护上，对其他成员方的国民提供的待遇，不得低于其本国国民。但《巴黎公约》《伯尔尼公约》《罗马公约》及《集成电路知识产权条约》允许在某些情况下以互惠原则代替国民待遇原则；对表演者、录音制品制作者和广播组织而言，国民待遇仅适用于本协定所规定的权利；一些司法和行政程序，例如必须在一个成员方管辖范围内指定送达地址或委托代理人，也可以成为国民待遇的例外。

#### 3. 最惠国待遇原则

在知识产权保护上，某一成员方提供给第三方国民的任何利益、优惠、特权或豁免，均应立即、无条件地适用于全体其他成员方的国民。把最惠国待遇原则引入知识产权的国际保护，是世界贸易组织的创造。也许正因为这一点，这个原则有更多的例外，下列情况免除最惠国待遇义务：①来自一般性的而非专门针对知识产权保护的司法协助或法律实施国际协定的优惠；②来自《伯尔尼公约》和《罗马公约》的互惠性保护；③本协定未规定的表演者、录音制品制作者和广播组织权；④世界贸易组织成立前的《与贸易有关的知识产权协议》所产生的优惠。

最惠国待遇和国民待遇还有一个总的例外，即这两个原则不适用于世界知识产权组织主持下订立的有关取得或维持知识产权的多边协定中所规定的程序。

#### 4. 其他原则

知识产权保护的目标，是促进技术的革新、技术的转让与技术的传播，以有利于社会及经济福利的方式去促进生产者与技术知识使用者互利，并促进权利与义务的平衡；成员方可在其国内法律和条例的制定或修订中，采取必要措施以保护公众的健康与发展，以增加对其社会经济与技术发展至关紧要的领域中的公益；成员方可采取适当措施防止权利持有人滥用知识产权，防止借助国际技术转让中不合理的限制贸易的行为。

### （二）有关知识产权的效力、范围及使用标准

#### 1. 版权与有关权

版权是指作者对其创作的文字、艺术和科学作品依法享有的专有权利，包括署名、发表、出版、获得报酬等权利。有关权（邻接权）是指与作品的传播有关的权利，即表

演者、录音制品制作者及广播组织许可或禁止对其作品复制的权利。例如，未经表演者许可，不得对其表演进行录音、广播和复制；录音制作者对其录音制品的复制和商业出租享有专有权；广播组织有权禁止未经许可对其广播内容进行录制、翻录和转播。版权与有关权的范围如下：

（1）《伯尔尼公约》所指的"文学艺术"：文学、科学和艺术领域内的一切作品，不论其表现形式或方式如何，如书籍、演讲、戏剧、舞蹈、配词、电影、图画、摄影作品、地图等。

（2）计算机程序与数据的汇编。

（3）表演者、录音制品制作者及广播组织权利。

版权的保护期，自其创作或出版起不得少于50年；表演者和录音制品制作者的权利应至少保护50年；广播组织的权利应至少保护20年。

## 2. 商标

商标是指一家企业的商品或服务与其他企业的商品或服务区分开的标记或标记组合。这些标记包括人名、字母、数字、图案、颜色的组合。这些标记应能够作为商标获得注册。注册商标所有人享有专有权，以防止任何第三方未经许可而在贸易活动中使用与注册商标相同或近似的标记，去标示相同或类似的商品或服务。驰名商标应受到特殊的保护，即不相同或类似的商品或服务，也不得使用他人已注册的驰名商标；在确定一个商标是否驰名时，应考虑相关公众对该商标的了解程度，包括在该国因促销而获得的知名度。

商标的首期注册及各次续展注册的保护期，均不得少于7年。商标的续展注册次数应是无限次。如果以未使用为由撤销注册商标，则必须是连续3年未使用。

## 3. 地理标志

地理标志是指下列标志：标示出某商品来源于某成员方地域内，或来源于该地域中的某地区或某地方；该商品的特定质量、信誉或其他特征，主要与该地理来源相关联。各成员方应对地理标志提供保护，包括对含有虚假地理标志的商标拒绝注册或宣布注册无效，以防止公众对商品的真正来源产生误解或出现不公平竞争。

《与贸易有关的知识产权协议》对葡萄酒和白酒地理标志提供了更为严格的保护。对于"虚假地表明"产品来源于某地的地理标志，即使不会对公众产生误导，不是不公平竞争，也不得用于葡萄酒和白酒地理标志。

## 4. 工业品外观设计

工业品外观设计，指对产品的形状、图案或其结合以及产品的色彩与形状、图案或其结合所提出的适合工业上应用的新设计。对外观设计进行保护的产品主要是纺织品、皮革制品和汽车。受保护的工业品外观设计的所有人，有权制止第三方未经许可而为商业目的制造、销售或进口带有或体现有受保护设计的复制品或实质性复制品之物品。工业品外观设计的保护期应不少于10年。

纺织品设计具有周期短、数量大、易复制的特点，因此对纺织品设计给予保护的条件，特别是费用、审查和公布方面的条件，不得影响这些设计获得保护。

### 5. 专利

技术领域中的任何发明，无论是产品发明还是方法发明，只要其新颖、含有创造性并可付诸工业应用，均可获得专利。但如果某些产品的商业性开发会对公共秩序或公共道德产生不利的影响，包括对人类、动植物的生命健康和环境造成严重损害，则各成员方可以不授予专利。另外，对人类或动物的诊断、治疗和外科手术方法，除微生物外的植物和动物，以及除非生物和微生物外的生产植物和动物的主要生物方法，也可不授予专利权。

专利所有人享有专有权。对于产品，应有权制止第三方未经许可制造、使用、提供销售、销售，或为上述目的而进口该产品；对于方法，应有权制止第三方未经许可使用该方法的行为，以及使用、提供销售、销售或为上述目的进口依该方法直接获得的产品。各成员方的法律可以允许未经权利所有人授权即可使用一项专利，包括政府使用或政府授权其他人使用（即强制许可、非自愿许可），但必须有严格的条件，并受到严格的限制。例如，授权应一事一议；只有此前在合理时间内以合理商业条件要求授权而未成功，才可申请强制许可；授权应给予适当的报酬。

专利保护期不少于 20 年。

### 6. 集成电路布图设计

集成电路是指以半导体材料为基片，将至少有一个是有源元件的两个以上元件和部分或者全部互连集成在基片之中或者之上，以执行某种电子功能的中间产品或者最终产品。布图设计是指集成电路中至少有一个是有源元件的两个以上元件和部分或者全部互连的三维配置，或者为集成电路的制造而准备的上述三维配置。

各成员方应禁止未经权利持有人许可的下列行为：为商业目的的进口、销售或以其他方式发行受保护的布图设计，为商业目的的进口、销售或以其他方式发行含有受保护的布图设计的集成电路，或为商业目的进口、销售或以其他方式发行含有上述集成电路的物品。

集成电路布图设计的保护期为 10 年，从注册或首次付诸商业利用起计算。

### 7. 未披露信息的保护

未披露过的信息是具有以下三个特征的信息：①处于保密状态，通常不为从事该信息领域工作的人所普遍了解或容易获得。②由于是保密的，因而具有商业价值。③合法支配该信息的人为保守秘密采取了在具体情况所需的合理措施。

合法控制该信息的人有权防止他人未经许可而以违背诚实商业行为的方式，披露、获得或使用该信息。

为获得药品或农药的营销许可而向政府提交的机密数据也应受到保护，以防止不公平的商业利用。

### 8. 对协议许可中限制竞争行为的控制

国际技术转让中的限制性竞争行为，例如独占性返授（即技术的转让方要求受让方将其改进的技术的使用权只授予转让方，而不得转让给第三方）、禁止对有关知识产权的有效性提出异议或强迫性的一揽子许可（即技术的转让方强迫受让方同时接受几项专利技术或非专利技术），可能对贸易具有消极影响，并可能阻碍技术的转让与传播。各成员方可以采取适当措施防止或控制这些行为。有关成员方还可以就正在进行的限制竞争行为和诉讼进行磋商，以在控制这些行为方面进行有效合作。

### （三）知识产权执法

#### 1. 知识产权执法的一般义务

加强知识产权的执法措施，是《与贸易有关的知识产权协议》的另一个主要目标。《与贸易有关的知识产权协议》对各成员方的司法制度提出了总体要求。各成员方应保证其国内法律中含有本协定规定的执法程序，以便对任何侵犯受本协定保护的知识产权的行为采取有效措施，包括采取及时防止侵权的补救措施及遏制进一步侵权的救济措施。实施这些程序时，应避免对合法贸易造成障碍并为防止有关程序的滥用提供保障。

#### 2. 对边境措施的特别要求

（1）海关的暂停放行：各成员方应按有关规定制定相关程序，使权利持有人在有正当理由怀疑假冒商标或盗版货物有可能被进口时，能够向行政或司法主管部门提出书面申请，要求海关部门暂停放行这些货物进入自由流通。只要符合本协定的要求，各成员方可允许针对涉及其他知识产权侵权行为的货物提出这种申请。各成员方也可制定关于海关部门暂停放行从其境内出口的侵权货物的相应程序。

（2）保证金或相当的担保：主管部门有权要求申请人提供足以保护被告和主管部门并防止滥用程序的保证金或相当的担保。这种保证金或相当的担保不应妨碍诉诸这些程序。

海关部门根据非司法或其他非独立部门的决定对涉及工业设计、专利、集成电路布图设计或未公开信息的货物暂停放行其进入自由流通，而下述暂停放行的期限在享有正式授权的部门未给予临时补救的情况下已经到期，而且有关进口的所有其他条件已得到满足，则货物的所有人、进口商或收货人有权在为任何侵权行为缴纳一笔足以保护权利持有人的保证金后，按照协定规定的条件，提出申请，要求放行该货物。保证金的支付不妨碍给权利人提供任何其他补救，而且如果权利人在一个合理期限内未行使诉讼权，则该保证金应予返还。

（3）对进口商和货物所有人的补偿：有关部门有权责令申请人向因被错误地扣押货物或因扣押超过期限已予以放行的货物而遭受损失的进口商、收货人和货物所有人支付适当的补偿。

（4）检验和获得信息的权利：在不妨碍保护机密信息的情况下，各成员方应授权主管部门向权利持有人提供足够的机会，要求海关部门对扣押货物进行检验以证实权利持有人的权利要求。主管部门有权给进口商提供相应的机会对该货物进行检验。各成员方可授权主管部门在对一案情已作出肯定裁决的情况下，向权利人通报发货人、进口商和收货人的姓名、地址以及所涉及的货物数量。

#### 3. 职权内行动

如果各成员方要求主管部门主动采取行动，并根据其获得的初步证据对有关正在侵犯知识产权的货物暂停放行，则主管部门可在任何时候向权利持有人索取任何有助于行使这些权力的信息；进口商和权利持有人应被立即告知暂停放行的行动。如果进口商向主管部门就暂停放行提出上诉，有关暂停放行应符合上述暂停放行的期限；在采取或拟采取的行动是出于善意的情况下，各成员可免除公共部门和其官员应承担的采取适当补救措施的责任。

### 4. 补救

在不妨碍权利持有人享有的其他行为权利并在被告有权要求司法部门进行复议的情况下，根据上述民事程序中"其他救济"所规定的原则，主管部门有权命令销毁或处理侵权货物。对假冒商标货物，除非有规定例外，主管部门不得允许侵权货物在未做改变的状态下再出口或对其适用不同的海关程序。

### （四）刑事法律制度

各成员方应规定刑事程序和处罚，至少将其适用于具有商业规模的故意假冒商标或版权案件。可使用的补救手段应包括足以起到威慑作用的监禁和（或）罚金，处罚程度应与适用于同等严重程度的犯罪所受到的处罚程度一致。在适当情况下，可使用的补救手段还应包括剥夺、没收、销毁侵权货物和主要用于侵权活动的任何材料和工具。各成员方可规定适用于其他知识产权侵权行为的刑事程序和处罚，尤其是故意并具有商业规模的侵权案件。

## 背景知识

### 《与贸易有关的知识产权协议》内容中与纺织品服装有关的内容

在《与贸易有关的知识产权协议》中与纺织品服装贸易有关的知识产权主要包括：工业品外观设计、版权与相关权和商标三项。

（一）工业品外观设计

在《与贸易有关的知识产权协议》中，"工业品外观设计"的保护包括了工业品所具有的外形、线条、图案、花边和颜色等特征。对外观设计进行保护的产品主要是纺织品、皮革制品和汽车。各成员方对工业品外观设计的保护方法并不相同，有依据版权加以保护的，也有依据工业产权加以保护的。WTO各成员方有义务对符合独立创造性、新颖性或原创性的工业品外观设计给予保护。

对纺织品外观设计的保护是《与贸易有关的知识产权协议》中"工业品外观设计"的重要组成部分。按照"工业品外观设计"保护的一般要求，纺织品外观设计保护的内容是指能用视觉观赏到的附属于纺织织物外表的图案、花型和各类服装的式样、轮廓、装饰等艺术成分，即保护仅限于产品的外观，而不延及产品的功能、工艺和技术层面的特征。外观设计对纺织品来讲十分重要，能使产品对消费者产生吸引力。纺织品外观设计必须是创新的、独创的，才具备保护的前提条件。纺织品外观设计是来自设计者的智力创造活动，具有丰富多彩、变化多样的特征，既反映了设计者对纺织面料及服装流行趋势的敏感和美学创意，又体现了消费者的使用价值和为批量生产提供制造依据。

当一款服装设计实用性强、设计新颖，适合批量生产时，就可以申请外观设计保护。但企业在申请专利之前一定要保密，新设计要想获得垄断优势，一定要申请外观专利保护，因为产品一旦投放市场，就其外观而言，不可能有技术秘密，就排他性而言，只能通过申请外观设计专利保护，别无选择。同时，应注意在拿到受理通知书或者最好是收到授权决定通知后，产品再投放市场较为稳妥。

（二）版权与相关权

版权也称著作权，是指作者对其创作的文字、艺术和科学技术作品所享有的专有权利。作品是指文学、艺术和科学领域内具有独创性并能以某种有形形式复制的智力成果。

"服装设计"是一个总称，是设计者将构思变成服装成品的过程。服装设计草图作品具有独创性及实用性，属于版权意义上的作品。服装设计草图作品一经完成即自动得到版权法的保护。因此，版权保护采用自动保护原则而非注册登记，版权人享有相对的排他权，通过版权法的保护能减少他人抄袭或模仿，但不能排斥相同或类似的设计。对服装设计的版权仅限于复制、发行、展览、表演等。

（三）商标

商标的使用，包括将商标用于商品、商品包装或者容器以及商品交易文书上，或者将商标用于广告宣传、展览以及其他商业活动中。注册商标的产品是指法律、行政法规规定的必须使用注册商标的商品。对注册商标专用权的保护规定，注册商标的专用权以核准注册的商标和核定使用的商品为限。未经商标注册人的许可，在同一种商品或者类似商品上使用与其注册商标相同或者近似的商标的、销售侵犯注册商标专用权的商品、伪造和擅自制造他人注册商标标识，均属侵犯注册商标专用权。同时，规定任何人都可以向工商行政管理部门投诉或者举报侵犯注册商标专用权的行为。新条例加大了对侵权人的处罚和对商标注册人的保护力度，规定伪造、变造注册证件将触犯刑律。

# 小结

简要介绍了多边贸易体制和国际规则，主要讲述了与纺织品服装贸易相关协议，并分析了 WTO 成立后全球反倾销调查、反补贴调查和保障措施实施情况，以便了解国际贸易环境的变化。

# 复习与思考

（1）分析全球反倾销措施实施数量变化情况及原因。

（2）分析全球反补贴调查案件数量增长的原因。

（3）分析全球保障措施数量下降的主要原因。

# 参考文献

［1］宁俊．国际服装商务［M］．北京：中国纺织出版社，2005.

［2］郭燕．后配额时代的中国纺织服装业［M］．北京：中国纺织出版社，2007.

［3］魏道培．美国纺织品贸易规则如何影响世界［J］．中国纤检，2020（8）：102-103.

# 第二篇　国际商务基本理论

　　国际商务理论是国际经济学的重要组成部分。国际商务理论研究的范围，包括商品和服务的国际流动、生产要素的国际流动和技术知识的国际传递。

　　国际商务理论通常分为基本理论和贸易政策两大部分。国际商务基本理论主要研究国际分工的基础、直接投资的原因、地区经济一体化产生的效果，讨论贸易发生的原因。国际贸易政策，主要包括自由贸易政策和保护贸易政策。

　　国际商务理论自产生以来已经经历了200多年，期间经历了古典、新古典、当代贸易理论的演变。从亚当·斯密到现代西方国际分工和国际贸易理论，大体经历了四个阶段。第一阶段，是亚当·斯密的绝对成本说；第二阶段，是大卫·李嘉图的比较成本说，这是一个关键阶段；第三阶段，是赫克歇尔—俄林（H—O原理）的要素禀赋理论，这两位经济学家把国际分工和国际贸易与生产要素联系起来；第四阶段，是里昂惕夫反论所引起的对要素禀赋学说的扩展，并由此建立起了当代国际分工理论的系列学说，包括新要素贸易理论、国际贸易产品的生命周期理论、产业内贸易理论等。这些理论的诞生都依托战后国际贸易中出现的一些新现象，战后的国际贸易理论也在解释新出现的现实问题中不断完善和发展。

　　20世纪70年代末以来，保罗·克鲁格曼提出了"规模经济作为国际贸易产生原因"的解释。他推翻了传统国际贸易理论中完全竞争和规模经济不变的假设，建立了一个不完全市场、存在规模经济和产品异质性的产业内贸易模型。阐述了规模经济、不完全竞争市场结构与国际贸易的关系，成功地解释了战后国际贸易的新格局。由于产业内贸易规模的不断扩大，20世纪80年代以来许多经济学家陆续建立模型对这一问题从不同角度进行进一步的探讨。

　　20世纪90年代，跨国公司的进一步发展推动了区域经济一体化浪潮的出现以及加工贸易、外包业务的出现。产品内贸易是由垂直专业化引起的中间投入品贸易，加工贸易是产品内贸易主要的表现形式，这些国际贸易新现象推动了包括国际生产折中理论、一体化贸易理论以及产品内贸易理论的进一步发展。

　　20世纪90年代中期以来，经济学家对产品内贸易现象的关注代表着贸易理论进一步微观化趋势。21 世纪以来，国际贸易理论研究进入了一个快速发展的繁荣时期。作为对克鲁格曼为代表的"新贸易理论"发展的突破，企业异质性成为国际贸易理论研究的新焦点，被称为"新—新贸易理论"。该理论以微观企业为研究对象，以企业异质性、不完全竞争和规模经济为基本假定，研究了企业的国际化路径选择和全球生产组织行为，是当前国际商务理论发展中最活跃的研究前沿和热点之一。

# 国际商务理论

**课程名称：** 国际商务理论

**课程内容：** 1. 国际分工理论

2. 贸易保护政策理论

3. 国际直接投资理论

4. 区域经济一体化理论

**课程学时：** 16 课时

**教学要求：** 通过本章的学习，了解国际分工理论、保护贸易政策理论、直接投资理论和区域经济一体化理论的主要观点，掌握绝对成本论、比较成本论、要素禀赋理论、产品生命周期论、国家竞争优势理论、竞争优势发展阶段论、重商主义理论、保护幼稚工业理论、对外贸易乘数理论、战略贸易理论、新贸易理论、新—新贸易理论、国际生产折中理论、投资发展阶段论、贸易创造效果和贸易转移效果等理论的内容。

# 第三章　国际商务理论

## 第一节　国际分工理论

### 一、亚当·斯密——绝对成本

18 世纪的英国古典经济学家亚当·斯密（Adam Smith，1723—1790），花了近 10 年的时间，于 1776 年写出了一部奠定古典政治经济学理论体系的著作——《国民财富的性质和原因的研究》（又称《国富论》）。在著作中亚当·斯密第一次把经济科学所有的主要领域的知识归结为一个统一和完整的体系，而贯穿这一体系的基本思想就是自由放任的市场经济思想。

亚当·斯密有两个著名的发现，一是所谓的"看不见的手"，二是所谓的绝对成本理论。"看不见的手"强调市场的力量，实行市场经济的国家无须政府过多操心，诸如生产、交换、流通这些看起来很复杂的问题市场会自动调节。至于绝对成本论知道的人相对少一些。前一个理论强调在一个国家内部政府对经济活动不要干涉，后一个理论认为在国际贸易活动中政府也不应当干涉，那就是自由贸易。自由贸易可使贸易双方的福利增加。但这里有个前提，即必须发挥自身的优势，每个国家只有生产自己最具优势的产品参与到国际贸易活动中，双方才能获利。至今，还有许多国家仍把绝对成本论作为制定外贸政策的依据。

亚当·斯密认为分工可以提高劳动生产率。分工之所以提高劳动生产率有三个原因：

（1）分工使劳动专门化，提高了工人的熟练程度。

（2）分工可以省去工人从一种工作转换到另一种工作的时间，免除因转换工序或工作而造成的损失。

（3）分工可以使工人因专门从事某项操作而容易改进工具和发明机器，从而使一个人能够完成许多人才能完成的工作。

亚当·斯密以针的制造为例进行说明。针的制造共有 18 道工序，在没有分工的情况下，一个粗工一天最多可以制造 20 枚针，甚至一个也造不出来；如果分工生产，则一天可以制造 4800 枚针，劳动生产率可以提高 240 倍。分工的原则是，人们各自集中生产具有优势的产品，然后用自己的产品交换其所需要的产品，这样可以大大提高劳动生产率，增加各自的福利。一个人是这样，一个工厂是这样，一个地区是这样，一个国家也同样如此。当分工跨越国界时，分工就成了国际分工。亚当·斯密就是从这种简单的推导中得出了他伟大的绝对成本论。这一理论与"看不见的手"共同奠定了亚当·斯密作为伟大经济学家的地位。

### （一）亚当·斯密的绝对成本理论的主要内容

（1）交换是人类天然的倾向。交换是出于利己，并为了达到利己的目的而进行的活动。

（2）交换产生分工。由于人们从交换中获利，人们更愿意进行交换，为了交换，就要生产能交换的物品，各自生产一种物品，就产生了分工。

（3）将国内不同个人或家庭之间的分工和交换，推及国家之间的分工与交换，用以解释国际贸易与交换。

（4）分工的原则是各自集中生产具有优势的产品，相互交换。结果是从这种分工和交换中获得比自己生产一切物品多得多的利益。

（5）各国参与国际分工的基础是先天有利的自然禀赋或后天有利的生产条件。

（6）分工提高劳动生产率进而增加社会财富。

### （二）亚当·斯密的绝对成本理论的基本思想

国际分工的原则也应是充分发挥各国的优势。优势包括自然优势和获得性优势。每一个国家都应该生产具有绝对优势的产品去交换本国必需的但自己生产又处于绝对不利地位的产品，从而使本国的土地、劳动和资本得到最有效的利用，提高劳动生产率，增加社会财富。亚当·斯密的绝对成本论如表 3-1 所示。

表 3-1　亚当·斯密的绝对成本论示例

| 分工前 | | | | |
|---|---|---|---|---|
| 国家 | 酒（单位） | 劳动人数 | 毛呢（单位） | 劳动人数 |
| 英国 | 1 | 120 | 1 | 70 |
| 葡萄牙 | 1 | 80 | 1 | 110 |
| 分工后 | | | | |
| 国家 | 酒（单位） | 劳动人数 | 毛呢（单位） | 劳动人数 |
| 英国 | | | 2.7 | 180 |
| 葡萄牙 | 2.375 | 190 | | |
| 交换结果 | | | | |
| 国家 | 酒（单位） | | 毛呢（单位） | |
| 英国 | 1 | | 1.7 | |
| 葡萄牙 | 1.375 | | 1 | |

## 二、大卫·李嘉图——比较成本论

比较成本论是西方国际贸易理论的基石。这一理论是由英国古典经济学家亚当·斯密提出的绝对成本理论，经过大卫·李嘉图的补充、完善而发展起来的。

大卫·李嘉图（David Ricardo，1772—1823）英国古典经济学家，近代国际贸易理论的奠基人。27 岁时，偶然的机会阅读了《国富论》，对经济学产生了兴趣。师承亚当·斯密的经济自由放任主义，他于 1817 年出版了名著的《政治经济学及赋税原理》（*On the Principles of Political Economy and Taxation*）。

李嘉图在 19 世纪初创建的国际贸易学说，后人称为"比较成本说"，是关于国际分工与国际交换的古典理论。他同亚当·斯密一样，用从个人推及国家的方式，说明自己的主要观点。先举个人为例：假定 2 人均能制鞋制帽，其中 1 人在两种职业中都比另一人强一些，制帽强 1/5，制鞋则强 1/3。这个较强的人专门制鞋，那个较弱的人专门制帽，对双方都有利。个人间这种分工关系，同样适用于国家间。假定英国制毛呢需要 100 日劳动、制葡萄酒需要 120 日劳动，葡萄牙制毛呢需要 90 日劳动、制葡萄酒需要 80 日劳动，英国以输出毛呢换回葡萄酒为有利，葡萄牙以输出酒换回毛呢为有利。因为葡萄牙与其用资本制毛呢还不如用来制酒，可以从英国换得更多的毛呢。对英国来说则相反，与其用资本制酒还不如用来制毛呢，可以从葡萄牙换回更多的酒。表 3-2 为大卫·李嘉图的比较成本论。

表 3-2　大卫·李嘉图的比较成本论示例

| 分工前 | | | | |
|---|---|---|---|---|
| 国家 | 酒（单位） | 劳动人数 | 毛呢（单位） | 劳动人数 |
| 英国 | 1 | 120 | 1 | 100 |
| 葡萄牙 | 1 | 80 | 1 | 90 |

| 分工后 | | | | |
|---|---|---|---|---|
| 国家 | 酒（单位） | 劳动人数 | 毛呢（单位） | 劳动人数 |
| 英国 | | | 2.2 | 220 |
| 葡萄牙 | 2.125 | 170 | | |

| 交换结果 | | |
|---|---|---|
| 国家 | 酒（单位） | 毛呢（单位） |
| 英国 | 1 | 1.2 |
| 葡萄牙 | 1.125 | 1 |

以上两个例子包含着国际分工与国际交换的基本原理，即比较成本理论。就英国和葡萄牙两国而言，葡萄牙制酒、制毛呢所需成本都比英国绝对低，即都处于绝对优势。

但制酒低的程度小于制毛呢，两相比较，制酒成本相对低，处于比较优势，制毛呢成本相对高，处于比较劣势。英国制毛呢的成本高的程度低于制酒，两相比较，制毛呢成本相对低，处于比较优势，英国放弃生产比较劣势的酒，专门生产比较优势的毛呢。如此分工，两国都可获得国际分工和国际交换的利益。

### （一）李嘉图比较成本理论的假设

比较成本理论涉及两个生产要素，即劳动力和土地，并在 9 个重要的假设前提条件下进行分析。假设：

（1）世界上只有"两个国，两种商品"。

（2）以各国间劳动、资本不能自由移动为前提，而在一国之内劳动、资本则可以自由移动。

（3）所有的劳动都是同质的，没有熟练劳动与非熟练劳动的区别。

（4）不存在运输费用。

（5）只能按生产力绝对差异，按成本绝对差异进行分工与交换。

（6）收入分配没有变化。

（7）以物物方式进行贸易交换。

（8）不存在技术进步。

（9）生产要素都是充分就业。

他还认为国际分工与国际交换的利益，只有在政府不干涉对外贸易、实行自由贸易的条件下，才能最有效地实现。

### （二）李嘉图比较成本理论的主要内容

李嘉图认为，国际分工和国际贸易的基础是比较成本，而不是绝对成本。一国即使两种商品的生产成本都高于另一国，但只要按照"两利取重，两害取轻"的原则进行分工和交换，不仅可以增加社会财富，还可以使贸易双方获得利益。

**1. 按"两利取重，两害取轻"的原则进行国际分工**

每个国家不一定生产各种商品，而应集中力量生产那些利益较大或不利较小的产品，然后通过国际贸易，在资本和劳动力不变的情况下，生产总量将增加，如此形成的国际分工对贸易各国都有利。结果，劳动生产率不同的两个国家通过对外贸易都获得比自己以等量劳动所生产的更多的产品。

**2. 最有效和最有利的国际分工是各国集中生产比较成本最有利的商品**

对于两种商品生产都有利的国家，如果其集中精力生产有利程度最高的商品，专业化生产也有利于商品成本的进一步降低；对于两种商品生产都不利的国家，如果选择不利程度低的商品进行生产，随着专业化生产和劳动的熟练程度的提高，原先生产处于劣势的商品成本也将呈现下降趋势，最终使它成为该商品生产成本较低的国家。

**3. 对外贸易利益的来源只能增加一国的使用价值，而不能增加一国的价值量，价值只能在生产领域创造**

李嘉图的国际贸易学说是以劳动价值说为理论基础的。但又认为国际交换中价值规律并不发生作用，对外贸易不会增加一国价值量，对外贸易的作用在于取得使用价值。对外贸易不能增加利润，不能增加资本积累。比较成本理论深刻地阐明了自由贸易的好处。

## 三、赫克歇尔—俄林（H—O 原理）——要素禀赋理论

要素禀赋理论是在 20 世纪 30 年代由瑞典经济学家埃里·赫克歇尔（Eli Heckscher，1879—1959）和他的学生伯特尔·俄林（Bertil G. Ohlin，1899—1979）提出的。俄林的代表作是《区际贸易与国际贸易》，于 1977 年获得诺贝尔经济学奖。因此，这一理论被称为赫克歇尔—俄林（H—O 原理）要素禀赋理论。

赫克歇尔和俄林用生产要素的丰缺，解释国际贸易的产生原因和一国进出口商品结构的特点，并研究了国际贸易对要素价格的反作用，说明国际贸易不仅使国际商品价格趋于相同，而且还会使世界各国生产要素价格趋于相同。

生产要素是指生产活动必须具备的主要因素或生产中必须投入或使用的主要手段。传统的生产要素是指土地、劳动和资本，而新生产要素还包括人力资本、管理、技术知识、经济信息等。所谓要素价格比例是指这些生产要素用本国货币表示的单位价格比例。

传统的三种生产要素，即劳动力、土地、资本，它们的使用费或报酬分别为工资、地租和利息。要素禀赋理论假设世界上只有两个国家，使用两种生产要素，生产出两种商品，即建立 2×2×2 模型。

### （一）赫克歇尔—俄林要素禀赋理论的主要内容

**1. 商品价格的国际绝对差异是国际贸易的直接原因**

商品价格的国际绝对差异，指同种商品用同一货币表示的价格在各国不相同。商品从价格低的国家出口到价格高的国家，当两国之间的价格差额大于包括运输费用在内的一切必要支出时，国际贸易就带来实际利益。因此，国际商品价格的绝对差异是产生国际贸易的直接原因。

**2. 各国商品价格比例不同是国际贸易产生的必要条件**

并非存在商品价格的国际差异，国际贸易就必然发生，还需交易双方的国内商品价格（成本）比例不同，即具有比较成本优势。

**3. 各国商品价格比例不同是由生产要素价格比例不同决定的**

国际贸易的首要条件是有些商品在某一地区比其他地区能够更便宜地生产出来。一国出口的是本国丰富要素所生产的商品，进口的是本国稀缺要素所生产的商品。即一个国家出口的应该是密集使用了本国丰富的生产要素所生产的商品，进口的应是密集使用

了本国稀缺的生产要素所生产的商品。

#### 4. 要素价格比例不同是由要素供给比例不同决定的

各国所拥有的各种生产要素相对数量是不同的。供给丰富的生产要素价格就便宜，供给稀缺的生产要素价格就昂贵。

由此分析可以得出了一国进出口商品结构的重要结论。俄林认为：两国之间比较成本存在差异的原因，在于各国生产要素禀赋不同和各国生产商品所使用的各种生产要素的比例不同；国际贸易产生的原因是由于国际商品价格的差异；国际间商品价格的差异是由于各国的生产要素价格的差异；各国的生产要素价格的差异是由于各国生产要素供给的差异。

### （二）俄林的要素价格均等化定理

要素价格均等化定理是俄林研究国际贸易对要素价格的影响而得出的著名结论。国际因生产要素自然禀赋不同而引起的生产要素价格差异，将通过两条途径逐步缩小，即要素价格将趋于均等化。途径有两种：一是生产要素的国际移动，它将导致要素价格的直接均等化；二是商品的国际移动，是导致要素价格的间接均等化。

劳动的价格表现为工资，资本的价格表现为利息，土地的价格表现为地租。如果各国之间存在工资和利息的差别，各国生产要素必然会相互流动，其结果将导致工资和利息水平的国际均等化。土地虽不能流动，但土地的丰缺会影响劳动和资本的国际流动，最终，地租水平也会因此均等化。

但是，由于各国之间的商品是可以自由流动的，生产要素在国内地区之间是可以流动的，而在国家之间则不能自由流动，这就形成了各国之间要素成本的绝对差异。要素均等化的结果表现在使世界范围内的各种生产要素得到更有效的配置和使用，并因此而增加世界的总产出，而各国都将从这种总产出的增加中获得利益，从而使世界各国同种生产要素所有者和不同生产要素所有者的收入趋于均等化，收入的差别只存在于要素拥有量的差别。一国的贫富程度将取决于该国的生产要素的规模，而不是比较成本的状况。

值得注意的是，国际贸易的结果，可以逐渐消除不同地区和国家之间的商品价格差异，进而消除生产要素的价格差异。总之，一国进口的商品要素密集型含量一定与其出口商品的要素密集型含量在结构上相反。

### （三）国际分工的类型

根据要素禀赋理论形成的国际分工表现为劳动密集型、土地密集型、资源密集型、资本密集型、技术密集型和知识密集型的国际分工形式。

某种要素密集型是指在最终产品的价值中，投入某种生产要素比例较高，因而所占的比例最大，就称这种产品为某种要素密集型产品，并将这一产业称为该种要素密集型产业。

（1）土地密集型，指农业或依靠土地种植的产业或产品生产。

（2）劳动密集型，指纺织服装加工或汽车组装，其生产过程主要靠劳动力手工完成。

（3）资源密集型，指热带经济作物（香蕉、咖啡）和矿产资源的开采。

（4）资本密集型，指机器设备（如炼钢设备）的生产或投入。

（5）技术密集型，指研发的投入，如药品的研发要长达 10 ~ 20 年才能完成，许多新技术的开发也是如此，需要大量的研发投入。

（6）知识密集型，主要是依据人脑的想象力而创造的价值，如游戏软件的开发主要用人脑的想象和对计算机语言的掌握，还有影视、文学作品都属于知识密集型产品，如美国大片、哈利·波特小说、韩剧等。

## 四、里昂惕夫之谜

华西里·里昂惕夫（Wassily Leontief，1906—1999）是俄裔美国著名经济学家，投入—产出经济学的创始人。里昂惕夫想通过美国进出口贸易数据来验证赫克歇尔—俄林的理论，即各个国家都应出口密集使用其丰裕要素的产品，而进口密集使用其稀缺要素的产品。按照这个理论，美国是一个资本丰裕的国家，美国就应生产和输出资本密集型产品，而进口在本国需要较多使用比较稀缺的劳动力要素的劳动密集型产品。因此，美国的贸易结构自然是出口资本密集型商品，进口劳动密集型商品。

里昂惕夫在对美国 1947 年和 1951 年 200 种进出口商品的数据，按照投入—产出比率分析后的结论与赫克歇尔—俄林的理论结果正好相反。其文章发表后，在国际经济学界引起了不小的争论。

1947 年，美国出口的每 100 万美元商品需要使用 255 万美元的资本和 182 个劳动力工作一年。同年，美国进口每 100 万美元的商品，在美国生产相同商品需要 309 万美元的资本和 170 个劳动力工作一年。结果是，出口商品每一个劳动力一年中所使用的资本为 14010 美元，进口相同商品，美国每一个劳动力一年中使用的资本为 18180 美元。进口替代/出口结果是 1.30，表明美国 1947 年，出口的是劳动密集型商品，进口的是资本密集型商品。里昂惕夫的实证分析如表 3-3 所示。

表 3-3　美国每 100 万美元进出口商品需要的资本和劳动

| 项目 | 出口 | 进口替代 | 进口替代/出口 |
| --- | --- | --- | --- |
| 资本（美元） | 2550780 | 3091339 | — |
| 劳动（人/年） | 182 | 170 | — |
| 资本/劳动（美元） | 14010 | 18180 | 1.30 |

## 五、对里昂惕夫之谜各种解释的新学说

里昂惕夫的实证分析结果公布后，由于没有充分的理由说明是赫克歇尔—俄林的原

理错了，还是里昂惕夫的分析方法有问题，学术界开始了对里昂惕夫之谜的解释，由此提出了许多新的有价值的相关学说。

### （一）劳动力不同质论

里昂惕夫自己认为，谜的产生可能是由于美国工人劳动的高效率和技术比其他国家工人高造成的。并指出，美国工人的劳动生产率大约是外国同行工人劳动生产率的 3 倍，因此在计算美国工人人数时必须把实际人数除以 3，否则，美国便成为劳动要素处于相对（优势）丰裕而资本要素相对稀缺的国家。其结果是用同量的劳动投入，美国工人可以提供 3 倍于外国工人的产出。因此，表现为美国工人人均资本量相较于其他国家来说比较低。至于为什么美国工人的劳动效率会高于其他国家，里昂惕夫认为这是美国科学的管理、高水平的教育、优良的培训和可贵的进取精神所产生的结果。

### （二）人力资本论

费希尔、凯南、基辛、肯特等经济学家把资本分为物质资本和人力资本。人力资本是把熟练劳动资本化，并称为新生产要素，以此来解释里昂惕夫之谜。熟练劳动与简单劳动之间的重大差别就在于教育和培训的投资，使熟练劳动成为"人力资本"。把熟练劳动的收入高出简单劳动的部分算作资本并同有形资本相加。经过这样的处理之后，里昂惕夫之谜就会消失了，如图 3-1、图 3-2 所示。

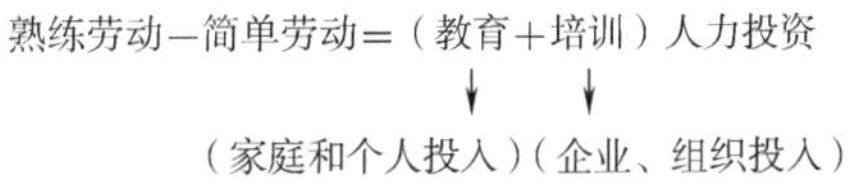

熟练劳动－简单劳动＝（教育＋培训）人力投资
（家庭和个人投入）（企业、组织投入）

**图 3-1　熟练劳动与简单劳动的差别**

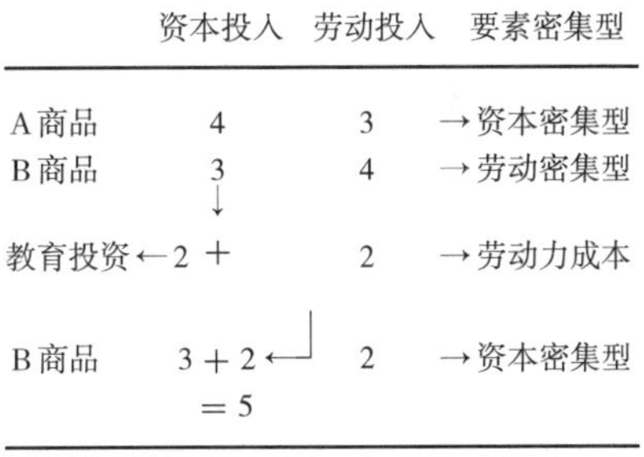

|  | 资本投入 | 劳动投入 | 要素密集型 |
|---|---|---|---|
| A 商品 | 4 | 3 | →资本密集型 |
| B 商品 | 3 | 4 | →劳动密集型 |
| 教育投资←2 ＋ | | 2 | →劳动力成本 |
| B 商品 | 3 ＋ 2 = 5 | 2 | →资本密集型 |

**图 3-2　人力资本论**

人力资本是人们过去对教育和培训进行投资的结果，同有形资本投资一样是一种长期投资，在未来才产生回报。对于个人用于教育的投资回报方式，表现在今后熟练劳动和简单劳动工资收入上的差异。因而，人力资本可以像其他资本一样，在较长时间里，为企业发挥作用，并促进劳动生产率的提高。把人力资本作为无形资本看待，并与有形资本共同发挥作用。

美国投入较多人力资本，出口商品含有较多的熟练劳动，把熟练劳动的收入高出简单劳动的部分算作资本并同有形资本相加，美国出口商品的资本密集型比例就提高了，这样美国出口仍是资本密集型商品。

### （三）要素密集型反向论

霍德和纳亚等经济学家指出，某种商品在某国既定的生产要素禀赋条件下是劳动密集型商品，但在另一个国家的既定生产要素条件下却可能是资本或其他要素密集型商品，因而存在"要素密集型反向"，即同种商品在不同国家要素密集型特征是不同的。

例如，小麦在中国与在美国的生产方式和生产要素结构的差异，决定了同一商品在两个国家的要素密集含量的不同。在美国，小麦属于资本和技术密集型商品，这是因为美国资本丰富，劳动力成本高。因此，美国在小麦的耕种过程中投入了大量的资金购买农业机械，实现农业机械化和现代化，并投入了大量的人力、物力、财力进行优良品种的开发，使产量大大提高，小麦在美国的人均产量很高。在中国，小麦则属于劳动密集型商品，过去基本上是靠人力耕种，人均耕地面积少，农业机械也不普及，对种子的研究和开发投入少。

因此，从美国角度看，进口以资本密集型商品为主是一种错觉。但应注意，这种解释只能用于一定范围的商品。

### （四）技术差距论

技术差距论的主要代表人物有波斯纳（Posner）和胡佛鲍尔（Hufbauer）等。作为新生产要素，技术是指在商品生产和劳务生产中所积累的知识、技巧和熟练程度，其源泉是发明创造。技术进步意味着要素生产率的提高和投入—产出系数的变化。它通过影响一国的成本和价格水平、资源赋予状况等途径影响该国的比较优势地位，从而影响国际贸易的各个环节。

技术是过去对研究与开发投资的结果，也可以作为一种资本或独立的生产要素。技术差距论认为，由于各国技术革新的进展不一致，技术革新领先国家在开发出一种国外尚未掌握的新产品或新生产流程时，便产生了国际技术差距，技术资源丰富的国家享有生产和出口技术密集型商品的优势。但是，随着新技术向国外的转移，国际技术差距将逐步消失，该技术密集型商品的贸易也会由于各国自给能力的增强而减少，直至停止。

关于技术差距与国际贸易的关系，波斯纳认为，新产品总是在工业发达的国家最先问世，新产品在国内销售后进入国际市场，创新国便获得了初期的比较利益。这时，其他国家虽然对新产品模仿生产，但由于与先进工业国家之间存在技术差距，因此需要经过一段时间的努力后才能消除，如图3-3所示。在这段时间内，创新国仍保持在该产品的技术领先地位，其他国家对该产品的消费仍需通过进口得到满足，因而技术差距所引起的国际贸易必然继续进行。

也有的学者认为，技术后进国在国内生产和国际贸易中较技术领先国更为有利。其主要理由是：技术领先国担负着较高的劳动力成本；技术后进国可以低价引进最新技术，而无须负担研发的费用；技术领先国拥有的是旧设备，而技术后进国却可以购买最新的设备，因而效率更高。

值得注意的是，技术要素与传统三要素的结合，对生产过程产生了两方面作用：一

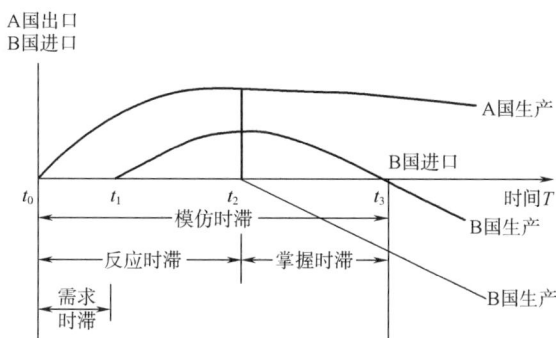

图 3-3　技术差距与模仿滞后

是改变了生产要素的数量禀赋的条件，即由于技术要素对生产过程的改造产生了节约资本、节约劳动、节约自然资源投入的效果。这一效果相当于各种要素数量的增加和进出口商品交换总量的增长。二是改变了生产要素质量的禀赋条件，即技术要素的投入大大提高了其余生产要素的效率，改变了商品的质量。

### （五）需求偏好相似说

需求偏好相似说，是由瑞典经济学家斯塔芬·林德（Staffan B. Linder）提出的，他用国家之间需求结构的相似来解释工业制成品贸易的理论。他分析一种产品从发明到引进，以及该产品进入国际市场的发展过程是和一个国家的需求密切相关的。

#### 1. 企业在什么地方生产产品的决定因素不是成本而是需求和市场

林德认为，一种产品的发明、生产和销售首先在国内。只有当在国内需求日益扩大，生产规模扩大，导致成本的下降，才有条件向国外出口。

#### 2. 出口市场的形成是因为与国内市场有着相似需求

林德认为，需求不但决定国内的生产，同时也决定了一些新产品的出口市场。这些新产品出口的市场，应该是能够接纳这些产品的市场。也就是出口市场消费者的收入水平、消费结构和消费偏好与出口国具有相似的优势和特征，消费者才有条件消费这些产品。因此，他认为，发生贸易的决定性因素，是这些国家的需求和市场。而需求和市场又取决于这些国家的收入水平、消费结构和消费偏好。所以，消费需求相同的国家常常有着相同的要素比例。因此，发达国家之间贸易的发生，正是因为要素比例相同，有着相似的优势、相同的需求。

#### 3. 进口国常常会成为下一个出口国

一般来说，一种新产品的进口国常常会成为下一个出口国。他认为，随着新产品的进口示范效应，进口国的一些工厂开始模仿生产新产品，在本国生产和销售，替代进口产品。而这些国家的政府为了保护本国新产品的生产，设置贸易壁垒，限制该产品的进口。这些进口国的厂商在生产中取得经验，特别是该国的需求量较大，市场规模较大，可以发挥规模经济的效益，降低了成本，在竞争中创造比较优势，从而成为新的出口国。

进口新产品可产生两方面的示范效应：

（1）使消费者对新产品产生需求。

（2）推动新产品在国内生产，因为国内企业了解到国内市场对新产品有需求，开始引进技术，进行投资和生产。

**4. 人均收入水平决定需求偏好和需求结构，而需求偏好和需求结构又决定贸易关系**

在为什么国际贸易主要发生在发达国家的问题上，他认为正是因为发达国家经济发展水平较高，因此人均收入水平也较高，都对较昂贵的商品有需求。人均收入水平越相似的国家，其消费偏好和需求越相似，产品的相互适应性越强，贸易交往的可能性就越大。

## 六、规模经济理论

规模经济就是对一个工厂或一个产业投入增加一倍，而其产出的增加超过一倍。规模经济可分为内部规模经济和外部规模经济。内部规模经济，包括工厂规模经济和企业规模经济；外部规模经济，包括产业规模经济。

国际贸易能扩大市场规模，这是因为国家之间进行贸易，从而将各国的个别市场结合成为世界市场。世界市场远远大于国内市场。在国际贸易中，每一个国家可以进行专业化生产，生产较少的品种，这样每一种产品都能达到生产规模，为世界市场进行生产，发挥规模经济效益。

### （一）工厂规模经济

工厂的规模经济效益源自以下几个方面：工厂规模的扩大，使得内部的劳动分工更细；每个劳动者从事某一专业化的劳动，劳动者在不断重复的生产过程中，提高了劳动的熟练程度也增加了产量；工厂规模的扩大，劳动者使用专业化设备，进行专业化的生产，节约了劳动转换的闲置时间，较大地提高了生产率；随着工厂规模的扩大，产量的增加，消耗的能源和所需要的储备相对减少，从而降低成本增加收入；规模较大的工厂，有条件采用新技术，使用技术较高的生产流水线作业，从而提高了劳动生产率。

### （二）企业规模经济

一家企业拥有许多工厂与一家企业只拥有一家工厂相比，前者能发挥企业规模经济的效益。这是因为一家企业中的许多工厂之间可以实行专业化分工，各个工厂能够发挥专业化生产、专业化管理、专业化技术、专业化设备的优势，提高劳动生产率，同时它们又都在一家企业内部的厂际之间进行协作和协调发展，相互之间的联系可以节省企业与企业之间的许多中间环节，节省时间和费用，从而提高效率，降低成本，达到企业规模的效益。

### （三）产业规模经济

某一产业的大多数企业集中在某一个国家，或者集中在一个国家的某一个地区，出现较大规模的产业集群，将能够提高效率，降低成本，增加收入。产业集群能够提高效益的主要原因是大量的企业集聚在某一地区，加强了竞争的压力，使企业不得不改进技术，改善经营管理提高劳动生产率；企业的集聚，易于传递新的信息；某一产业的发展需要相应的基础设施，随着企业的集中，基础设施的发展也越来越完善，从而达到产业规模的经济效益；企业的集聚带来了专业人才、专业服务、零部件供应的集中，这些有助于提高生产效率、降低成本、增加收入。

## 七、产品生命周期论

美国哈佛商学院教授雷蒙德·弗农（Raymond Vernon）和刘易斯·威尔斯（Louis T Wells）将产品生命周期理论引至国际贸易理论中，分析产品在其生命周期的不同阶段在不同国家生产和出口，以此说明国际贸易的流动方向。

### （一）弗农的理论

弗农把产品生命周期分为三个阶段，即创新阶段、成熟阶段、标准化阶段，并从技术、产品、生产成本、要素密集特征等方面，分析在不同阶段制成品贸易的特征。他把参与国际贸易的国家分为三类：第一类是美国，工业高度发达的国家，它们是技术、知识与资本丰富的国家；第二类是比较小的工业发达国家，如日本及西欧各国；第三类是广大的发展中国家。

在现代国际贸易中，技术密集型商品大多数是以美国为代表的发达国家创造的，随着产品的标准化和推广，该产品的生产和出口也由原生产国转为其他国家，由此提出关于产品生命不同阶段决定了对其投入的要素不同，因此使处于不同类型的国家在产品生命周期的不同阶段，都可以利用其具有的优势，参与国际分工和国际贸易，如图 3-4 所示。

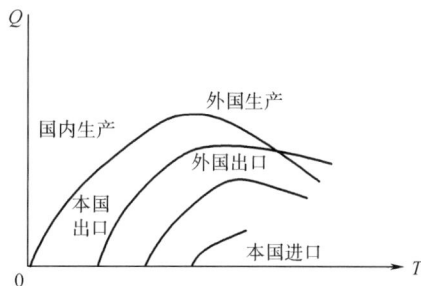

图 3-4　产品生产与销售生命周期

#### 1. 创新阶段

在产品创新阶段，从技术特性看，创新国企业发明并垄断着制造新产品的技术，但技术尚需进一步完善、工艺流程尚未定型，还需进行大量研究和开发工作；此阶段产品的要素密集特征为技术密集型；产品的生产成本高，价格高，生产规模小，没有竞争力；产品主要是在生产国由少数高收入人购买，销售量小，只有少量出口。

#### 2. 成熟阶段

在产品的成熟阶段，从技术特性看，生产技术已定型，不需要投入大量的技术和知识，创新国逐渐失去了对技术的垄断优势；由于出口增大，技术扩散到其他国家，仿制开始；从生产特性看，大规模的生产，使企业需要投入更多的资本和管理要素，产品转为资本密集型；产品价格大幅度下降，产品大量出口；企业在东道国设立子公司，在海外进行生产，因为其他国家的企业生产该产品成本比创新国还低。

3. **标准化阶段**

在产品标准化阶段，从技术特性看，产品已完全标准化，技术投入很少，不仅一般发达国家已掌握产品生产技术，就是一些发展中国家也开始掌握这种技术；从产品生产过程看，非熟练劳动的大量投入，产品由资本密集型转为劳动密集型，价格趋于平稳；在国际市场上发达国家与发展中国家开始激烈的竞争，发展中国家获得竞争优势。因此，创新国从出口产品转为进口产品，发展中国家开始大量出口该产品，创新国成为该产品的进口国如表3-4所示。

表 3-4　产品生命周期各阶段特征

| 项目 | 创新阶段 | 成熟阶段 | 标准化阶段 |
|---|---|---|---|
| 技术 | 技术尚需改进，创新国需投入大量研发费用来完善产品 | 技术已定型，无须投入大量的技术和知识，创新国逐渐失去对技术的垄断 | 完全标准化，技术投入很少，其他国家已掌握生产技术 |
| 产品 | 成本高，价格高，生产规模小，没有竞争力，少数高收入人购买，少量出口 | 大规模生产，使企业需要投入资本和管理要素，产品价格大幅度下降 | 非熟练劳动大量投入，产品由资本密集型转为劳动密集型，价格趋于平稳 |
| 市场 | 技术领先国首先发明，并在国内生产和销售 | 产品大量出口，在海外生产，由于其他国家的企业生产成本比创新国还低 | 发展中国家获得竞争优势，大量出口该产品，创新国成为进口国 |
| 要素密集型 | 技术密集型 | 资本密集型 | 劳动密集型 |

根据产品生命周期的不同阶段可以推断出不同国家的贸易演进过程：当创新国推出新产品后，出口逐渐增加；随之而来的是，一些发达国家也开始跟随生产这种产品，这时创新国就会从出口的高峰上降下来，而这些发达国家开始从进口的谷底逐渐上升；当其他发达国家的产品打入创新国市场并具有一定的市场份额后，创新国出口极度萎缩，并逐渐走向进口的谷底；与此同时，这些发达国家开始走向出口的高峰；当产品生命周期进入标准化阶段，一些发展中国家开始向创新国和一些发达国家出口产品，原来处于出口高峰的发达国家也开始滑向进口谷底。这时发达国家要想避免失去市场份额，就必须通过研发和技术改造，使产品升级换代，保持竞争力。

同一种产品，在不同的产品生命周期阶段上，各国在国际贸易中表现出不同的特点，这些不同的特点来自不同类型的国家在不同阶段上具有不同的相对优势。在国际分工中，各国都有其自身的优势。因此，使各国可以利用其自身的要素禀赋优势参与国际分工，从而获得利益。例如在创新阶段，发达国家特别是美国拥有技术和研发实力，其在国际分工中的优势表现为技术和知识密集型特征；在成熟阶段，产品表现为资本密集型，使欧洲和日本等发达国家有能力引进技术和设备，发挥其优势；到了标准化阶段，产品竞争的焦点为低生产成本，使许多发展中国家能够利用其劳动力成本低的优势，生产和出口产品，参与到国际贸易中来。

### （二）刘易斯的理论

刘易斯认为，新产品的创新一般首先发生在美国。这是因为美国较高的单位劳动力成本引起了对复杂技术设备的需求。美国较高的收入水平决定了其对新产品的需求强度大于其他国家。美国的高水平的技术、强大的研发能力和丰裕的资本使其在新产品开发与生产上占有优势地位。刘易斯以美国产品诞生地为例，提出产品生命周期有五个阶段，说明制成品贸易的周期性特征，如图 3-5 所示。

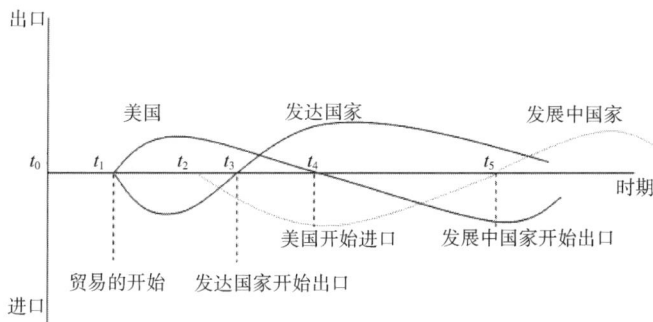

**图 3-5　制成品贸易的周期性**

第一阶段，产品在美国诞生。此时，生产技术为美国垄断，美国生产全部的新产品，销售市场主要在美国，也向欧洲出口。

第二阶段，新产品开始进入成熟阶段。美国把技术转移到欧洲，欧洲开始生产新产品，美国仍控制新产品市场，随着技术的逐渐成熟，生产规模扩大，美国开始把产品出口到发展中国家。

第三阶段，欧洲替代美国成为新产品的主要出口国。美国在新产品生产中的技术优势完全丧失，欧洲国家开始把产品出口到发展中国家，此时技术更加成熟。

第四阶段，新产品进入标准化阶段。生产技术进一步成熟，美国开始放弃生产，欧洲把产品出口到美国，美国成为净进口国，发展中国家逐渐掌握新产品技术。

第五阶段，由于技术完全成熟，生产转移到发展中国家，欧洲的竞争优势下降，由于新产品的生产已完全标准化，发展中国家以其自然资源和劳动力优势，不断降低成本，扩大生产规模，并把产品出口到美国，逐渐成为净出口国。至此，制成品贸易完成了一个周期。

### （三）熊彼得的理论

按照美国经济学家熊彼得的划分方法，产品生命周期演变为主导产业生命周期。自18世纪工业革命以来，人类生产活动开始呈现产业生命周期的阶段性。每一个阶段都有若干个主导产品，并将工业革命分为三个阶段：18世纪中叶到19世纪70年代，是以蒸汽为动力的第一次产业革命阶段；从19世纪70年代到20世纪70年代，是以电力为动力的第二次产业革命阶段；从20世纪80年代起，是以计算机和信息技术为主导的第三次产业革命。以英国为例加以说明，自工业革命以来，英国经历了五次主要的产业生命周期，具体表现为：

第一个周期（1785—1845）为60年，是以水力为主要能源，当时是以纺织业、铁为主导产品；第二个周期（1845—1900）为55年，以蒸汽为主要能源，铁、钢为主导产品；第三个周期（1900—1950）为50年，是以电力为主要能源，化学、内燃机为主导产品；第四个周期（1950—1990）为40年，以石油化工、电子产品、飞机为主导产品；第五个周期（1990—2020）为30年，以数字技术、软件、新兴媒体为主导产品和服务。

五个产品生命周期的长度一个比一个短，从第一个周期60年缩短到第五个周期的30年，这意味着产品推广和普及的速度加快。无论哪种观点，每一种产品的生命周期都是"产品复制—扩散—推广—普及"的过程，它不但在一个国家内，也在国家之间展开。

产品诞生阶段，生产只发生在发明国，其消费主要集中在生产国，出口不多；随着产品技术的不断成熟，出现技术复制和普及过程，生产从发明国转向更多的国家，进出口贸易迅速增加；到产品成熟阶段，生产技术越来越简单，技术水平不高的国家也能生产。

因此，产品生命周期具有四个并行不悖的过程：产品从兴起到衰退的过程；产品从先进国家转移到落后国家的过程；产品兴衰与国际贸易的结合过程；产品不断普及的过程。

例如，19世纪上半期铁路的蒸汽机车在英国诞生后，走过了发展、成熟和消亡的过程。在这个过程中，它先是从英国推广到其他发达国家，然后又推广到发展中国家，最后在发展中国家消亡，蒸汽机车被内燃机车取代，然后又出现了电气机车，最终内燃机车和电气机车把蒸汽机车彻底送进了历史博物馆。任何一种产品都是如此，可见产品生命周期是一种产品的兴衰过程，即从产品诞生、发展到衰退的循环过程。

## 八、产业内贸易

产业内贸易，即一个国家同时出口和进口同种产品以及同一产品的中间产品，如零部件和元器件参加贸易的现象。例如，日本出口丰田汽车到德国，同时进口德国的奔驰汽车；日本出口精工手表到瑞士，又从瑞士进口劳力士手表；日本出口计算机各种零部件到韩国，同时从韩国进口计算机芯片；美国生产汽车零部件并出口到墨西哥组装，再运回美国销售。

产业内贸易指数，是表示产业内贸易在贸易中所占的比重，表示其的发展程度。计算公式为：

$$IIT = 1 - \frac{|X - M|}{|X + M|}$$

式中：$X$ 为出口，$M$ 为进口。

产业内贸易指数最高为1、最低为0，但它不可能出现负数。从现实的世界贸易看，当某种产业的商品出口与进口相等时，其产业内贸易指数达到最高为1；当某一产业的商品没有出口、全部进口，或全部出口、没有进口，没有产业内贸易，其产业内贸易指数为0。

### （一）出现产业内贸易的原因

#### 1. 产品的同类不同质

许多同类产品，有着不同的特点，如服装有丝绸、亚麻、棉、毛呢等，因此有的国家出口丝绸产品，有的国家出口棉或毛纺产品。

#### 2. 地区间的季节差异

地球上的不同地区在同一时期有着季节差异，导致一些地区在某一个季节出口这一产品，而在另一个季节又进口同种产品。

#### 3. 运输成本

一些国家国土面积辽阔，国内贸易运输费用比国际贸易高，如加拿大西部与美国西北部间的石油贸易，而加拿大东部则进口石油。

### （二）产业内贸易在第二次世界大战后迅速发展的原因

（1）随着科技的发展，生产力水平大大提高，国际分工深入制造业内部，出现了"水平分工"，即同一部门内零部件生产的国际分工，如汽车制造业内部的分工；同一产品生产工艺过程的不同环节被分离开来，分布在不同国家进行生产，然后由一国完成组装；同一产品不同型号和不同档次的生产在国际间的分工。

（2）生产过程不同环节所投入的要素不同，因而出现在制造业内部同一产品生产过程的不同阶段投入的要素比例不同。例如，汽车零部件生产需投入较多的资本，属于资本密集型；汽车组装过程需投入大量的劳动力，属劳动密集型；产品开发过程需投入更多的技术和知识，属于知识和技术密集型特征。

（3）跨国公司在全球范围内的扩张，并通过在世界各地设厂和布点，利用当地的生产要素优势生产零部件和中间产品，极大地推动了产业内贸易。

（4）专业化生产使一国通过产业内贸易，减少了生产商品的种类，有利于资源集中使用，扩大生产规模，从中使各国受益。

（5）交通运输和通信事业突飞猛进的发展，也为产业内贸易的发展提供了保障和条件。

### （三）产业内分工和贸易发生的两个条件

一是产品的特性和生产工艺流程易于形成产业内的国际分工；二是各国的比较优势在不同生产环节的差异大和明显。

由此可见，未来中国的比较优势越来越不可能完整地占领某个行业，而只能部分地占据产业中的某些生产环节，越来越不可能依据产业间分工开展国际贸易，而只能依据产业内分工进行国际贸易，这就是我国一般贸易萎缩，加工贸易发展的原因。

各国分工地位已不能完全通过产品本身反映出来，而主要是依据各国在同一产品的生产经营中占据哪个环节来判别，在劳动密集型产品生产中也有资本和技术密集型生产环节，资本和技术密集型产品生产中也有劳动密集型生产环节。

总之，目前中国无论是出口计算机还是服装都是占据最简单的生产加工环节。中国的制造业在未来的国际分工，是力争在大多数制成品生产中占据比较重要的生产环节，发挥我国的比较优势，抓住主要环节就抓住了整个价值链。世界贸易所交换的商品，已不再是原来意义上的某个国家的"出口商品"，而是全球生产的"世界产品"，企业"国家属性"模糊化使传统意义上的"保护民族工业"的政策受到动摇。

## 九、国家竞争优势论

### （一）钻石理论模型

1990年哈佛商学院的迈克尔·波特（Michael E. Porter）出版了一本颇具研究功力的书，试图确定在国家竞争中为什么一些国家成功而另一些国家失败。波特和他的同事考察了10个国家的100个行业，波特预感现存的国际贸易理论只解释了部分事实。对波特来说，基本任务是解释为什么一个国家在特定的产业内获得国际成功？这就是波特钻石模型要解开的谜。

波特在批判和继承原有的国际贸易理论的基础上提出了国家竞争优势理论（National Competitive Advantage Theory），也被称为"国家钻石模型"（State Diamond Model）。该理论认为，国家是企业或者产业参与国际竞争的基础，产业或产业的国际竞争优势是国家竞争优势的体现，或者说，国家竞争优势最终以特定的产业作为载体而表现出来。国家竞争优势理论取决于四个主要因素：生产要素，需求因素，相关和支撑产业因素，企业组织、战略和竞争状态因素；以及两个辅助因素：政府和机遇。波特认为这6个因素共同构成一个动态的、激励创新的竞争环境，形成了一个类似钻石分子结构的菱形结构。由于钻石结构是一个相互增强的系统，许多因素的相互作用产生相互加强的利益，如图3-6所示，从而构成一国国际竞争力的来源。

#### 1. 生产要素

生产要素，包括初级要素和高级要素。初级要素（或基础要素）是一国先天拥有的或者只是需要简单的投资就能得到的要素，如自然资源、气候条件、地理位置、非熟练劳动力等；高级要素是通过长期投资或发展而创造出来的要素，如实物资本（包括通信设施、研究设施等）、人力资本、基础设施和知识等。波特认为要素条件对一国竞争优势的影响是多方面的。初级要素的重要性因生产条件等的变化而变化，其作用也在下降。先天拥有丰富的初级要素，可能会抑制一国竞争优势的培育和提

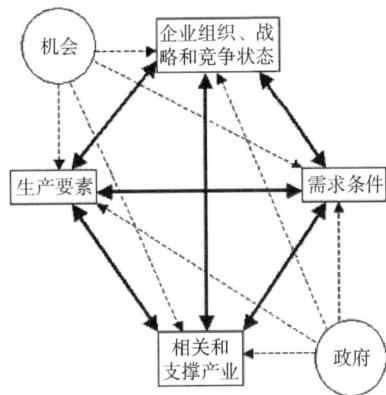

图 3-6 波特国家竞争优势的钻石模型

高。而在初级要素匮乏的国家中，人们更有动力去创造和培育高级要素。一国要想提升其竞争优势，就必须大力发展高级要素，这将决定竞争优势的质量和持续性。

#### 2. 需求因素

国内需求是影响产业国际竞争力的另一个重要因素。企业的投资、生产和销售活动总是首先着眼于本国市场的需求，所以国内市场需求的状况和特征将影响企业的国际竞争力。国内需求对竞争优势的影响主要通过以下渠道发生：①市场的全球性。②本国市场的需求层次。③本国需求的超前性或者国内消费结构的升级速度。④国内市场的规模和成长速度。国内市场规模是一把"双刃剑"，一方面具有激励厂商投资、再投资的动力，因而成为企业竞争的一大优势；另一方面，庞大的国内市场所带来的丰富机会也可能导致厂商丧失向海外扩展的动力，这就形成了不利于国际竞争的因素。

#### 3. 相关和支撑产业因素

即国内是否存在有国际竞争力的供应商和相关及支撑产业。任何一个企业必然会在生产经营过程中与众多相关企业或行业保持密切联系，其创新与升级有赖于企业的前向、后向和旁侧关联产业的辅助与支持，并从中获得和保持竞争力。

波特认为，相关和支撑产业之间存在密切的协同效应。一方面，当本国的支持产业具备国际竞争力时，它会通过以下方式为下游产业创造竞争优势，即以最有效的方式及时地为国内企业投入，促进信息在产业内的传递，加快整个产业的创新速度。另一方面，竞争力强的产业也会通过传导效应带动相关产业发展。

所以波特认为，竞争优势在很大程度上来自产业聚集（Cluster Agglomeration）。一群在地理上相互靠近的、在技术上和人才上互相支持并具有国际竞争力的相关产业和支撑产业所形成的产业聚集是国家竞争优势的重要来源。

#### 4. 企业组织、战略和竞争状态因素

即企业的组织结构、发展战略和竞争状态。各个国家由于环境不同，适合国内企业的管理模式和组织结构也不尽相同。只有选择了一种适合国内环境的管理方式，才能有效地提高该国产业的国际竞争力。

国内竞争对培养竞争优势发挥着创造性的特殊功能，激励和促进国际竞争力的提高。竞争越激烈越好，激烈的国内竞争最终迫使国内企业放眼全球市场，并增加他们的竞争力，使其在全球竞争中取得成功。尤其是在有规模经济时，国内竞争者竞相寻找外国市场以提高效率和现实更高的获利性。

### 5. 政府

关于政府的作用，在波特的理论中，他极力赋予政府和企业在追求竞争力提高与经济繁荣的进程中以新的、建设性的和可行的作用，波特认为政府的首要任务就是尽力创造一个有利于生产率提升的良好环境。这表明在某些领域如定价，政府应尽量减小发挥作用的余地，而在另外一些领域如素质教育和培训等，政府却应该发挥积极的作用。也就是说，政府应该为有效竞争提供一个良好的环境，而不是自身也作为一个实体去直接参与竞争。

### 6. 机遇

机遇也是很重要的，它具有历史性和偶然性的特点，新兴工业化经济体经济的起飞与西方发达国家经济体产业结构升级、后工业化时代的到来有关。在一般情况下，机遇包括重要发明、技术突破、生产要素供求状况的重大变动（如石油危机）以及其他突发事件。

波特主张，一个国家在一个特定的产业内获得国际成功的程度是要素禀赋、国内需求情况、相关与支撑产业和国内竞争四个方面相互作用的结果。他认为，所有四个因素的存在通常要求这个钻石模型能正面影响竞争绩效。波特还认为，政府能够从正面或负面影响钻石模型的四个因素中的每一个。要素禀赋会受到补贴、促进资本市场的政策、有助于教育的政策等的影响；政府能够通过地方产品标准或法规控制或影响买方需求，从而形成国内需求；政府政策能够通过规定影响相关与支撑产业，也能通过资本市场规定、税收政策和反托拉斯法手段影响企业竞争。假设波特钻石理论成立，该理论明确指出企业在对外投资过程中应如何对产品进行选择，各国应该出口钻石模型中四个因素都有利的产业的产品，同时进口那些四个因素都不利的产业的产品。

## （二）竞争优势的发展阶段理论

波特的竞争优势理论特别重视各国生产力的动态变化，强调主观努力在赢得优势地位中所起的作用。他将一国优势产业的发展划分为四个不同的阶段。

### 1. 要素驱动阶段

该阶段的竞争优势主要取决于一国的要素禀赋优势，即拥有廉价的劳动力和丰富的资源。这种表述与传统的比较优势理论的表述一致，表明比较优势蕴含在竞争优势中。在这一阶段，企业参与国际竞争的方式，只能依靠较低的价格取胜，所以参与国际竞争的产业对世界经济周期和汇率十分敏感，因为这会直接影响产品的需求与相对价格。

按照波特的标准，几乎所有的发展中国家都处于这一阶段。某些资源特别丰富的发达国家，如加拿大、澳大利亚等，也基本处于这一阶段。

### 2. 投资推动阶段

该阶段的竞争优势主要取决于资本优势。大量的投资可更新设备、扩大规模、增强产品的竞争力。在这一阶段，企业仍然在相对标准化的价格敏感的市场中进行竞争。但随着就业的大量增加，以及工资及要素成本的大幅度提高。一些价格敏感的产业开始失去竞争优势。因此，政府能否实施适当的政策很重要。政府可以引导稀缺的资本投入特定的产业，增强企业承担风险的能力。

按照波特的标准，只有少数发展中国家进入这一阶段。第二次世界大战之后，只有日本和韩国获得成功。

### 3. 创新驱动阶段

该阶段的竞争优势主要来源于产业中整个价值链的创新，特别注重对高新技术产品的研究与开发的投资，旨在将科技成果转化为商品。在这一阶段，民族企业能在广泛领域成功地进行竞争，并实现不断地技术升级。一国进入创新驱动阶段的显著特点之一是高水平的服务业占据越来越重要的国际地位，这是产业竞争优势不断增强的体现。

按照波特的标准，英国在 19 世纪上半叶就进入了创新驱动阶段。美国、德国、瑞典等在 20 世纪上半叶进入这一阶段，日本、意大利等到 20 世纪 70 年代才进入这一阶段。

### 4. 财富驱动阶段

在此阶段，竞争意识和竞争能力都会出现明显下降的现象。经济发展缺乏强有力的驱动，企业开始失去国际竞争优势，企业更注重保持低位，而不是进一步增强竞争力；对实力进行投资的动机下降，投资者的目标从资本累积转变为资本保值；有实力的企业试图通过对政府施加影响，以达到保护企业的目的。长期的产业投资不足是财富驱动阶段的突出表现。

按照波特的标准，英国已经率先进入这一阶段，还有其他一些国家如美国、德国等在 20 世纪 80 年代也开始进入这一阶段。

虽然波特的国家竞争优势理论在解释世界各国参与国际竞争方面具有一定的说服力，但他的理论也存在一些局限性。这表现在竞争优势理论中对产业的选择是基于已经存在的产业而言的，是对已结构化或未完全结构化产业进行的选择，这样使企业在所选择的产业中取得领先地位是相当困难的。在一个已经结构化的产业中，企业生存发展的空间十分有限。因为产业结构化程度越高，产业内的竞争强度就越大，企业选择的余地也越小，并且边际产出递减。

## 十、异质性企业贸易理论

传统的国际贸易理论解释了国际贸易中国家间与产业间的贸易，随着贸易理论的发展，新贸易理论解释了不同国家之间产业内的贸易。但这些贸易理论不能解释微观企业数据中的异质性特征，也无法解释为何一部分企业能够进行出口贸易，而另一部分企业只能服务于国内市场。

梅利茨（Melitz，2003）提出了"异质企业贸易模型"，从企业微观上存在的异质性视角来看待企业的国际贸易，创新性地发展了国际贸易理论，这一理论被波得温（Baldwin）称为新—新贸易理论。

### （一）企业异质性的界定

考虑企业间的差异对于理解国际贸易至关重要，同一产业部门内部企业之间的差异可能比不同产业部门之间的差异更加显著，而且现实中并非所有的企业都会从事出口，无论在企业规模还是企业的生产率方面，企业都是异质的。新—新贸易理论将研究重点放在异质企业上，考虑企业层面异质性来解释更多新的企业层面的贸易现象和投资现象。

### （二）理论核心内容

该理论一个重要视角就是微观企业的异质性特征影响着总产出。因为企业的性质所致，企业只有提升生产效率才是企业打入国际市场的必经之路。

理论的核心内容：①贸易自由化对不同效率的企业产生的影响不同：当一国开放贸易之后，由于竞争加剧，效率最低的企业会被迫从市场上退出，效率稍高的企业会继续在国内市场销售，效率最高的企业则会在国内市场销售的同时通过出口扩大其市场，即出口企业比非出口企业表现优异。简言之，规模大、生产效率高的企业对市场份额占有更高，那些生产效率较低的企业占有的市场份额很小，长期发展下去，那些生产效率较低的企业会逐渐被排挤出国际贸易市场。②正因为贸易自由化对不同效率的企业产生的上述不同影响，促使了社会资源从效率低的企业向效率高的企业转移，从而促进了整个行业乃至整个社会的生产效率的提高。

### （三）理论评价及发展方向

"新—新国际贸易理论"及其相关实证研究的最大贡献，在于将传统国际贸易理论、"新国际贸易理论"及其相关实证研究，从宏观（国家）与中观（产业）领域推进到微观（企业）领域，并着重研究了"企业异质性"在国际贸易中的地位与作用。它使人们了解到国际贸易如何通过促进生产资源在企业内、企业间重新配置，进而促进企业、行业生产效率的提高，最终推动社会福利的增长，这就进一步加深了人们对贸易自由化的正面作用的认识，从而对各国政府推动贸易自由化具有重要指导意义。

最近 10 年来，该领域的研究出现了三个新的发展方向：①与企业产品质量相结合。融入了产品质量的模型被称为"质量扩展型异质性企业模型"，主要是用于解释经典"异质性企业模型"所不能解释的一些贸易现象，包括出口价格与出口距离的关系、出口价格与出口企业效率的关系、出口状态与企业规模的关系等。②与企业产品多样化相结合。主要是基于企业出口产品多样化普遍存在的现实，研究与此相关的企业贸易的产品范围、产品组合与转换、产品广度与深度、贸易自由化对它们的影响，以及其他一些相关问题。③与企业内贸易相结合。主要是基于关联企业交易在国际贸易中的重要地位，研究其存在与规模的决定因素，以及在定价与其他方面的特殊性。

# 第二节　贸易保护政策理论

## 一、重商主义理论

有关国际贸易的第一个理论产生于 16 世纪中叶的英国，被称为重商主义。其主要观点为金银是国民财富的主要存在形式，也是保持商业活力的必需品。当时，金银是各国之间贸易交换的通货，一国可以通过出口商品获得金银；反之，从别国进口商品则会使金银流出。重商主义（Mercantilism）的主要原则就是保持贸易顺差以实现一国的最大利益，即出口超过进口，这样一国就能积累金银，增加国民财富、声望和权力。英国重商主义者托马斯·孟于 1630 年指出：增加财富和金银的通常办法是通过对外贸易，不管何时何地我们必须遵循这样一个原则，即每年卖给国外的商品总值要超过消费该商品的总值。

由于坚持这一信念，重商主义理论一贯主张政府干预以便实现对外贸易顺差。重商主义者认为大量贸易不一定是好事。相反，他们建议政策目标应该是出口最大化而进口最小化。要达到此目的，可通过关税和配额限制进口，并对出口实行补贴。

1752 年，古典经济学家大卫·休谟指出重商主义理论中一个固有的矛盾。按照休谟的说法，如果英国对法国有贸易顺差，结果金银流入，增加国内货币供给，在英国应产生通货膨胀。然而，在法国因金银的流出将产生相反的效果，法国货币供给紧缩，物价会下降。法国与英国之间价格的相对变化将使法国购买较少的英国商品，而英国购买较多的法国商品，其结果是英国贸易收支恶化而法国贸易收支改善，直至英国贸易顺差消失。因此，按照休谟的说法，从长远来看，没有一个国家能够像重商主义者所设想的那样，可以长期维持贸易收支的顺差并累积金银。

重商主义的缺陷是将贸易看成是零和博弈（Zero-sum Game），这就使斯密和李嘉图有条件去证明贸易是正和博弈，即所有国家都能获利。但重商主义理论并没有消亡，新重商主义将政治力量等同于经济力量，而将经济力量等同于贸易顺差。

## 二、保护幼稚工业理论

弗里德里希·李斯特（Freidrich List，1789—1846），德国经济学家，保护贸易论倡导者。李斯特认为贸易政策应服从国家利益，服从发展生产力的需要，服从发展工农业的需要。每个国家各有其发展的途径与特点，适用于一切国家的经济理论是不存在的。

李斯特在其"保护幼稚工业说"中认为，各国经济发展的历史都经历五个阶段，即原始未开化时期、畜牧时期、农业时期、农工时期、农工商时期。不同时期实行不同的贸易政策。在农业时期，实行自由贸易，自由输出农产品，自由输入工业品，一面促进农业发展，一面培育工业基础。在农工时期，转而实行保护贸易，对具有发展可能的工业，采取措施防止外国竞争，保护民族工业的建立与发展。在农工商时期，则转而实行自由贸易，用先进工业产品打入外国市场，以获得最大的贸易利益。英国在农工时期，采用重商主义保护政策，加快工业发展；在农工商时期，转而实行自由贸易。当时，美国、德国正处于农工时期，以保护贸易更为有利。等进入农工商时期，才有实行自由贸易的条件。

李斯特把保护贸易作为工业落后国家建立工业，赶上先进国家的重要手段，而这在自由贸易下是无法实现的。保护贸易只是针对有发展前途的工业，而不是对所有工业进行保护。当被保护的工业建立发展起来之后，应取消保护，因而是暂时保护，而不是永久保护。保护的方法主要是使用关税，税率不宜过高，但也不宜过低。对进口产品征税后，价格因而上涨，消费者将受损，当工业成长起来后，价格势必下跌，消费者将受益。

李斯特认为，农业不需要保护；幼稚工业中没有竞争力的产业不需要保护；幼稚工业中具有发展潜力的才予以保护。对幼稚工业的保护期限为 30 年，并提出保护方式是通过禁止或征收高进口关税来限制外国同类产品进口。主张政府干预下实行保护贸易。

自由贸易和保护贸易本身无所谓好坏，究竟何种政策有利于国民经济的发展，要视该国当时所具备的各种条件和所达到的经济发展水平而定。因此，他提出经济发展的阶段论，实现社会经济从前一个阶段迅速转入下一个阶段的最佳方式是与先进国家和地区进行自由贸易。具体到每一个发展阶段上，相应采取不同的对外贸易政策。以生产力水平为主要标志的经济发展阶段，决定对外贸易政策交替模式是：自由贸易—保护贸易—自由贸易。第一阶段，各种社会制度还没有获得充分的发展，工业尚未建立，是一个典型的农业国，应该采取自由贸易政策。第二阶段，已具备建立一个工业国所需的一切条件和手段，但先进国家进口产品竞争力强，必须采取贸易保护政策。通过关税手段，使国内新兴的、尚未发展起来的幼稚工业能够占有国内市场，采取奖励、补贴方式保护国内幼稚工业。第三阶段，幼稚工业已经成长起来，并有足够的能力与国外产品竞争，应采取自由贸易政策。

因此，他强调各国应根据各自不同的国情和不同的经济发展水平，选择对外贸易政策。国家的综合生产力水平直接关系到国家的兴衰。因此，一切经济活动应以提供生产力为目的，而建立本国高度发达的工业是提高生产力水平的关键。有必要对本国幼稚工业采取适当保护，最终朝着自由贸易方向发展。

## 三、对外贸易乘数理论

约翰·梅纳德·凯恩斯（John Maynard Keynes，1883—1946）是英国经济学家，凯恩斯主义的创始人。对外贸易乘数理论是凯恩斯投资乘数在对外贸易方面的运用。为证明增加新投资对就业和国民收入的好处，凯恩斯提出了投资乘数理论。在国内投资乘数理论的基础上，凯恩斯的追随者们引申出对外贸易乘数理论。

他们认为，一国的出口和国内投资一样，有增加国民收入的作用；一国的进口，则与国内储蓄一样，有减少国民收入的作用。当商品出口时，从国外得到的货币收入，会使出口产业部门收入增加，消费也增加，它必然引起其他产业部门生产的增加，进而扩大就业和增加收入。如此往复下去，收入增加量将为出口增加量的若干倍。相反，当商品进口时，必然向国外支付货币，于是收入减少，消费随之下降，与储蓄一样，成为国民经济中的漏洞，所导致的国民收入的减少也将是进口贸易的若干倍。他们得出结论，只有当贸易为出超或国际收支为顺差时，对外贸易量才能增加一国就业量，提高国民的收入。此时，国民收入的增加量将为贸易顺差的若干倍。

## 四、超贸易保护理论

凯恩斯主义的贸易保护理论，即超贸易保护理论，是建立在已经实现了工业化的国家试图寻求经济稳定增长基础上的贸易保护理论。

### （一）凯恩斯的贸易保护观点

该观点的出发点是有效需求不足，凯恩斯认为，一国对外的净投资决定于贸易差额的大小，且贸易收支顺差越多，对外净投资就越多。另外，凯恩斯对重商主义大加赞扬。凯恩斯指出，政府应该关注进而干预对外贸易，采取奖励出口、限制进口的措施。他的观点还包括贸易收支的顺差是不可以无限量地增加下去的，因为当贸易收支顺差过大时，国内的货币供应量就会过多，从而使商品价格过高，影响本国商品在国际市场上的国际竞争能力。而且，贸易收支过度顺差还会使本国的利息率降低，进而引起资本外流，造成本国投资的减少。凯恩斯认为，政府干预、保持贸易收支的顺差不是一个长期目标，这只是在一国有效需求不足的情况下才偶尔使用的手段，即是经济萧条时期应该采取的政策，实质上是其"萧条经济学"理论的一种延伸。因此，凯恩斯的贸易保护理论是一种"萧条时期的贸易保护论"。

### （二）后凯恩斯主义的贸易保护观点

该观点是经济学家对凯恩斯本人的贸易保护论作了进一步发挥，其主要包括以下几个方面：保持贸易收支顺差不仅能在理论上扩大本国的有效需求，而且能以乘数的形式增加总收入。总之，凯恩斯主义的贸易保护理论不仅反映了西方经济强调政府干预国内经济的重要性，同时还提出了政府干预对外贸易的观点，主张实行贸易保护政策来配合国内宏观经济政策。

对凯恩斯的超贸易保护主义的评价有不同的观点。在理论上，凯恩斯否定了"萨伊定律"，否定了传统经济学的市场均衡假定，因而对经济危机、失业的解释取得了突破。在研究方法上，凯恩斯用宏观分析代替微观分析，开创了现代宏观经济学分析。在政策主张上，凯恩斯提出的国家干预论认为国家应该实行财政赤字政策与货币膨胀的货币政策来刺激投资和消费，从而提高社会需求和实现充分就业。当然，该理论也存在其缺点，"外贸乘数论"何时发挥作用取决于不同的生产方式。工业国家扩张工业生产比较快，乘数作用灵敏，而农业国家扩张农业生产比较慢，乘数作用迟缓。若国家已经处于充分就业水平，此时没有闲置资源，国家无法扩大生产，这时如果扩大出口，则会造成过度需求，从而引起通货膨胀，进而引起出口价格的升高，降低竞争力。

## 五、中心—外围理论

阿根廷经济学家劳尔·普雷维什（Raúl Prebisch，1901—1986）站在发展中国家的立场上，提出了"中心—外围理论"。把国际经济体系分为中心和外围两大部分。他认为，在第二次世界大战后建立的旧的国际经济秩序中，由发达国家组成的中心国家处于主宰地位，由发展中国家组成的外围国家处于依附地位。传统的国际贸易、国际分工理论只能适用于中心国家之间，不能适用于中心国家与外围国家之间。他认为外围国家贸易条件在不断恶化。

中心国家和外围国家在经济上不平等的表现分为以下几个方面。

（1）经济发展的自主性差别：中心国家不仅可以自主发展本国经济，而且可以主宰外围国家的经济发展。

（2）经济发展的结构性差别：中心国家主要生产和出口制成品，外围国家则主要从事初级品生产和出口。

（3）技术进步及其利益分割的差别：中心国家是新技术的发明者和传播者，因而差不多是获得了技术进步的全部利益；外围国家则是新技术的模仿者和接受者，难以获得技术进步利益的分享。

另外，外围国家贸易条件不断恶化的原因主要有：①技术进步的利益分配不均。随着中心国家技术进步和工业发展，企业家利润和工人收入不断提高，而且提高幅度大于劳动生产率的提高幅度，加之工业品的垄断性，工业品价格非但不下降反而上涨。而外围国家的收入增长低于劳动生产率的提高幅度，且初级产品垄断性较弱，价格上涨缓慢，在价格下降时又比工业品降得更快。所以，外围国家的初级产品贸易条件必然恶化。②工业制成品和初级产品需求的收入弹性不同。一般工业制成品需求的收入弹性比初级产品需求的收入弹性大。随着人们收入的增加，对工业品的需求会有较大的增加，因而工业品的价格就会有较大程度的上涨。相反，随着人们收入的增加，对初级产品的需求增加较小，因而对初级产品价格不会有很大的刺激作用，初级产品价格上涨很小，甚至下降。所以，以出口初级产品为主的外围国家的贸易条件存在长期恶化趋势。

中心—外围理论的积极意义在于该理论对第二次世界大战后世界经济格局的分析使发展经济学家对战后国际经济关系的不平等认识又上升到一个新的理论高度，为第三世界国家反对旧的国际经济关系，争取建立新的国际经济秩序提供了思想武器。普雷维什关于发展中国家经济发展战略的建议，对拉丁美洲和其他发展中国家都具有直接的指导和借鉴意义。但是，这一理论遭到了一些经济学家的猛烈抨击，他们反对普雷维什关于发展中国家应实行贸易保护，走工业化道路的主张。他们认为，发展中国家企图通过关税影响进出口商品价格来改善贸易条件的努力，会因其进出口规模较小而不能达到目的。实施进口限制措施，只会导致国内生产的高成本和低效率。

## 六、发展中国家的对外贸易政策

在发展中国家的工业化进程中，其对外贸易战略基本上可归纳为进口替代和出口导向战略之间的选择。即以保护来发展本国比较劣势的产业从而实现工业化，还是以出口发展本国比较优势的产业来实现工业化；是以进口替代产业的发展来引导工业化，还是以出口产业的发展来带动工业化。进口替代与出口导向是一个国家整个工业化战略中的外贸战略。

第二次世界大战后，亚非拉地区大多数国家纷纷取得了政治上的独立，开始致力于工业化和民族经济的发展。在对外贸易方面，大多数发展中国家实行保护主义政策。为了发展本国经济、促进国内工业化进程，战后发展中国家大多采取了进口替代战略和出口替代战略。

### （一）初级产品出口阶段

初级产品出口被称为"19 世纪的贸易格局"，即出口食品和农矿原料，进口发达国家的工业制成品。第二次世界大战后到 20 世纪 60 年代以前，发展中国家都是这种贸易格局。初级产品的生产和出口是发展中国家经济的主要支柱。由于初级产品的价格较低和不稳定，容易产生较大的国际收支逆差，制约了发展中国家的进一步发展。进而，许多发展中国家采用了进口替代和出口替代政策。但目前初级产品出口对部分发展中国家来说仍然作为购买国民经济必需品的主要外汇来源。

### （二）进口替代战略

所谓进口替代（Import Substitution）是指一个国家采取保护措施，发展本国工业，以国内生产的工业制成品代替原来的制成品进口，从而促进民族工业和经济的发展。

进口替代通常称为国产化，是用国产产品代替进口品。由于某些产品国内尚未生产或虽有生产却规模较小或质量较差，因而全部或部分地依赖进口以满足国内需要。这种状况引起外汇支出剧增，阻碍了本国工业的发展。一些发展中国家和地区为改善贸易收支状况和发展国内生产，引进技术在国内生产替代原来依赖进口的商品，进而减少或基本上停止该种商品的进口。

第二次世界大战后发展中国家的工业化发展大多是从采用这一模式开始的。一般来说，最初阶段的进口替代产业所生产的产品主要是日用消费品，如纺织品、鞋类、加工食品和家用电器等。以后逐步发展到重化工业，实现对资本货物的替代。

进口替代的过程就是本国工业发展和经济结构变化的过程。在国际市场上，几乎所有的现代化工业产品均为经济发达国家首先生产，发展中国家为满足国内需要只能进口。发展中国家通过引进技术和设备发展本国生产，并从政策上保护本国幼稚的替代进口工业。当本国生产达到或超过原有进口规模，具备一定的竞争能力时，即可以在政策上逐步放宽进口限制。

进口替代战略下的外贸政策的特点是高关税。高关税是对进口替代产业实行保护的基本手段。在高关税下国产替代品可以保有一定的市场份额，产业得以建立和发展。具体政策为：

（1）采取保护贸易政策，本国对替代进口的商品采取关税和配额等限制进口措施，同时对建立替代工业所必需的机器设备、中间产品或原料的进口采取关税减免和政府补贴的优惠政策。

（2）实行比较严格的外汇管理政策，以便将有限的外汇用于经济发展急需领域，高估本币。

（3）实行优惠的投资政策，给予进口替代工业部门在财政、税收、信贷等方面的特殊优惠。

进口替代战略可以减少进口，节省外汇，改善国际收支。进口替代改变了发展中国家单一的、畸形的经济结构，但是如采用不当，仍会带来一些问题。例如，在保护措施下建立起来的工业，成本高，产品在国际市场上缺乏竞争力，国内市场有限，无法取得规模经济利益，特别是出现"进口替代陷阱"，使一些发展中国家出现国际收支危机状况。

"进口替代陷阱"是指一些生产替代进口品的工厂，要靠大量进口零部件和原材料才能维持生产，因而，替代进口不仅没有达到节约外汇的目的，反而每年需要支出大量外汇来维持进口替代工业的运转，使之无法摆脱国际收支危机的恶性循环。例如，巴西等国在进口替代中忽略增加出口，以致国际收支严重逆差，结果是外债累累，进口替代无法顺利进行。

### （三）出口导向战略

所谓出口导向（Export Orientation）是一个国家采取各种措施，促使国内工业生产的发展，面向世界市场，用工业制成品的出口代替传统的初级产品的出口，以制成品出口带动整个经济的发展和工业体系的建立。

许多发展中国家和地区在实施进口替代政策的过程中逐步认识到，进口替代必须与促进出口政策配合使用。在 20 世纪 60 年代，由于进口替代贸易发展模式出现的问题，迫使一些发展中国家和地区转向"面向出口"的外向型模式，如韩国、新加坡、中国台湾和中国香港。

出口导向战略客观上要求实行自由性贸易政策，其基本目标是通过本国有竞争力产品的出口占领国际市场。出口导向战略需要"大进大出"，即一国要大量出口本国具有比较优势的产品，就必须大量进口本国不具有优势的原材料。其主要政策包括：

（1）在贸易政策上放宽贸易保护，大力鼓励出口，对出口制成品减免关税，出口退税，或对出口给予补贴；对产品出口给予信贷和保险；对出口部门所需的原材料、零部件和机器设备进口减免关税。

（2）在外汇和汇率政策上，对出口企业和出口商优先提供外汇或实行外汇留成、出口奖励措施。

（3）在投资政策上，为解决资金和技术的缺乏，采取吸引外国投资政策。

总之，初级产品出口、进口替代和出口替代可以看成是一个发展中国家在不同的经济发展阶段上所采取的相应战略，这三个战略表现为由低到高的阶段性和连续性特征。进口替代尽管是许多发展中国家走过的道路，但这并不意味着是必经阶段。由于各国情况的不同，一个国家在一定时期采取哪种外贸发展贸易战略，是一国这一时期对外贸易政策的总趋势，不能理解成为实行进口替代就不出口初级产品，也不鼓励出口工业品。在有些发展中国家是转换使用的，即从进口替代战略转向出口替代战略；在有些发展中国家是同时交叉使用。

地域较大、人口较多、资源较丰富的发展中国家同中小发展中国家采取的贸易政策是不同的。较大的发展中国家国内市场大，工业产品国内销售有保障，可以进行大批量的生产，降低成本，获得规模经济利益。随着技术水平的提高，产品进入国际市场，条件成熟后转向到出口替代。较小的发展中国家实行进口替代不够理想，主要因为中小国家国内市场有限，对国际市场和出口贸易依赖程度高，所以出口导向战略优于进口替代战略。

## 七、战略性贸易理论

20世纪70年代以来，一种政府干预是否会增加财富的观点被加以讨论，从亚当·斯密时代起，政府干预通常被经济学家认为是负面的，按照他们的说法这种干预扰乱了自由贸易。但政府干预是广泛存在的，并不会消失。因此一种新理论被提出来解决这一问题，即战略性贸易理论（Strategic Trade Theory）。

战略性贸易理论认为，政府的某些战略性的干预会提高它们在国际上取得成功的可能性。这些产业大多是资金密集度高、进入壁垒高的产业，在这样的产业中，国内企业如果没有政府的帮助，成功的概率很小。这些产业同样以巨大的先动者优势（First-mover Advantage）为特征——这种优势是第一进入者才有的，而不会被后来者所共享。另外，战略性贸易理论家们并不提倡用重商主义政策来推动所有的产业，他们只是建议帮助一些具有战略意义的产业。

战略性贸易理论并不是对传统自由贸易理论的全盘否定，而是在继承的基础上有所突破和发展。战略性贸易理论认为资源禀赋的相对差异是比较优势的来源之一，但更重要的是规模经济优势带来的比较优势，而规模经济优势明显的在很大程度上取决于政府的干预。由于战略性贸易理论是建立在不同的假设基础上的，政策的实施要求对市场结构、厂商行为和厂商预期利润等有比较准确地掌握，这样就面临着一个信息问题，因为信息不完全，确定一些具体的产业并进行干预以真正的提高其国民福利是非常困难的，也就是说政府如何确定哪些为需要保护的产业尤为重要。

## 八、新贸易理论

新贸易理论于 20 世纪 70 年代开始出现，当时许多经济学家指出企业达到规模经济的能力与国际贸易有重要的联系。规模经济（Economies of Scale）是指大批产出产品使单位成本下降。规模经济的成因很多，包括将固定成本分散到大量产品上的能力，利用专业的人员、设备提高生产效率并生产大批产品的能力。

新贸易理论有两个重要的观点：①贸易可以通过对规模经济的影响增加消费品的种类，降低这些商品的平均成本。②一些应该达到规模经济的产业，所生产的产品占世界总需求的比重较大，这样全球市场就能容纳数量很少的企业。因此，一些产品的世界贸易可能被某些国家主导，这些国家的企业是这些产品的第一进入者。

### （一）增加产品种类以降低成本

首先假设世界上没有贸易。在那些存在规模经济的产业中，一国能够生产的产品种类和产量的规模都受到市场规模的限制。如果因为市场容量小而不生产特定种类，这样就限制了消费者选择产品的种类。取而代之，它们可能仅生产少量的产品，其单位成本和价格都比规模经济时更高一些。

现在考虑国与国之间发生贸易的情形。当单一国家的市场与更大的世界市场相结合，市场规模的拓展源于贸易时，一国的单个企业能够更好地实现规模经济。根据新贸易理论，这意味着每个国家可能专门生产比没有贸易时范围更小的一系列产品，但是通过别国购买自己不生产的商品，每个国家都能增加可供消费者选择的商品种类，同时降低那些商品的成本，这样，即使各国在资源禀赋或技术方面没有差异，贸易仍提供了一个互利的机会。

### （二）规模经济、第一进入者优势和贸易模式

新贸易理论的第二个主要观点是，我们所观察到的世界经济中的贸易模式可能就是规模经济和第一进入者优势的结果。第一进入者优势是指一个产业的早期进入者所具有的经济和战略上的优势，在后来进入者之前抓住规模经济。从低成本结构中获益是一项重要的第一进入者优势。新贸易理论认为，第一进入者优势十分重要。所以，在规模经济十分重要而本国企业又是该产业的第一进入者的情况下，一个国家可能支配一种特定产品的出口。

这一理论在解释贸易模式上非常有用。实证研究似乎也支持该理论的预测，贸易促进产业内的专业化生产，增加可供消费的商品的类型，因而降低了平均价格。关于第一进入者优势和国际贸易，哈佛大学商务史学家阿尔弗雷德·钱德勒的一项研究表明，第一进入者优势的存在在解释某些国家的企业在某些特定行业占主导地位时很重要。但新贸易理论最具争议的一个观点是该理论对政府干预和战略贸易政策的肯定，这与自由贸易理论的观点不同。

## 九、其他贸易保护理论

### （一）发展中国家的贸易保护理论

#### 1. 改善国际收支论

该理论认为，实行贸易保护可以减少进口，从而减少外汇支出，增加外汇储备。但是要考虑两个问题：首先，别国政策以及这种对策对本国的影响。贸易是双方的，一方保护另一方也会跟进，这样又会影响本国出口，结果国际收支改善效果不佳，本国消费者和出口商都要为此付出代价。其次，追求贸易顺差的目标本身就有问题。出超越多并不代表一国福利水平的提高，它代表了一国的消费水平低于其生产水平，出超，也就是贸易顺差只相当于一种储蓄。

#### 2. 改善贸易条件论

该理论认为，用增加关税等贸易保护手段限制进口减少需求，可降低进口商品的价格，进而改善贸易条件，即同样数量的出口商品可以换回更多的进口商品，从而使整个国家都获益。可以看出，这个理论的本质是通过减少进口来迫使别国降价。但是它也存在两个问题：首先，这个对策能否有效，取决于该国对国际市场的影响力。只有大国才会对市场的价格起到影响，小国的话根本不会对市场价格产生多大的影响。其次，即使是大国也不一定通过进口品价格来获益，这就涉及贸易报复等结果，反而是得不偿失。

#### 3. 增加政府收入论

一般来说，发展程度越低，关税在政府收入中的比重就越高。但是大部分还是消费者支付关税，但是消费者对这种间接地支付感觉并不灵敏，反对声也不大。理论上说，如果是进口大国，通过关税减少进口，会迫使国际市场价格下降，结果相当于外国生产者承担了部分赋税，若税率得当，进口国的总福利会得到提高。但想要达到这种效果，必要条件是该国必须是举足轻重的大国。事实上，这种发展中国家几乎没有。因此大多数国家的政府关税由消费者支付，并且消费者的支付超过政府关税税收所得。

#### 4. 民族自尊论

这在发展中国家较为常见，从国外进口的商品更"物美""价廉"，尤其是一些先进工业产品，发展中国家很多都不能靠自己制造。为了增加民族自豪感，政府一方面从政治上把使用国货作为爱国主义来宣传，另一方面企图通过贸易保护政策来减少外来冲击，发展本国工业。

### （二）发达国家的贸易保护理论

#### 1. 保护就业论

该理论可以从微观和宏观两个方面来解释。从微观上说，某个行业得到保护，生产增加，工人就业也就增加。从宏观上说，保护就业论建立在凯恩斯经济学说之上，他认为一国的就业和生产主要取决于对本国产品的有效需求。如果有效需求增加，则会带动本国生产增加，进而带动本国就业的增加。反之，就业减少。有效需求包括消费、投资、政府开支和净出口。因此，保护就业论主张增加出口，减少进口，从而增加有效需求，进而增加国民生产和就业，并且这种影响具有乘数效应。保护就业论无论从宏观还是从微观上，对增加就业都起到了积极作用。但是，它忽略了一个现实问题：如何做到既限制进口又不伤害到出口呢？因为一方面限制进口也伤害了别国的就业，别国不会无动于衷。另一方面，即使别国不采取报复措施，也因为长期的贸易逆差伤害到了自己的购买力，因此长久来看对本国也是不利的。现实中实施贸易保护政策往往增加了一个部门的就业，却减少了另一个部门的就业，还对消费者产生了伤害。

#### 2. 保护公平竞争论

一般来说，凡是由政府通过某些政策直接或间接地帮助本国企业在国际市场上竞争，并造成对国外市场的伤害，就被看作是不公平竞争。一般来说，出口补贴、倾销、通过操控汇率降低出口成本以及对外国知识产权不加保护的行为都属于不公平竞争。主要的保护手段有征收反补贴税、反倾销税或其他惩罚性关税、进口限额、贸易制裁等。但是这些手段不一定能达到效果，因为反不公平竞争可能作为反对进口的借口，这样的话会造成更不公平的竞争，消费者会为此付出很大的代价。另外，实施保护手段的国家很可能遭到其他国家的反报复与反指控，结果还是得不偿失。

#### 3. 社会公平论

社会公平是指社会各阶层在收入上的相对平衡。不少国家通过贸易保护政策来调节国内各阶层的收入，以减少社会矛盾和冲突，美国保护其农业是最典型的例子。

#### 4. 国家安全论

该理论主张限制某些重要产品（如粮食、石油、武器等）的进口，以保持经济的独立性。因为一旦发生战争或灾难，经济不独立的话，整个国家经济会因此崩溃。因此，国家的重要战略物资必须以自己生产为主，不能依靠进口。

# 第三节　国际直接投资理论

20世纪60年代以来，随着各国对外直接投资的迅速发展，西方经济学家提出了一系列对外直接投资理论，用于解释跨国公司对外直接投资现象，阐明对外投资的动机和投向。由于跨国公司是国际直接投资的主要载体，因此国际直接投资理论通常被称为跨国公司理论。

## 一、对外直接投资决策论

一家公司希望到国外市场进行生产，从而充分利用自己的竞争优势，那么首先它必须作出的选择是到新的国外市场上利用自己现有的竞争优势，还是集中资源开发新的竞争优势并发展自己在国内市场的这种优势？尽管在资源允许的情况下，许多公司会同时选择这两种方式，但是今天越来越多的公司选择了进入国际市场，或者至少把进入国际市场作为拓展战略的一部分。

其次，公司是应该在国内生产然后向国外市场出口，还是直接到国外进行生产？为了充分利用自己现有的竞争优势，公司必须选择一条能够获得资源和市场的途径，这些资源和市场是公司发挥现有优势的必要条件。但是，对于每一项对外直接投资决策来说，公司还需要考虑对资产、技术信息和业务进行控制的程度以及所需要承担的投资规模扩大的风险。对于任何一项决策，公司控制能力的提高都是以资本成本的上升为代价的。如果公司选择到国外进行直接生产，那么它就必须决定如何进行生产。不同种类的对外直接投资，从许可管理到绿地建设之间的差别因所有权的不同而有所区别。许可管理合同是迄今为止最简单、成本最低的对外直接投资方式。如果一个公司希望对国外生产过程进行直接控制，那么下一步它就必须决定对股权的控制程度。也就是说，是直接拥有公司还是与另一家公司共同组建合资公司。组立合资公司必然会减少公司对资产以及其他竞争优势来源的控制能力。许多国家要求国外公司必须与本地公司共同经营，通过这种方式保证本国公司不断发展，维护投资者的利益。

最终的决策是选择绿地投资还是收购现有公司，这实际上是一个成本决策的问题。绿地投资在所有对外投资中成本最高。收购现有公司的初期成本一般很低，但是在后期需要不断追加和调整投资以适应具体情况，而这些成本是在购买初期无法预料的。如果现有公司拥有庞大的消费群体和良好的供应商关系，并且收购者可以充分利用这种关系，这种收购行为将为新的所有者带来巨额收益。

## 二、垄断优势理论

垄断优势理论由对外投资理论的先驱、美国经济学家斯蒂芬·赫伯特·海默（Stephen Herbert Hymer，1934—1974）创立，由金尔伯格加以完善。垄断优势，也称所有权特定优势。

海默认为直接投资与间接投资具有不同性质，传统的国际资本流动理论不能解释对外直接投资现象，以利率的差异来说明资本的国际移动，只能解释借贷资本移动。东道国企业应较美国企业更有优势，更了解和适应本国市场环境，东道国政府对外来投资企业会有歧视，为什么美国企业还要冒风险到海外投资？因为直接投资的特征在于控制国外的经营活动，而间接投资不以控制投资企业的经营活动为核心，投资的目的在于获得股息和利息。

海默在研究中发现美国企业对外投资与美国企业特定优势有关，因此他利用产业组织理论解释美国企业对外直接投资的决定因素。发现从事多国经营的企业拥有独到的特点，美国大量企业到海外投资，说明美国公司必定有一种特定的优势，足以抵消东道国的民族企业较美国企业更有优势的地方，美国投资企业的垄断优势是当地企业所不具有的，主要来自三个方面。

### （一）来自产品市场不完善的优势

因特定的营销技巧、专利、档次、商标、品牌等造成的产品差异，企业必须有创造差异产品的能力。产品差异化能力在技术标准化的国家更为重要，可避免产品被当地竞争者直接仿制。

### （二）来自要素市场不完善的优势

如企业掌握特定技术、信息（知识）、诀窍等，强调信息技术的专有性，即对企业技术、信息所产生的成果的占有能力，是企业的无形资产。由于企业对这些无形资产的独占性，使局外企业难以进入市场展开竞争。上述无形资产中，最核心的部分是技术和信息，企业对核心资产的占有，才有垄断优势，并挟其优势到海外投资设厂，使东道国企业无法竞争，故可以在国外生产，并获取高额利润。

### （三）来自企业规模经济的优势

规模经济有利于生产集中，使大企业能够支配市场。规模经济决定了跨国公司的生产分布，大规模生产在任何一个国家国内市场都无法完全实现，因而使大规模生产变得更为国际化，建立大规模销售网络、集中采购、研发、资金筹集和统一管理。

从外部规模经济看，一国集中某一产业生产，是因为规模经济的原因。从内部规模经济看，企业之所以在一国集中生产某一产品，是因为通过专业化获得规模经济。从单一品种大规模生产向多品种大规模生产的转变，跨国公司全球范围内生产布局是为了获得整体规模经济和各个子公司的规模效益，子公司分别从事一种最终产品的生产，或分别从事价值链上某一环节的业务，因而导致内部贸易。

## 三、内部化理论

内部化理论形成于 20 世纪 70 年代，由英国学者巴克利（Peter J. Buckley）和卡森（Mark O. Casson）二人提出，由加拿大学者拉格曼（A. M. Rugman）加以发展。

内部化理论主要针对中间产品，中间产品主要指技术知识、信息、零部件、原材料等，不能直接满足消费者的需求，是用生产手段制造产品。内部化理论说明了企业为什么要独占技术、信息和管理经验在内部让渡，而不通过外部市场转让给局外企业。内部化交易的原因主要有以下四个方面。

### （一）市场失效

企业经营的目的是获得最大限度的利润，由于市场不完全，以致企业在让渡中间产品时难以保障其利益，也不能通过外部市场合理配置其资源，达到最佳经济效益。

### （二）中间产品市场不完全

当中间产品市场不完全时会促使厂商建立内部市场以替代外部市场。内部化是企业在内部建立一个市场的过程，企业的内部价格（转移价格）润滑着这一机制，使内部市场足以像潜在的正常市场一样发挥作用。

### （三）跨国公司

市场的内部化超越国界时即形成跨国公司。内部化须支付代价，即内部化成本，只要内部化的利益超过外部的交易成本和内部化成本，则企业仍拥有内部化优势，可以从事跨国经营。

### （四）知识产权

对于知识产权类的中间产品，企业所投入的费用非常昂贵。因而，跨国公司不愿在外部市场上转让技术和知识，只是在内部交易。例如，信息的披露会变成公共财产，为社会共享。为了使企业能在市场上获利，又能把信息保留在内部，使企业研发费用得到补偿，所以跨国公司选择自己生产。另外，由于交易成本，为了克服外部市场的交易障碍所须付出的代价，跨国企业采取自己研发新产品，而较少从外部购买技术和知识。

跨国化是企业内部化过程超越国界的表现，跨国公司就是将其资源在世界范围内进行企业内部转让，所以当市场内部化的范围超过国界时就产生了跨国公司。

## 四、产品生命周期理论

在前面讨论过的雷蒙德·弗农的产品生命周期理论也可以用来解释国际直接投资。弗农认为，在本国市场开发了一种产品的企业常常会进行国际直接投资，进而在外国市场也生产这种产品以供消费。弗农的观点是，企业会在其开发的产品处于生命周期的某个特定阶段时进行国际直接投资。当其他发达国家的需求很大，足以支持当地的生产时，公司就会在这些国家投资。当产品的标准化和市场的充分供应引发价格竞争和成本压力时，公司就会将其转移到发展中国家。发展中国家的劳动力成本较低，因而降低成本的最好方法是在那里投资。

弗农的理论有一些优势。当外国的需求能够支持当地生产时，企业确实在这个国家投资，而且当成本压力上升时企业确实在低成本地区投资。然而，弗农的理论不能解释为什么在这样的阶段，企业进行国际直接投资更有利可图，而不是通过继续从本国出口或向外国公司实行技术授权来生产这种产品的方式。仅仅根据外国市场的需求大小并不足以支持在当地生产是最有利可图的这一结论。在国内生产，然后出口到国外仍然可能更有利可图。此外，向外国公司实行技术授权以生产这种产品，并在该地销售，也可能更有利可图。产品生命周期理论没有考虑这样的选择，而是简单地认为一旦外国市场的规模足以支持当地生产时，国际直接投资就会发生，这就造成了企业适用性的限制。

## 五、国际生产折中理论

国际生产折中理论是由英国经济学家约翰·哈里·邓宁（John H. Dunning）在1976年所撰写的一篇题为《贸易经济活动的区位与跨国企业：一种折中方法的探索》的论文中提出的。其理论核心由三项优势构成，继承了海默的垄断优势理论，吸收了内部化优势理论，邓宁加入了区位优势，又称 OLI 模型。

### （一）所有权特定优势

所有权特定优势表现为：一是企业独占无形资产（如商标、技术、管理经验等）所产生的优势，是可转让的优势；二是企业规模经济所产生的优势，是不可转让的优势。

### （二）内部化特定优势

内部化特定优势，指企业在内部运用自己的所有权优势，以节约或消除交易成本的能力。表现在企业缓和、克服中间品的特定性与外部市场机制矛盾的能力上，即东道国政府的政策限制，交易渠道不畅，为疏通而须付出高昂的费用。20世纪80年代后期，非股权安排方式成为跨国公司发挥内部化优势的重要方式。

### （三）区位特定优势

区位特定优势不是企业所拥有的，而是东道国拥有的，企业无法自行支配，而只能适应和利用这项优势，它包括：

（1）东道国不可移动的要素所产生的优势，如自然资源丰富、地理位置方便、人口众多等。

（2）东道国的政治经济制度、优惠政策、良好的基础设施等有利条件。

区位优势因素直接影响着跨国公司对外投资设厂的选址及整个国际化生产体系的布局。

因此，企业只有同时具备三种优势时，才会从事对外直接投资，形成跨国公司，即对外直接投资=所有权特定优势+内部化优势+区位特定优势。如果企业只具有所有权优势和内部化优势，只能在国内设厂和生产，出口产品；如果企业只具备所有权优势，而没有内部化优势和区位优势时，只能进行无形资产的转让。企业优势与进入国际市场的贸易方式选择如表3-5所示。

**表 3-5　企业优势与进入国际市场的贸易方式选择**

| 进入国际市场方式 | 所有权优势 | 内部化优势 | 区位优势 |
| --- | --- | --- | --- |
| 对外直接投资 | √ | √ | √ |
| 出口 | √ | √ | × |
| 技术转让 | √ | × | × |

赫奇模型（Hirsh Model）的理论基础是成本最小化原则，基本变量包括基本生产成本和特别生产成本。基本生产成本是生产过程中劳动、资源、技术以及其他生产要素投入的价值，是跨国公司的边际成本；特别生产成本对应于企业进入国际市场的三种方式所发生的成本。三种进入方式的选择如表3-6所示。

**表 3-6　赫奇模型关于三种进入方式的选择**

| 选择结果 | 选择条件 | 理由 |
| --- | --- | --- |
| 出口 | $C+M'<C'+A'$<br>$C+M'<C'+D'$ | 出口成本小于对外直接投资成本<br>出口成本小于技术许可成本 |
| 对外直接投资 | $C'+A'<C+M'$<br>$C'+A'<C'+D'$ | 对外直接投资成本小于出口成本<br>对外直接投资成本小于技术许可成本 |
| 技术许可 | $C'+D'<C'+A'$<br>$C'+D'<C+M'$ | 技术许可成本小于对外直接投资成本<br>技术许可成本小于出口成本 |

**注**　$C$表示在母国生产的基本成本；$C'$表示在东道国生产的基本成本；$M'$表示出口销售成本，包括运费、保险费、关税等费用，即与出口相关的信息成本；$A'$表示在国外经营的附加成本，即跨国公司对外直接投资时，由于本国和东道国的环境、文化和政治制度差异而产生的信息成本；$D'$表示技术知识耗费成本，即跨国公司采取技术许可方式时可能导致的技术优势丧失的风险成本。

## 六、雁行模式理论

雁行模式理论（Flying Geese Paradigm）是日本经济学家赤松要（Kaname Akamatsu，1896—1974）在1932年提出来的，主要用于说明日本的工业成长模式。赤松要认为，日本的产业通常经历了"进口—国内生产—开拓出口—出口增长"四个阶段，并呈周期循环。某一产业随着进口的不断增加，国内生产和出口的形成，其图形就如同三只大雁展翅翱翔，如图3-7所示。人们常以此表述后进国家工业化、重工业化和高加工度发展过程，并称为"雁行产业发展形态"。

在一国范围内，"雁行产业发展形态"先是
在低附加值的消费品产业中出现，然后才在生
产资料产业中出现，继而在整个制造业的结构
调整中都会出现雁行变化格局。

日本学者山泽逸平先生将赤松要先生的
"雁行产业发展形态"理论进行了扩展，提出了
引进→进口替代→出口成长→成熟→逆进口五

图 3-7　雁行模式理论

个阶段，从而更加详尽地展示出后进国家是如何通过进口先进国家产品和引进技术，建
立自己的工厂，进行生产以满足国内需求，不仅可供出口，而且后来居上取代"领头雁"
地位并最终实现经济起飞的。

在引进阶段，随着国外商品进入国内市场，该商品的国内需求也随之增加，同时，
开始进行技术引进和模仿并实施国产化试验。由于进口商品在质量和成本上占绝对优势，
因而该商品的国内市场被进口商品所垄断。

在进口替代阶段，随着国内需求的不断增加，该类商品利用引进技术及设备生产的
国产货以更快的速度扩大。由于生产规模的扩大和成本的降低而实现国内替代生产，于
是进口商品逐步被国产商品所替代。

之后，随着商品的国内需求增长速度的趋缓，使国产商品生产的继续扩大必须由出
口的增加来维持，就进入了出口成长阶段。

在成熟阶段中，国内需求下降，出口由慢速增长逐渐转化为负增长，这又导致国内
生产出现同样结果，出口的慢速增长和负增长，是其他更后进国家"追赶"战略的结果。

随着这一过程的进一步发展，更后进国家的廉价进口商品将逐渐占领国内市场，从
而导致国产商品生产的加速缩小，这就形成了最后的逆进口阶段。

第二次世界大战后初期，日本经济正处于恢复发展时期，日本各产业与欧美发达国
家相比存在很大差距。20 世纪五六十年代，日本工业化初期，主要出口丝绸、棉纱、棉
布等消费品，换取工业发达国家（主要是欧、美）的纺织机械等生产资料，以此装备本
国的纺织工业。相对而言，纺织工业的差距较小，属于相对比较优势。于是，日本将纺
织工业作为恢复的重点产业加以扶持。到 1946 年，日本纺织工业已发展成为整个制造业
的中心，其比重占制造业生产的 23.9%。1950 年，纤维及其产品等最重要的出口商品占
全部出口的 48.2%。轻纺产品的大量出口为重化工业、引进技术、更新设备以及购买原
材料提供了大量的外汇。

日本通过对进口纺织机械进行替代性生产，带动了日本机械工业的发展。机械工业
的发展又依次带动钢铁、机电等产业的发展。从 1955 年开始，日本逐步进入了现代经济
发展史上最为辉煌的高速发展时期。这一时期，日本开始将机械、石油化学、钢铁及有
色金属、合成纤维、汽车和电子等产业作为重点发展或优先发展的主导产业部门，利用
恢复时期扩大劳动密集型产品出口获得的外汇和资金，大规模引进欧美发达国家的先进

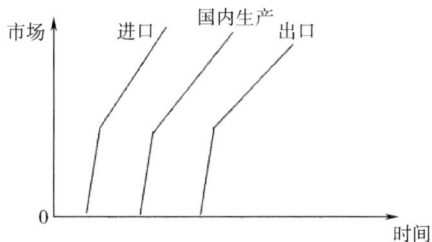

生产技术，实施赶超发展。

日本战后产业结构的优化升级是在追赶中进行的，追赶过程的产业结构调整，主要表现在通过加工贸易和提高原有产业的附加值率来强化资本积累，再用积累起来的资本引进新技术、发展新产业。新技术的引进和新产业的建立反过来又以更高效率的设备改造原有产业，或为原有产业提供更廉价的原材料，从而使原有产业在新的技术基础上继续存在或发展。

第二次世界大战后日本经济的发展过程本身就是日本产业结构由低级向高级的演变过程，这种演变集中表现在主导产业的更迭上。战后初期是矿业，20 世纪 50 年代是纺织和造船业，60 年代是钢铁、造船和家电等，70 年代是汽车和电器机械，80 年代是汽车、办公设备和电子计算机等，进入 20 世纪 90 年代以后，曾在日本经济中发挥作用的主导产业都已成熟，必须培养新的主导产业使其产业结构再上一个新的台阶。

## 七、比较优势理论

日本经济学家小岛清在 20 世纪 70 年代中期提出了比较优势理论。小岛清深入分析了战后日本企业对外直接投资和美国跨国公司对外直接投资的不同特点，提出了适合日本国情的对外直接投资理论"比较优势论"。小岛清认为，对外直接投资应从本国（投资国）已经处于或即将陷入比较劣势的产业，也可称为边际产业（这也是对方国家具有潜在比较优势的产业）依次进行。

在小岛清看来，对外直接投资可以分为"顺贸易型"和"逆贸易型"两种。顺贸易型对外直接投资，是指投资国把相对比较劣势的产业转移到对被投资国来说是相对比较优势的产业，这可以使被投资国因缺少资本、技术、经营管理技能等而没有显现出来的潜在比较优势发挥出来，从而带来贸易的扩大和经济福利的增强。与之相反，逆贸易型对外直接投资，是指投资国把比较优势的产业投向在被投资国看来是比较劣势的产业，从而将导致贸易的缩小和经济福利的损失。

日本的对外直接投资由于符合比较成本与比较利润率相对应的原则，直接投资的结果是扩大了双方比较成本的差距，日本的对外直接投资与贸易是互补的，直接投资扩大了对外贸易。日本制造业对外直接投资属于贸易创造型，不仅没有取代日本国内同类产品的出口，反而开辟了新市场，并带动了与此产品相关联的同系列产品的出口。日本对外直接投资是将在国内生产已处于比较劣势的部门，为了保持生产规模，到比日本更具有优势的国家生产，使国内产业结构更趋合理。

而美国的对外直接投资违反了比较成本与比较利润率相对应原则，美国从本国最具有比较优势的产业开始直接投资，结果是使双方的比较成本差异缩小，不利于贸易的扩大，与贸易是替代关系。逆贸易型对外直接投资，本质是以外国生产替代本国出口，这种逆贸易型的对外投资会使美国可供出口的具有比较优势的产品减少，引起国际收支不平衡。第二次世界大战后美国对外直接投资主要分布在制造业。

小岛清比较优势理论的核心观点是：

（1）一国应从已经或即将处于比较劣势的产业开始对外直接投资，并依次进行。

（2）主张在按照比较优势转移的过程中，应从技术差距最小的产业依次进行转移。

（3）应由技术差距较小的投资国中小企业作为这种转移的担当者，理由是技术差距越小，对投资国来说就越容易转移，对东道国来说就越容易吸收进来。

（4）直接投资伴随着技术、设备、管理方法等的转移，导致投资国与东道国的技术差距、管理差距趋于缩小，这意味着东道国利用外资的条件得到改善，吸收技术的能力有所提高。

（5）直接投资使东道国的比较优势充分发挥，利润增大。

（6）在生产过程中，某些环节如零配件的加工和组装，因发达国家处于劳动密集型生产劣势，故这些环节应该向国外转移。

（7）根据比较优势理论，从对外贸易的角度来说，具有比较优势的产品应当出口，而失去比较优势的产品应当进口。

（8）从对外直接投资角度讲，小岛清认为已经失去比较优势的部门应该对外直接投资，特别是那些早已陷入劣势的部门更应该走在对外投资的前列。

（9）贸易与投资的运动和决策都是以比较优势为基础，但方向正好相反。

（10）发达国家将部分产业对外转移时，是按照比较劣势的顺序依次进行的。

以日本为例，日本第一次大规模的制造业转移发生在 20 世纪 70 年代初，随着日本产业结构向重化工业转变，纺织业日渐衰落并开始向国外转移，以便确立资本密集型的钢铁、化工、汽车、机械等产业的主导地位。这一时期，以劳动密集型产业为对象的对外直接投资基本上流向具有更低成本优势和地理位置优势的新兴工业化国家（NIEs），而新兴工业化国家的劳动密集型产业经过 20 世纪 50 年代的进口替代发展，已具备一定的基础，开始转向实施出口导向型发展战略。新兴工业化国家具有低廉且高素质的劳动力资源，缺乏的是资本和技术。日本对其直接投资正好带来了资本和相应的技术。因此，新兴工业化国家成为日本产业转移的理想场所。

20 世纪 70 年代中期发生的两次石油危机，加速了日本将部分耗能多、原料需求量大的钢铁、造船和石油化学的生产也转移出去，其目的是确立技术密集型的电动机械、汽车、半导体等产业的主导地位。这一过程正好又与当时新兴工业化国家发展重化工业的战略相吻合，从而促进了新兴工业化国家重化学工业的发展。新兴工业化国家一方面积极承接日本的转移产业，并将部分劳动密集型产业转移到 ASEAN（东南亚国家联盟），以此促进产业结构升级，形成了产业的梯次转移结构。

20 世纪 80 年代中期，为了缓解对外贸易摩擦和日元升值的压力，日本的汽车及零部件、电气及电子行业再次扩大对新兴工业化国家的直接投资，从而较快地提高了新兴工业化国家汽车和电子行业的国际竞争力。

因此在 20 世纪 70~80 年代，日本对亚洲的直接投资一直沿着日本→新兴工业化国家和地区→东南亚国家及中国沿海地区→越南为序的产业调整递进的构想，以垂直梯度展开，即"雁行模式"，将日本已失去比较优势的产业通过投资和技术转移至亚洲诸国。在这种产业转移中，日本被看作是处于科学技术与经济的核心地位，通过资金技术的供应、市场吸收和传统产业的转移，带动该地区的经济增长；新兴工业化国家是直接投资中的承接者，它们积极利用日本的资金、技术、市场来发展资金和技术密集型产业，又将失去竞争力的劳动密集型产业转移到 ASEAN，也包括中国沿海地区。

运用国际直接投资（FDI）方式，实现先进国家（投资国）与后进国（被投资国）之间的动态产业转移。一方面表现在对外直接投资应该从先进国（投资国）已经处于或即将陷入比较劣势的产业依次进行，随着投资的扩大，先进国的产业结构不断升级。另一方面，这种边际产业对于后进国来说是具有潜在优势的幼稚产业，引进以后能够促进其生产力水平的提高，只有这种投资国与被投资国在产业转移上的相互衔接与互补，才能确保在两国之间形成最佳的资源配置，并带来产业结构的优化升级。

## 八、投资发展阶段论

邓宁于 1981 年提出了投资发展阶段论，说明在不同发展阶段的国家，其所有权优势、内部化优势和区位优势都是不相同的，对于资本的流出流入产生很大影响。

邓宁研究了 67 个国家 1967~1978 年直接投资与人均国民生产总值的关系，发现两者存在很密切的联系。邓宁将 67 个国家划分为四组：第一组是人均国民生产总值（GNP）低于 400 美元的最贫穷发展中国家，只有外资流入，而对外直接投资几乎等于零；第二组是人均国民生产总值为 400~2500 美元的发展中国家，外资流入在增长，但也开始有对外投资流出，投资净流量为负值；第三组是人均国民生产总值为 2500~3999 美元的国家，尽管净投资流量仍为负值，但数值在变小，投资流出速度上升快于外资流入速度的增长；第四组为人均国民生产总值在 4000 美元以上的发达国家，人均投资的净流量为正值，说明资本流入小于资本流出，是国际资本的主要输出国。

通过以上分析，邓宁根据各国直接投资和人均国民生产总值的不同，将直接投资发展分为四个阶段，如表 3-7 所示。

表 3-7　一国人均国民生产总值（GNP）与直接投资流入和流出的关系

| 经济发展阶段及<br>人均 GNP | 投资流入 | 投资流出 | 净投资 |
|---|---|---|---|
| 第一阶段<br>（人均 GNP<400 美元） | 外国企业所有权优势丰富<br>外国企业内部化优势丰富<br>本国区位优势较小 | 本国企业所有权优势缺乏<br>本国企业内部化优势缺乏<br>外国区位优势缺乏 | 无 |
| 第二阶段<br>（人均 GNP 400~2500 美元） | 外国企业所有权优势丰富<br>外国企业内部化优势丰富<br>本国区位优势上升 | 本国企业所有权优势较小<br>本国企业内部化优势较小<br>外国区位优势开始出现 | 负数<br>（增加） |

续表

| 经济发展阶段及<br>人均 GNP | 投资流入 | 投资流出 | 净投资 |
|---|---|---|---|
| 第三阶段<br>（人均 GNP 2500~3999 美元） | 外国企业所有权优势下降<br>外国企业内部化优势丰富<br>本国区位优势下降 | 本国企业所有权优势上升<br>本国企业内部化优势增加<br>外国区位优势上升 | 负数<br>（下降） |
| 第四阶段<br>（人均 GNP>4000 美元） | 外国企业所有权优势下降<br>外国企业内部化优势下降<br>本国区位优势下降 | 本国企业所有权优势上升<br>本国企业内部化优势丰富<br>外国区位优势上升 | 正数 |

第一阶段，处于该阶段的国家没有直接投资流出，这是因为这些国家缺乏所有权优势和内部化优势。直接投资流入也很少是因为它们的区位优势较小。

第二阶段，由于实施进口替代政策，基础设施有所改善，区位优势有所增加，造成直接投资流入增加，但该国企业所有权优势增长仍很有限，直接投资流出很少，且集中在周边国家。

第三阶段，本国企业所有权优势和内部化能力大大增强，因而对外直接投资流出大幅度增加，该国开始真正成为对外直接投资国。与此同时，外国投资者的所有权优势和该国的区位优势下降，使外国企业必须更多地利用和增加自身的内部化优势。

第四阶段，处于该阶段的国家是国际投资的净流出国。这些国家的企业具有很强的所有权优势和内部化能力，也能很好地利用国外的区位优势。

## 背景知识

### 近 10 年，我国对外直接投资发展取得积极成效

党的十八大以来，我国坚持新时代对外开放战略，发展更高层次开放型经济，推动对外直接投资规模由小到大，结构不断优化。近 10 年来，我国对外投资合作量质齐升，在促进互利共赢、提升国际竞争力等方面发挥了显著的积极作用。

**我国对外直接投资近 10 年发展特点**

数量上，投资规模持续扩大。2012 年至 2020 年，我国对外直接投资年均增长超过 7%，已连续九年位列全球对外直接投资流量前 3 位。根据联合国贸发会议《2021 年世界投资报告》公布的各国数据测算，2020 年我国对外直接投资首次跃居至第一位，规模达到 1537 亿美元，较 2019 年增长 12.3%。我国对外直接投资占同期全球对外直接投资流量的份额由 2012 年的 6.3% 持续提升至 2020 年的 20.2%，对世界经济的贡献日益明显。即使在形势复杂严峻的 2021 年，国际收支平衡表数

据显示，我国对外直接投资仍然保持较大规模，为1280亿美元。联合国贸发会议数据显示，2020年末，我国对外直接投资存量达2.6万亿美元，是2012年末的近5倍，占全球比重由2012年的2.3%提升至6.6%，排名由第十三位攀升至第三位，仅次于美国（8.1万亿美元）、荷兰（3.8万亿美元）。国际投资头寸表显示，2021年末，我国对外直接投资存量稳定在2.6万亿美元。

质量上，投资结构不断优化。一是投资领域日趋广泛。截至2020年末，存量投资八成以上分布在六大行业，包括：租赁和商务服务业（占总存量的32.2%）、批发和零售业（占13.4%）、信息传输、软件和信息技术服务业（占11.5%）、制造业（占10.8%）、金融业（占10.5%）和采矿业（占6.8%），并且我国对外直接投资已覆盖国民经济所有行业类别。二是投资地域日益多元化。截至2020年末，我国对外直接投资存量分布在全球189个国家（地区），占全球国家（地区）总数的81.1%。

### 我国对外直接投资近 10 年发展成效

持续提升对外投资合作，互利共赢效果凸显。我国始终坚持对外开放基本国策，坚持"引进来"和"走出去"并重，不断加大对外投资的力度、深度与广度，带动产品、服务与技术出口，促进国内产业结构调整，互利共赢效果凸显。2020年，境外中资企业向投资区域缴纳税金合计445亿美元，雇用外方员工218.8万人，占境外企业员工总数的60.6%。境外中资企业实现销售收入2.4万亿美元，对外投资带动我国货物出口1737亿美元。

持续推进企业、金融服务"走出去"，有力提升国际竞争力。一是中资企业国际化水平显著提升。2021年，中国企业联合发布会发布的"中国100大跨国公司榜单"显示，我国100大跨国公司海外资产总额高达9.4万亿元，海外营业收入6.6万亿元，海外员工总数约118.5万人。2021年度《财富》杂志发布的世界500强企业名单中，中国企业143家。二是带动金融机构提升服务竞争力。截至2020年末，我国主要大型商业银行已在51个国家（地区）开设105家分行、62家附属机构，中国在境外设立保险机构18家。

近10年来，我国对外直接投资稳步健康发展，为深化国际经贸合作、推动构建开放型世界经济作出了积极贡献。未来我国将坚定不移地扩大改革开放，积极推动对外投资合作迈向更高水平，有效实现内外联动、资源共享，从更广阔的市场汲取动力，也让发展成果惠及世界。

资料来源：国家外汇管理局，《2021年中国国际收支报告》，由作者整理。

# 第四节　区域经济一体化理论

区域经济一体化就是国家之间通过协调，相互转换利益，并结合成为一个统一整体，以实现共同的政策和共同的措施。区域经济一体化类型包括：自由贸易区、关税同盟、共同市场、经济同盟和完全经济一体化五种。

## 一、关税同盟理论

关税同盟的经济基石是统一对外关税。关税同盟取消了各成员国之间的进口关税，但对非成员国设置了统一的关税。以下为 X 商品在 A、B、C 三国，在自由贸易情况下的生产成本和进口成本，以及成立关税同盟之后的生产成本与进口成本的简单模式。

### （一）贸易创造

贸易创造（Trade Creation）是指用贸易伙伴便宜的进口商品来取代国内需要用较高成本生产的产品。

假设1：在自由贸易情况下，X 商品，在 A 国是成本最高的生产者，C 国是成本相对最低的生产者，A 国自己不会生产，明显会从 C 国进口。这时 A 国不会与 B 国发生贸易，如表 3-8 所示。

表 3-8　自由贸易情况下　　　　　　　　　　　　　　单位：元

| 国家 | A 国 | B 国 | C 国 |
|---|---|---|---|
| X 商品价格 | 35 | 26 | 20 |

假设2：在保护贸易情况下，A 国对 X 商品设有进口关税，进口税率为100%，这时 A 国从国内经济的角度考虑在本国生产更为有利。因此，A 国不会从 B 国和 C 国进口，只能自己生产，如表 3-9 所示。

表 3-9　保护贸易情况下　　　　　　　　　　　　　　单位：元

| 国家 | A 国 | B 国 | C 国 |
|---|---|---|---|
| X 商品价格 | 35 | 26 | 20 |
| 100%关税 | — | 52 | 40 |

假设3：如果 A、B 两国建立了关税同盟，相互间商品贸易为零关税，而 A 国不再自

已生产 X 商品，改为从区内成本较低的 B 国进口，但 B 国并非世界生产成本最低的国家。由此，B 国向 A 国出口 X 商品，A 国为 B 国创造了贸易机会，这就是关税同盟所产生的"贸易创造"效果，如表 3-10 所示。

表 3-10 A、B 两国建立关税同盟后 单位：元

| 国家 | A 国 | B 国 | C 国 |
|---|---|---|---|
| X 商品价格 | 35 | 26 | 20 |
| 100% 关税 | — | — | 40 |

建立关税同盟以后，同盟内部实行自由贸易，对区外建立统一的贸易壁垒，在比较优势基础上使生产更加专业化，这样关税同盟某一成员国（A 国）国内生产的部分产品，将被同盟内部其他生产该产品成本较低的生产者（B 国）所取代。其结果为，以前受到歧视的生产者 B 国，将会成为同盟内部该产品的供应商，那么贸易就会被创造出来。因而，取消关税如同减少运输成本一样，使贸易得以扩大，并有助于成员国之间的合理分工，加强各自产品的比较优势，实现规模经济效益。

### （二）贸易转移

贸易转移（Trade Diversion）是指用一体化成员国成本较高、较昂贵的进口商品取代非成员国较为便宜的进口商品。

假设 1：在保护贸易情况下，A 国 X 商品进口关税为 50% 的情况下，A 国仍然发现从 C 国进口比在其国内生产要便宜，这时 A 国不会自己生产，而是从 C 国进口，如表 3-11 所示。

表 3-11 保护贸易情况下 单位：元

| 国家 | A 国 | B 国 | C 国 |
|---|---|---|---|
| X 商品价格 | 35 | 26 | 20 |
| 50% 关税 | — | 39 | 30 |

假设 2：如果 A 国同 B 国建立了关税同盟，A、B 两国之间的贸易为零关税，这时 A 国就由原来从 C 国购买 X 商品转向从 B 国购买，贸易的结果对 A 国来说是改变了贸易伙伴，因而出现了"贸易转移"，如表 3-12 所示。

表 3-12 A、B 两国建立关税同盟 单位：元

| 国家 | A 国 | B 国 | C 国 |
|---|---|---|---|
| X 商品价格 | 35 | 26 | 20 |
| 50% 关税 | — | — | 30 |

关税同盟建立前，各国从世界上生产效率最高、成本最低的国家进口产品；关税同

盟建立后，取消成员国之间的关税，某个成员国（B 国）变为同盟内部成本相对较低的生产者，它就可以从同盟外部最低成本的生产者手中夺走生意，这就发生了贸易转移。贸易转移可以推进成员国的商品生产，扩大了成员国之间的贸易，同时限制了成员国同非成员国之间的贸易。

### （三）出现"贸易创造"或"贸易转移"的三种可能性

第一种：如果 A、B 两国都不生产 X 商品，而是从第三国进口，那么 A、B 两国组成关税同盟后，不会出现贸易创造和贸易转移效应，两国都将继续从同盟以外的最便宜的来源进口这种商品。

第二种：A、B 两国建立关税同盟，B 国在关税同盟的保护下，X 商品以零关税在成员国之间自由流通，这样关税同盟就起到了保护 B 国较低效率的 X 商品的生产，出现"贸易转移"结果。

第三种：A、B 两国都是效率较低的 X 商品生产国，在关税同盟的保护下，A、B 两国之间取消了关税，将会使其中一个效率相对较高的国家获得同盟内部的市场，成为 X 商品的同盟内部的供应商，出现"贸易创造"效果。

因此可以得出结论：当关税同盟国家生产互补性商品时，即两国生产的商品种类不重叠，一旦关税同盟形成，其中一国被保护的落后工业所生产的商品有可能获得关税同盟的整个市场。当关税同盟国家所生产的商品在种类上重叠时，其中一个相对效率较高的国家有可能获得关税同盟的市场，资源的重新配置就会按照一个合理的方向发展。

### （四）关税同盟产生的两种基本效益

#### 1. 规模经济

许多欧洲小国人口少，无法达到规模经济，只有当市场扩大时，企业才能拓展生产规模，从而获得大规模生产所需的经济效益，平均生产成本也随着产量的增加而降低。因此，小国将比大国从组成关税同盟中获得更多的利益。

#### 2. 生产要素的自由流动

随着关税同盟的组成，经济效益将会增加，资本和劳动力更加自由地流动。劳动力与资本从生产率较低的地区移向生产率较高的区域。

但某一成员国在一体化组织中究竟能获得多大好处，其利弊得失在很大程度上取决于其产品的互补性和在同盟内所处的地位及经济实力。

## 二、大市场理论

系统提出大市场理论的代表人物是提勃尔·西托夫斯基（Tibor Scitovsky，1910—2002）和德纽（J. F. Deniau）。该理论主要是针对共同市场而言的，其规模经济和激化竞争的观点也比关税同盟论述的一体化要进一步。

### (一) 大市场理论的主要内容

(1) 通过建立共同市场,使国内市场向统一的大市场延伸。市场的扩大使市场上的竞争更加激烈,而市场的优胜劣汰必将促进企业之间的分化,一些经营不善的小企业被淘汰,一些具有技术优势的企业则最终在竞争中获胜并扩大经营的规模,实现了规模经济和专业化生产。

(2) 企业生产规模的扩大以及激烈的市场竞争必将降低商品生产的成本和销售价格,而价格的下降会导致市场购买力的扩大和居民实际生活水平的提高。

(3) 市场购买力的扩大和居民实际生活水平的提高反过来又会进一步促进投资的增加和规模的扩大,最终会使经济开始滚雪球式的扩张。

### (二) 大市场理论的结论

大市场理论的结论是,共同市场的建立会促进和刺激经济的良性循环,带动经济蓬勃发展。

## 三、协议性国际分工原理

协议性国际分工原理是由日本经济学家小岛清提出来的,他认为根据竞争结果按比较优势理论进行分工,可能会导致各国企业的垄断和集中,影响共同休内部分工的协调与贸易的发展。如果要完全实现规模经济利益,则必须进行成员国之间的协议性国际分工。

在成本递减的现实经济条件下,成员国可以通过协议性国际分工,各自分工生产一部分产品,而将另外一些产品的市场让给其他成员国,这样各国的生产规模会成倍地扩大,商品的成本与价格会大幅下降,市场需求量也会增加,这种分工会使成员国获得较好的规模经济利益。

另外,他还提出达成协议性分工应具备以下条件:①达成协议的国家或地区的资本劳动禀赋比例差异不大,工业化水平和经济发展阶段大致相等。②协议性分工的对象产品在每个国家或地区都能生产而且必须是能获得规模经济效益的产品。③协议分工的产品在每个国家或地区生产的利益差别不大,即任何一方的让与都不会产生太大的经济损失。

## 小结

主要介绍了国际分工理论、保护贸易政策理论、直接投资理论和区域经济一体化理论的主要观点,并具体讲述了绝对成本论、比较成本论、要素禀赋理论、产品生命周期论、重商主义理论、保护幼稚工业理论、对外贸易乘数理论、战略贸易理论、新贸易理论、国际生产折中理论、波特钻石理论、投资发展阶段论、贸易创造效果和贸易转移效果等内容。

## 复习与思考

（1）简述重商主义理论不能长期符合设想的原因。

（2）运用生产要素禀赋理论分析我国纺织品服装出口的要素密集型特征。

（3）运用产品生命周期理论，解释各种类型的国家在产品生命周期不同阶段的竞争优势。

（4）用国际生产折中理论分析我国纺织服装生产企业"走出去"发展的区位选择。

（5）用关税同盟理论分析中国—东盟自由贸易区建成后，对我国纺织品服装出口贸易创造的效果及影响。

（6）用国家竞争优势理论分析我国纺织品适合出口还是进口。

## 参考文献

［1］陈洁民，于岚．国际贸易［M］．北京：化学工业出版社，2008.

［2］郭燕．后配额时代的中国纺织服装业［M］．北京：中国纺织出版社，2007.

［3］查尔斯·希尔．国际商务［M］.9 版．王蕾，等译．北京：中国人民大学出版社，2013.

［4］韩玉军．国际商务［M］．北京：中国人民大学出版社，2011.

［5］冯宗宪，若夫·米尔斯，艾迪·王．国际商务［M］．北京：高等教育出版社，2011.

［6］彭维刚．全球商务［M］.3 版．易靖韬，译．北京：中国人民大学出版社，2016.

［7］赵春明，等．国际贸易理论的传承与发展［M］．北京：经济科学出版社，2017.

［8］陈晓文．国际贸易理论发展思路及新趋向［J］．国际商务——对外经济贸易大学学报，2010（6）：34-38.

［9］余智．"新—新国际贸易理论"的最新发展［J］．经济学动态，2013（1）：112-117.

［10］王珏，吕佳，刘夏明．国际商务理论在新兴经济体研究中的应用与发展［J］．国际贸易问题，2019（1）：160-174.

# 第三篇　国际纺织品服装贸易壁垒

贸易壁垒是指一个国家为限制外国商品进口而设置的贸易障碍。20 世纪 90 年代以来，国际贸易壁垒逐渐出现了绿色化（借环境保护之名，行贸易保护之实）、技术化（技术标准成为最为复杂、苛刻的贸易壁垒）、政治化（发达国家利用人权、劳工标准阻挡低成本产品进口）、灰色化（如滥用反倾销规则使其演化为新的贸易壁垒等）的趋势。

贸易壁垒分为传统贸易壁垒和新贸易壁垒。传统贸易壁垒是指传统的关税壁垒和传统的非关税壁垒，如高关税配额、许可证、反倾销等。而新贸易壁垒指以技术性贸易壁垒为核心，包括绿色壁垒和社会壁垒在内的所有阻碍国际商品自由流动的新型非关税壁垒。区别新贸易壁垒与传统贸易壁垒的根本特征是：传统的贸易壁垒主要对商品的进口数量和价格实行限制，更多地体现在商品的商业利益上，所采取的措施也大多是边境措施；而新贸易壁垒往往着眼于商品数量和价格等商业利益以外的东西，更多地考察商品对人类的健康、安全以及环境的影响，体现的是社会利益和环境利益，采取的措施不仅是边境措施，而且还涉及国内政策和法规。新贸易壁垒包括技术性贸易壁垒、绿色壁垒和社会壁垒。

由于纺织品服装是国际贸易中受到进口限制最多的产品之一，对其设置的壁垒繁杂。因此，国际纺织品服装商务中的贸易壁垒始终是业界关注的焦点，特别是中国作为全球纺织品服装的最大出口国，频频遭到各种贸易壁垒的限制，极大地影响了我国纺织品服装的出口。所以，本篇主要针对纺织品服装商务中的各种壁垒加以介绍。

## 背景知识

### 纺织商会助企减少贸易摩擦损失
（2022 年 7 月 29 日）

今年以来，在国内外形势复杂多变的背景下，贸易摩擦频发给我国纺织服装企业带来了不小的压力。努力捍卫企业利益，为纺织服装出口保驾护航，对于稳外贸至关重要。

数据显示，今年上半年，中国纺织服装共遭遇 9 起贸易救济调查，案件数量同比上升 28%，分别涉及欧盟、秘鲁、土耳其、巴西和印度尼西亚。涉案金额合计为 16.3 亿美元，同比上升 27%。这 9 起贸易救济调查案件包括了秘鲁 100%涤纶面料反倾销调查、欧盟针对浙江海利得新材料股份有限公司单独反倾销调查 2 起原审案件、土耳其尼龙或其他聚酰胺纱线保障措施复审调查、巴西针织布第二次反倾销日落复审调查、欧盟聚酯高强力纱第二次反倾销日落复审调查等 7 起复审案件。

自今年年初以来，中国纺织品进出口商会借助平台优势和行业地位，积极做好贸易摩擦案件组织应对工作，力争将损失降到最小。"目前，2019 年启动的巴西聚酯纤维纱线（缝纫线除外）反倾销案和秘鲁服装保障措施案的行业抗辩暂未结案，欧盟针对聚酯高强力纱同一类产品发起了 3 起调查，这些案件的处理成为今年上半年纺织商会工作的重点。"中国纺织品进出口商会副会长王宇表示。

**组织企业参与行业抗辩**

2021 年 3 月 8 日，巴西调查当局对聚酯纱线启动的反倾销调查案件立案，2021 年 9 月 29 日对倾销、损害、因果关系、公共利益等问题作出初步裁定，决定继续调查且不采取临时措施。在此项调查案件应对过程中，纺织商会积极组织企业参与行业抗辩。王宇介绍："为争取对中国企业的有利裁决，纺织商会紧跟案件相关各项国内外政策，自去年下半年起先后两次召开应诉工作会议，主动突破对方对认定我利益相关方地位设置的重重障碍，及时递交行业无损害抗辩意见，从公共利益方面进行抗辩，尽力推动巴方调查当局使用中国企业的生产成本和内销数据，同时动员巴方进口商及下游用户进行游说。"目前，该案件还未发布终裁结果。

作为秘鲁重要工业类别之一，纺织服装行业是其经济发展的重要力量。2020 年以来，受疫情的影响，秘鲁纺织业遭受重创。随着疫情逐步放缓，秘鲁加快经济复苏步伐，为保护国内纺织服装产业发展，继续启动贸易救济调查。2021 年 12 月，秘鲁对从中国进口的纺织服装发动第二次保障措施调查。对此，纺织商会及时组织涉案企业召开网络应诉协调会，最终有 11 家企业决定参与纺织商会组织的行业无损害抗辩。

"为应对该案件，今年上半年纺织商会采取了一系列重点举措，包括撰写初步产品排除建议、对行业代表性进行公证认证并对涉案产品近三年进出口情况进行统计分析、先后三次针对临时措施和产品排除以及立案公告和技术报告提交抗辩意见等。"王宇介绍，此外，纺织商会还代表行业向秘鲁三部委发函，就案件处理和临时措施发表意见。中国驻秘鲁使馆经商处配合国内多次与秘鲁调查机关和有关部委交涉，反对征税。在各方的共同努力下，今年 5 月 14 日，秘鲁政府发布官方公告，秘鲁多部门委员会裁定不采取临时措施，避免临时征税措施对企业的不利影响，案件将于近期发布终裁。

### 提前做好案件预警工作

今年以来，欧盟对中国出口的聚酯高强力纱产品分别启动了 3 起调查：2 月 23 日发动第二次日落复审调查、6 月 30 日发动针对行业的反倾销期中复审调查和单独针对海利得集团发起反倾销调查。3 起调查涉及中国对欧盟出口金额高达 2.35 亿美元，关乎企业重大利益。

为此，纺织商会先后两次组织企业召开应诉协调会。王宇分析认为，"就日落复审调查来看，欧盟一般不修改现有税率，而是通过判断倾销和损害是否会继续或再度发生，决定取消或延续原有措施，这无疑增加了涉案企业的应对难度和企业参与应对的积极性。针对这一情况，纺织商会在应诉协调会上向企业详细介绍了 2017 年 12 月欧盟修改反倾销法规后所采取的新的调查方式，以及欧盟市场出现的新变化，并详细了解了企业近期出口情况。而就反倾销期中复审和单独针对企业反倾销调查这 2 起调查而言，在综合企业应诉意愿基础上纺织商会未组织行业抗辩，但由于纺织商会提前发布案件预警信息并及时召开应诉协调会，而主要涉案企业都按时递交了抽样卷，因此也避免遭受惩罚性关税。同时，各主要出口企业也纷纷决定参与倾销抗辩，主动抓住时机，力争最好结果"。

记者了解到，虽然今年上半年纺织服装行业贸易救济调查案件频发，但与 2020 年遭遇案件高达 22 起、为近十年案件数峰值相比，目前来看还基本处于常态化水平。据纺织商会预计，本年度纺织服装行业贸易救济调查案件总量将继续与去年同期持平。未来，纺织商会将一如既往在"四体联动"机制中发挥积极作用，密切跟踪涉案产品进出口情况变化，提前做好前期案件预警工作，及时组织企业参与案件应诉协调工作，切实为企业、为行业的可持续发展贡献力量。

资料来源：刘叶琳. 借助平台优势和行业地位，纺织商会助企减少贸易摩擦损失［N］. 中国商务新闻报，2022-7-29.

# 关税壁垒和非关税壁垒

**课程名称：**关税壁垒和非关税壁垒

**课程内容：**1. 关税壁垒

2. 非关税壁垒

3. 反倾销措施、反补贴措施和保障措施

**课程学时：**6 课时

**教学要求：**2005 年 1 月 1 日 WTO《ATC 协议》的终止，长达 30 多年的全球纺织品
服装进口配额随即取消，国际纺织品服装进入零配额时代，但其他贸易
壁垒仍然存在，如进口关税、反倾销、反补贴、保障措施等，并日益影
响到我国纺织品服装的出口。通过本章的学习，达到了解和掌握相关贸
易壁垒的目的。

# 第四章 关税壁垒和非关税壁垒

## 第一节 关税壁垒

### 一、关税的概念

关税（Customs Duties，Tariff）是进出口商品经过一国关境时，由政府所设置的海关向进出口商征收的一种税收。

出口关税由本国出口商负担，进口关税是向本国进口商征收。因此，通过提高关税可以达到限制某种商品进出口的目的。无论进口关税还是出口关税都是以本国货币来支付。

关税属于间接税。因为关税主要是对进出口商品征收，其税赋是由进出口商垫付税款，然后把它作为成本的一部分加在货价上，这样关税负担最后转嫁给买方或消费者承担。

关税调节进出口贸易的作用是通过制定和调整关税税率来实现的。

### 二、关税的种类

#### （一）进口税

进口税（Import Duties），是指进口国家的海关在外国商品输入时，对本国的进口商所征收的关税，也称为正常关税（Normal Tariff）或正税，是列在海关税率表当中，并以进口国货币征收的。正常的进口税可分为两种：最惠国税是适用于来自与该国签订最惠国待遇原则的双边或多边的贸易协定国家或地区进口的商品，税率较低；普通税是适用于来自与该国没有签订贸易协定的国家或地区的进口商品，税率较高。

#### （二）出口税

出口税（Export Duties），是指出口国家的海关在本国产品输往国外时，对本国出口商所征收的关税。目前，大多数国家对出口商品都不征收出口税，认识到征收出口税不利于本国商品的出口竞争。

### （三）进口附加税

进口附加税（Import Surtaxes），指在海关税则中规定的正税之外，额外征收的关税。进口附加税是不列在一国海关税则中的，是一种特定的临时性措施，在以下情况下才会征收：为应付国际收支危机，维持进出口平衡；防止外国商品以低价倾销；对其他国家采取报复或歧视行为等。

### （四）特惠税

特惠税（Preferential Duties），又称优惠税，指对某一国家或地区进口的全部或部分商品，给予特别优惠的低关税或免税待遇。但它不适用于从非优惠国家或地区进口的商品，特惠税大多是非互惠的，即享受这一待遇的国家不必向该待遇的提供国予以"反向优惠"。一般对实行优惠税的进口产品，进口国要求出口国出示"原产地证明书"。

特惠税开始于宗主国与殖民地附属国之间的贸易，如在"洛美协定"中，欧盟向发展中国家的参加国提供单方面的优惠待遇，这些国家包括非洲、加勒比海沿岸和太平洋地区的发展中国家。

### （五）普遍优惠制

普遍优惠制是发达国家给予发展中国家的一种贸易优惠形式。根据普遍优惠制，发达国家和地区对发展中国家出口的制成品或半制成品给予普遍的、非歧视的、非互惠的关税优惠制度。

普遍优惠制的设想最初由阿根廷经济学家罗尔·雷比查提出。他在向 1964 年召开的联合国贸易与发展会议提交的报告中提出：不发达国家出口的缓慢增长与工业发达国家制成品需求量的急剧增加不吻合，并建议发达国家对发展中国家出口的产品给予免税优惠，还强调上述免税优惠符合保护弱小和新兴工业的原则。目的在于扩大发展中国家工业产品的国外市场，降低工业产品的成本。但在会议结束后，澳大利亚单方面宣布对来自不发达国家的 60 种商品实行优惠待遇。

1968 年联合国贸易发展委员会第二次会议在印度新德里召开，与会各国通过决议，原则上同意建立普遍优惠制度。然而在具体问题上，发达国家与发展中国家并未达成协议。发达国家仅表示一致行动给予发展中国家普惠制，具体执行措施是根据各发达国家规定的各自普惠制方案来实施的，其方案有效期为 10 年，有效期结束后，经过全面审议，决定后再延长。

普遍优惠制现已在世界上实施了 40 多年，目前，全世界共有 150 多个发展中国家及地区享受普遍优惠制待遇，有 27 个发达国家成为给惠国。

（1）普遍优惠制的原则：普遍的、非互惠的、非歧视的。

（2）普遍优惠制的目标：增加发展中国家出口收益，促进发展中国家工业化进程，加速发展中国家的经济增长率。

（3）普遍优惠的作用：普遍优惠制的作用是通过关税削减产生的价格影响来体现的。一般说来，由于给惠国减免关税的差价，使受惠国出口商品的价格具有更大的竞争力，吸引进口商向受惠国购买更多的受惠产品，从而扩大了受惠国家制成品和半制成品的出口。

普惠制的税率不仅低于一般税率，而且低于最惠国税率，甚至是免税的。虽然减免税的直接利益为给惠国的进口商所得，但改善了受惠国产品的竞争条件，有利于受惠国的制成品和半制成品对给惠国的出口，增加外汇收入，所以许多发展中国家都尽可能地充分利用普惠制以改善自己的国际收支状况。

综上所述，在各国海关税则的进口复式税则中，最多不外乎有四种税率，按照其税率的高低排列顺序为：最高的税率是普通税率；次高的是最惠国税率；次低的是普遍优惠税率；最低是特惠税率。

## 三、关税征收方法

按照关税的征收可分为四种方法：从量税、从价税、混合关税及选择关税。

### （一）从量税

从量税（Specific Duties）是以货物的计量单位为标准计征的关税。计量单位包括重量、长度、面积、体积、容量等，而以重量单位为标准计征关税较为常见。在许多国家的海关税则中都列有以计量为单位计征的从量税率。从量税的计算公式为：

$$从量税税额 = 商品数量 \times 从量税率$$

如毛线每磅征收从量税为 0.5 美元，一批毛线共 28000 磅，该批毛线的从量税额为：$28000 \times 0.5 = 14000$（美元）。

### （二）从价税

从价税（Ad Valorem Duties）是按照进口商品的价格为标准计征的关税，其税率表现为货物价格的百分率。从价税税额的计算公式为：

$$从价税税额 = 进口商品的完税价格 \times 从价税率 （\times 汇率）$$

如美国对羽毛制品进口征收从价税，普通税率为 60%，最惠国税率为 4.7%。

从价税的税额与商品的进口价格有直接关系，它与商品进口价格的多少成正比关系，其税额是随货物价格的上下波动而变动的。因此，在征收从价税时，较为复杂的问题是确定进口商品的完税价格。

完税价格是经海关审定作为计征关税的货物价格，它是决定税额多少的重要因素。各国所采用的完税价格标准并不一致，但大体概括为以下三种：

（1）以成本加运费和保险费的 CIF 价格。

（2）以装运港船上交货价格即 FOB 价格。

（3）以法定价格作为征税价格标准。

### （三）混合关税

混合关税（Mixed or Compound Duties）是对某种进口商品，采用从量税和从价税同时征收的一种方法。即在海关税则中对某一商品同时规定从价税率和从量税率两种税率标准，两者分别计算，相加后同时征收。混合关税的税额计算公式为：

混合关税税额＝从价税税额＋从量税税额

如美国、加拿大等一些发达国家对其部分进口商品都同时订有从量税和从价税两种标准。在加拿大海关税则中的"链扣和领扣"将从价税率和从量税率同时列出：最惠国税率为 12.6% 的从价税，每罗（即 12 打）5 分钱的从量税；普惠制税率为 8% 的从价税和每罗 3.3 分钱的从量税；北美自由贸易协定优惠税率为 6.3% 的从价税和每罗 2.5 分钱的从量税。

如一批羊毛共 20000 磅，完税价格为 170000 美元，混合税率为每磅 0.5 美元和 50% 的从价税，混合税税额＝20000×0.5+170000×50%＝95000（美元）。

### （四）选择关税

选择关税（Alternative Duties）是对一种进口商品同时订有从价税和从量税两种税率，分别计算，但选择其中的一种税额较高的税率或税额较低的税率来征收进口关税的方式。

如日本对坯布的进口征收最惠国税率为 7.5% 的从价税或每平方米 2.6 日元的从量税，但选择较高的一种来征收。

# 第二节　非关税壁垒

## 一、非关税壁垒的含义

非关税壁垒（Non-Tariff Barriers，NTBs），指除关税以外的一切限制进口的各种措施。

## 二、非关税壁垒的特点

### （一）非关税壁垒比关税壁垒在限制商品进口方面具有更大的灵活性和针对性

非关税壁垒是一国通过行政手段制定的，其程序较为简便，只要本国政府机构批准同意方可加以实施，并能随时针对某些商品采取相应的限制进口措施，可较快地达到限制进口的目的。

## （二）非关税壁垒比关税壁垒更能直接限制进口的目的

如对轿车进口设置高关税，如果国内消费者愿意支付高额税赋，限制进口的作用就不明显，而通过对进口轿车规定进口配额，就可直接限制进口总量。

## （三）非关税壁垒比关税壁垒更具有隐蔽性和歧视性

如美国原来对进口西红柿直径规定不得小于2.5英寸，这一措施从表面上看是对这种商品进口的规定，但实际是针对来自墨西哥出口的西红柿而设置的。

# 三、非关税壁垒的种类

据统计，非关税壁垒种类多达上千种，其种类繁多，覆盖面很广。

## （一）进口配额制

进口配额制（Import Quotas System），又称进口限额，是一国政府在一定时期内，对于某项商品进口的数量和金额所加以的直接限制。在规定的期限内，配额以内的货物可以进口，超配额不准进口，或征收较高的关税或罚款后才能进口。

实行进口配额制，其作用的大小取决于进口配额规定的高低。规定的配额高，允许进口的商品数量就多，限制作用就小；规定的配额低，允许进口的商品数量就少，限制作用就大，所以配额高低和对进口的限制作用大小成反比关系。根据进口配额制对进口商品数量的限制方式的不同，又分为以下两种主要形式，如图4-1所示。

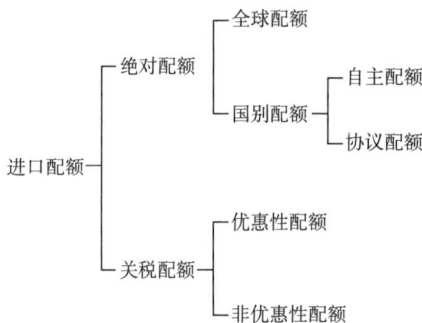

图4-1 进口配额制对进口商品数量的限制方式

### 1. 绝对配额

绝对配额（Absolute Quotas）是在一定时期内，对某些商品的进口数量或金额规定一个最高额数，达到这个额数后，便不准进口。

绝对配额根据实施过程中发放的方式不同，又可细分为以下两种：

（1）全球配额（Global Quotas）：即对世界任何国家和地区的出口商一视同仁，符合WTO的非歧视原则。如WTO允许各国对农产品、纺织品实行关税配额。

主管当局通常按进口商的申请先后或过去某一时期的进口实际额批给一定的额度，直至总配额发放完为止，超过总配额就不准进口。

由于全球配额不限定进口国别或地区，在配额公布后，进口商竞相争夺，并可以从任何国家和地区进口。

（2）国别配额（Country Quotas）：即在总配额内，按国别和地区分配给固定的配额，超过规定的配额便不准进口。为了区分来自不同国家和地区的商品，在进口商品时进口商必须提交原产地证明书。实行国别配额可以使进口国根据它与有关国家和地区的政治、经济关系分配不同的额度。

国别配额不得转让，当年的配额用完后，就宣布停止进口。国别配额的特点是各输出国所受到的待遇不同。输入国可以利用这一制度来给予特定国家和地区以某种优惠，或对另外一些国家实行排斥与报复行为。一般来说，国别配额可以分为自主配额和协议配额。①自主配额（Autonomous Quotas）：也称单边配额，是由进口国家完全自主地、单方面强制规定在一定时期内，从某个国家或地区进口某种商品的配额，这种配额的多少不需征得输出国家的同意。由于各国或地区所占比重不一，得到的配额有所差异，所以进口国可以用这种配额贯彻国别政策。目前，美国在每年纺织品配额分配时，采用单方面的国别配额。美国每年给中国的纺织品的配额是由美国单方面决定的。②协议配额（Agreement Quotas）：即由进口国家和出口国家政府或民间团体之间协商确定的配额。如果协议配额是通过双方政府的协议订立的，一般需在进口商或出口商中进行分配，如果配额是双边的民间团体达成的，应事先获得政府许可，方可执行。协议配额是由双方协商确定的，通常不会引起出口方的反感与报复，并可使出口国对于配额的实施有所谅解与配合，较易执行。

### 2. 关税配额

关税配额（Tariff Quotas），指对商品进口的绝对配额不加以限制，而对在一定时期内，在规定的数量、价值或份额内的进口商品，给予低税、减税或免税待遇，对超过配额的进口商品则征收较高的关税，或征收附加税或罚款。

因此，在关税配额制度下，是对进口商品规定一个上限，在此限额内的进口予以优惠税率待遇，超过此限的产品则与非配额产品同税或征收罚款。如 2000 年，俄罗斯对原糖进口实行关税配额，该年进口总额为 367 万吨，配额内按 5% 的进口关税，超配额部分按照 30% 的关税征收。

关税配额按征收关税的目的，可分为优惠性关税配额和非优惠性关税配额。优惠性关税配额是对关税配额内进口的商品给予较大幅度的关税减让，甚至免税，而超过配额的进口商品即征收原来的最惠国税率。例如，欧盟对普惠制产品实行超过配额不再享受普惠制税率，而以最惠国税率征收。非优惠性关税配额是在配额内进口的商品可享受低税或免税待遇，对超配额进口的部分征收罚款的方式。

### （二）自动出口配额制

自动出口配额制（Voluntary Export Restraints，VER），又称自愿限制出口，是一种限制进口的手段。自动出口配额制是出口国家或地区在进口国家的要求或压力下，自动规定某一时期内（一般为一年）某些商品对该国的出口限制，在限制的配额内自行控制出口，超过配额即禁止出口。

### （三）进口许可证制

进口许可证制度（Import License System），就是国家根据对外贸易政策和有关经济法规制定的办理进口许可手续的管理制度。

进口许可证就是国家外贸管理机关按照进口许可证制度和有关规定，签发的允许进口某种商品的证件。这些证件是外贸企业进口订货，海关验放货物，银行办理对外结汇的主要依据。商品的进口必须得到政府机关的批准，并在颁发进口许可证后，才允许进口。

目前，世界各国都在不同程度上对一些进口商品实施进口许可证制度。这样便于一国政府控制和限制商品的进口，有利于一国实施差别待遇政策。

许多发达国家对配额限制进口的敏感性商品或半敏感性商品实施进口许可证制度。这就是说，进口商人在进口这类商品时必须事先申请进口许可证。从进口许可证与进口配额的关系上看，可分为以下两种：

### 1. 有定额的进口许可证

有定额的进口许可证是一国政府有关部门预先规定有关商品的进口配额，然后在配额的限度内，根据进口商的申请对于每一笔进口货物发给进口商有关商品一定数量的进口许可证。如共同体从 1981 年 10 月 1 日起对蘑菇罐头的进口进行限制，在每年总数 34750 吨的范围内签发特别许可证，这一数量在出口国之间进行分配，进口时需出示证书，超量进口每千克缴纳 160 欧洲货币单位的附加税。

### 2. 无定额的进口许可证

无定额的进口许可证是进口许可证不与进口配额结合使用，而是由政府有关部门对每一笔进口在个别申请的基础上，考虑是否批准。由于事先不公布进口数量所以不利于出口国掌握。从商品许可程度上看，可分为公开一般许可证和特别进口许可证。

# 第三节　反倾销措施、反补贴措施和保障措施

## 一、反倾销税

倾销是指一种产品通过正常的商业渠道，以低于正常价值的价格向另一国出口。反倾销税（Anti-Dumping Duty）是对实行商品倾销的进口货物所征收的一种进口附加税。它是当倾销的进口产品对进口国生产相似产品的工业造成实质损害，或实质损害威胁，或阻碍进口国生产相似产品工业的建立时，进口国依法可对倾销的进口产品征收除正常关税以外的一种特殊关税，即反倾销税。

### （一）征收反倾销税的三个条件

由于并非所有采取倾销价格的出口商品都会在进口国被征收反倾销税，根据 WTO 规定，征收反倾销税必须具备以下三个条件。

### 1. 倾销的存在

倾销是指一国以低于正常价值的价格向另一国销售的行为。

"正常价格"的确定是决定该商品是否向另一国进行倾销活动的重要标准。"正常价格"的确定又分为三种情况：①以"国内价格"为标准；②以"第三国价格"为标准；③以"构成价格"作为裁定标准。以上三种价格是依次使用，在存在第一种价格时就不能采用第二种、第三种价格作为比较标准。

### 2. 倾销对国内工业造成严重损害或损害威胁

对国内工业重大损害的确定，主要从两个方面判定：一是倾销对进口国同类产品国内价格的影响；二是倾销对进口国国内产业的影响。"国内工业"一是指进口国生产相同产品的国内生产者的总体，这一标准是从生产者的数量出发的；二是指这类产品的合计总量占该类产品总产量的大多数的国内生产者，这一标准是从国内生产者的产量所占国内总产量的份额来衡量的。

在 WTO《反倾销协定》中，说明了能够代表国内产业提起反倾销申请人的主体资格标准：25%标准——反倾销申请的国内厂商集体产量必须达到该产品国内总产量的25%，不足国内产业相似产品总数量的25%，不得发起反倾销调查；50%标准——反倾销申请的国内产品生产者的产量必须达到支持或反对该申请的国内生产厂商产量的50%以上，则符合申请反倾销调查的主体资格。

### 3. 严重损害是倾销所致，严重损害与倾销有因果关系

也就是说，严重损害是倾销所造成的，并非这个企业经营管理不善所导致的，或销售季节结束而出现的价格波动，严重损害与倾销有着因果联系。

在对实施倾销的进口商品征收反倾销税时，必须符合以上三个条件，方可征收。因此，并非所有的倾销行为都会受到法律的指责，如果进口国某个工业部门经济良好，那么该部门则没有或很少可能发生反倾销申诉。因此，倾销如果没有导致危害输入的工业品，对输入国的消费者来说是一件有利的事，可以购买到低价的进口产品。相反，该工业部门的销售额、生产能力的利用和利润等重要经济指标下降时，反倾销可能性明显增长，以致发生反倾销的诉讼。

在国际贸易中，倾销行为无论在发达国家还是在发展中国家的出口商中都是一种普遍采取的出口促销手段。如果被指控倾销的产品在出口国的销售量大于向进口国销售量的5%，就可以用于确定低于被控倾销产品的正常价值。如果从一国进口倾销产品的数量被确定为占进口国国内市场上相似产品不足3%，则该倾销产品数量可被忽略不计。

### （二）反倾销调查程序

如果一国遭受来自他国产品的倾销，一般都会对倾销商品征收反倾销税。但在征收反倾销税之前，必须对倾销行为进行调查。WTO《关于执行1994年关贸总协定第六条的协议》对反倾销调查程序作出了详细的规定。根据 WTO 的有关原则，凡成员方制定反倾

销法律或者采取反倾销调查行动，都必须与该文件保持一致。反倾销调查程序包括申诉、立案、调查、初裁与终裁、行政复审。

1. 申诉

反倾销调查的启动一般应由进口方受到损害的行业或其代表向有关当局提交书面申请，这是反倾销调查的必要条件。一般情况下，进口方当局不会主动发起反倾销调查。进口方受到损害的行业或其代表向有关当局提交的申诉书应包括以下内容：申请人的身份、产品产量与价值、被指控产品所属国家及相关企业名称、被指控方产品在其国内的价格等。

2. 立案

进口方当局在确认申诉材料真实可靠，决定立案后，就要通知其产品遭到调查的成员方和调查当局所知道的有利害关系的各方，并予以公告。向被调查方发出的通知应当列明应诉材料的送达地点及时限等。

3. 调查

进口方当局在一定的期限内，对被告方的产品倾销幅度、对国内行业的损害以及两者之间的因果关系进行调查核实。一般情况下，反倾销调查应在1年内结束，无论何种情况不得超过从调查开始之后的18个月。在调查中，当事各方必须以书面形式提供证据，即使是听证会的口头辩论，事后也必须提交书面材料。给被诉方发出的调查表，要至少给予30天的期限回答问题（以发出之日起的7天为送达日）。在调查期间，各利害关系方有权举行听证会为其利益辩护。为证实所提供信息的准确性，进口方当局可以在其他成员方境内进行现场调查。如果有关利害方不提供资料或者阻碍调查的进行，进口方当局可依据提起反倾销调查申诉的一方提供的资料作出裁决。调查当局有义务听取被诉倾销产品的用户及消费者发表的评论。

4. 初裁与终裁

初裁是指在完全结束调查之前，调查当局如果初步肯定或否定有关倾销或损害的事实，可以对相关产品采取临时措施（临时措施只能在反倾销调查开始之日起60天后才能采取，实施期限一般不超过4个月，最长不超过9个月）。终裁是指调查当局最终确认进口产品倾销并造成损害，从而对其征收反倾销税。如果征收反倾销税，数额不得超过倾销幅度，可以征收反倾销税直至抵消倾销损害，但最长不超过5年。反倾销税一般不能追诉征收。但是，为了防止出口方在调查期间抢在进口方采取措施前大量出口倾销产品，反倾销守则也规定了在确实发生上述情况时，进口方当局可以对那些临时措施生效前90天内进入消费领域的产品追诉征收最终反倾销税。

5. 行政复审

反倾销税实行一段合理时间后，对于是否继续征税，进口方当局可以主动或应当事人的要求进行行政复审，以确定是否继续或中止征收反倾销税或价格承诺。在进口方当局初步确认存在倾销、损害及其因果关系后，如果出口商主动承诺提高有关商品的出口价格或者停止以倾销价格出口，并且得到进口方当局的同意，那么反倾销调查程序可以暂时中止或终止。

### （三）反倾销措施

反倾销措施包括临时措施、价格承诺和征收反倾销税三种。反倾销税一般征收期限为 5 年。

征收反倾销税的原则：①反倾销税的税额应低于或等于倾销幅度[倾销幅度=正常价值-倾销价格（出口价格）]，但不得超过差额。②多退少不补。③非歧视原则。

## 背景知识

**欧盟对涉华玻璃纤维织物进行反倾销立案调查**

原审-立案

【立案/裁决时间】：2019-02-21

【案件类型】：反倾销

【被诉国/地区】：中国

【申诉国/地区】：欧盟

【倾销/损害调查期】：本案补贴和损害调查期为 2018 年 1 月 1 日~2018 年 12 月 31 日。损害分析期为 2015 年 1 月 1 日~倾销和损害调查期结束。

【涉案产品 HS 编码】：涉案产品欧盟 CN（Combined Nomenclature）编码为 ex 7019 39 00、ex 7019 40 00、ex 7019 59 00 和 ex 7019 90 00（TARIC 编码为 7019 39 00 80、7019 40 00 80、7019 59 00 80 和 7019 90 00 80）。

【涉案产品（中文）】：玻璃纤维织物

【涉案产品（外文）】：Woven and/or Stitched Glass Fibre Fabrics

【所属行业】：非金属制品工业

原审-终裁

【时间】：2020-04-06

【结果】：决定对中国涉案产品征收 37.6%至 99.7%不等的反倾销税。

反规避-立案

【时间】：2021-12-15

反规避-终裁

【时间】：2022-09-08

【结果】：裁定原产于中国和埃及，经由土耳其转口的玻璃纤维织物存在规避行为，因此决定对自土耳其转口（无论是否标明原产于土耳其）的涉案产品征收 69%反倾销税。

资料来源：根据中国贸易救济信息网资料整理得出。

## 二、反补贴税

### （一）补贴及其特点

世界贸易组织《补贴和反补贴措施协议》第 1 条和第 2 条将补贴定义为：一成员政府或任何公共机构向某一企业或某一产业提供财政捐助或对价格或收入的支持，结果直接或间接增加从其领土输出某种产品或减少向其领土内输入某种产品，或者因此对其他成员利益造成损害的政府性行为或措施，是一种促进出口限制进口的国际贸易手段。

政府提供补贴主要是希望以此提高本国产业或本国产品在国际市场上的竞争力。为达此目的，政府可直接对出口加以补贴，也可对国内的生产产业进行补贴。

具体而言，补贴有以下 5 个特点：①补贴是一种政府行为。②补贴是一种财政措施、收入或价格支持措施。③补贴的对象是国内生产者和销售者，即对产品提供方提供的补贴。④受补贴方可以从补贴行为中得到某种"利益"，即从政府的财政或收入或价格的支持措施中获得它从市场上不能得到的价值。⑤补贴的目的是增强国内竞争者在市场上的有利地位。

### （二）反补贴税的含义

反补贴税（Counter-Vailing Duty），又称为抵消税或补偿税。它是对于直接或间接接受任何奖金或补贴的外国商品进口所征收的一种附加税。凡进口商品在生产、制造、加工、买卖、输出过程中所接受的直接或间接的奖金或补贴都构成征收反贴补税的条件，不论奖金或补贴来自政府或同业分会等。反补贴税的税额一般按奖金或补贴数额征收。

国际贸易中，一般认为对出口商品采取补贴方式是不合适而且是不公平的，它与国际贸易体系的自由竞争原则相违背。为此，反补贴税被视为进口国抵御不公平贸易的正当措施，征收的目的在于抵消进口商品所享受的贴补金额，削弱其竞争力，保护本国产业。

### （三）征收反补贴税的条件

在具体操作中，反补贴政策是不可以随便使用的。在向进口商品征收反补贴税前，只有满足以下三个条件，进口国政府才可以对出口补贴采取反补贴措施，即对受到补贴的进口产品征收反补贴税。反补贴税的总额不超过进口产品在原产地直接或间接得到的补贴。

（1）补贴确定存在。

（2）同类或相同产品的国内产业已受到实质损害。

（3）补贴与损害之间存在因果关系。

### （四）征收反补贴税的一般程序

采取反补贴措施前通常要经过以下程序：

（1）申诉和调查。

（2）举证，即所有利害关系方提供书面证据。

（3）当事双方磋商解决问题。

（4）如果磋商后补贴方愿修改价格或作出其他价格承诺，补贴诉讼可暂停或终止。

（5）如承诺无实际行动，可继续调查，算出补贴数额，征收反补贴税。

（6）日落条款，即规定征收反补贴税的期限不得超过 5 年，除非国家负责部门在审定的基础上认定，取消反补贴税将导致补贴和损害的继续或再现。

反补贴措施包括临时措施、承诺和征收反补贴税。

## 背景知识

#### 美国对中国大陆和中国台湾地区的带织边窄幅织带"双反"调查案

**美国对中国大陆和中国台湾地区的带织边窄幅织带提出"双反"调查申请**

2009 年 7 月 9 日，美国柏威克奥富丽（Berwick Offray）公司向美国国际贸易委员会和美国商务部正式提交申请，请求对原产于中国大陆的带织边窄幅织带进行反倾销和反补贴调查，对中国台湾地区的带织边窄幅织带进行反倾销调查。

涉案产品的海关编码为 58063210.20、58063210.30、58063210.50、58063210.60、58063100、58063220、58063920、58063930、58089000、58109100、58109990、59039010、59039025、59070060、59070080、58063210.80、58109290.80、59039030.90 和 63079098.89。

涉案产品为各种长度、颜色和形状，全部或部分人造纤维制，宽度小于等于 12 厘米的织带。根据美国法律规定，美国国际贸易委员会在收到申请后即可启动调查，美国商务部将在 20 天内决定是否立案。

**美国商务部发布立案公告**

2009 年 7 月 30 日，美国商务部发布立案公告，应美国 Berwick Offray 公司及其全资子公司 Lion Ribbon 有限公司的申请，决定对原产于中国大陆的带织边窄幅织带进行反倾销和反补贴调查，对原产于中国台湾地区的带织边窄幅织带进行反倾销调查，涉案产品海关编码为 58063210.20、58063210.30、58063210.50 和 58063210.60。

**美国对中国大陆和中国台湾地区的带织边窄幅织带作出反补贴初裁**

2009 年 8 月 21 日，美国国际贸易委员会发布公告，对原产于中国大陆和中国台湾地区的带织边窄幅织带作出反倾销和反补贴产业损害初裁。6 位委员经投票一致认定，原产于中国大陆和中国台湾地区的带织边窄幅织带的倾销和补贴行为对美国国内产业造成了实质性损害威胁。

根据该肯定性裁决，美国商务部将继续对涉案产品进行反倾销和反补贴调查，并将于 2009 年 10 月 2 日和 2009 年 12 月 16 日分别对该案作出反补贴初裁和反倾销初裁。

2009 年 12 月 8 日，美国商务部发布公告，对原产于中国的带织边窄幅织带作出反补贴初裁（表 4-1），裁定中国大陆涉案企业的补贴率为 0.29%～118.68%。

**表 4-1　美国对中国的带织边窄幅织带作出的反补贴初裁结果**

| 生产商/出口商 | 补贴率（%） |
|---|---|
| 姚明织带饰品有限公司（Yama Ribbons and Bows Co., Ltd.） | 0.29（微量） |
| 长泰荣树纺织有限公司（Changtai Rongshu Textile Co., Ltd.） | 118.68 |
| 中国普遍 | 59.49 |

**注**　微量是指发达成员的补贴率低于 1%，发展中成员补贴率低于 2%。

### 美国对中国窄幅织带作出反倾销初裁

2010 年 2 月 18 日，美国商务部发布公告，对原产于中国的带织边窄幅织带作出反倾销初裁（表 4-2）结果。

两家强制应诉企业中，一家倾销幅度为 0，另一家由于未应诉，被裁定为 231.40% 的惩罚性税率。获得平均税率资格的企业被裁定为 115.70% 的税率，其他未应诉企业的全国统一税率为 231.40%。美国商务部将依据此初裁结果指示美国海关中止清关并收取保证金或保函。

**表 4-2　对原产于中国的带织边窄幅织带作出反倾销初裁结果**

| 出口商/生产商 | 倾销幅度（%） |
|---|---|
| 姚明织带饰品有限公司（Yama Ribbons and Bows Co., Ltd.）Beauty Horn Investment Limited./天津辰峰织带有限公司（Tianjin Sun Ribbon Co., Ltd.） | 0 |
| 长泰荣树纺织有限公司（Changtai Rongshu Textile Co., Ltd.） | 115.70 |
| 广州如益织造有限公司（Guangzhou Complacent Weaving Co., Ltd.） | 115.70 |
| 宁波萌恒工贸有限公司（Ningbo MH Industry Co., Ltd.）/菱湖佳呈丝绸带业有限公司（Hangzhou City Linghu Jiacheng Silk Ribbon Co., Ltd.） | 115.70 |
| 宁波维科联合贸易集团有限公司（Ningbo V. K. Industry & Trading Co., Ltd.）/宁波鄞州金丰线带有限公司（Ningbo Yinzhou Jinfeng Knitting Factory） | 115.70 |
| 鹤山市永叙包装材料有限公司［Stribbons（Guangzhou）Ltd.］ | 115.70 |
| 鹤山市永叙包装材料有限公司［Stribbons（Guangzhou）Ltd.］/永叙包装材料（南阳）有限公司［Stribbons（Nanyang）MNC Ltd.］ | 115.70 |
| Sun Rich（Asia）Limited./东莞市益盛饰品有限公司（Dongguan Yi Sheng Decoration Co., Ltd.） | 115.70 |
| 天津辰峰织带有限公司（Tianjin Sun Ribbon Co., Ltd.） | 115.70 |
| 潍坊东方织带有限公司（Weifang Dongfang Ribbon Weaving Co., Ltd.） | 115.70 |
| 潍坊裕源纺织有限公司（Weifang YuYuan Textile Co., Ltd.） | 115.70 |
| 厦门益和纺织有限公司（Xiamen Yi He Textile Co., Ltd.） | 115.70 |
| 扬州百仕德礼品工艺有限公司（Yangzhou Bestpak Gifts & Crafts Co., Ltd.） | 115.70 |
| 中国普遍［宁波金田贸易有限公司（Ningbo Jintian Import & Export Co., Ltd.）］ | 231.40 |

### 美国对中国产的带织边窄幅织带作出反补贴终裁

2010 年 7 月 13 日，美国商务部发布公告，对原产于中国的带织边窄幅织带作出反补贴终裁（表 4-3）。

根据相关法律程序，美国国际贸易委员会 2010 年 8 月 25 日对该案作出反补贴产业损害终裁，若为肯定性裁决，美国商务部将对涉案产品发布反补贴征税令。

表 4-3　美国对中国的带织边窄幅织带作出反补贴终裁结果

| 生产商/出口商 | 补贴率（%） |
| --- | --- |
| 姚明织带饰品有限公司（Yama Ribbons and Bows Co., Ltd.） | 1.56 |
| 长泰荣树纺织有限公司（Changtai Rongshu Textile Co., Ltd.） | 117.95 |
| 中国普遍 | 1.56 |

### 美国对中国大陆和中国台湾地区产的带织边窄幅织带作出反倾销终裁

2010 年 7 月 13 日，美国商务部发布公告，对原产于中国大陆和中国台湾地区的带织边窄幅织带作出反倾销终裁（表 4-4），根据反倾销终裁结果，美国商务部将通知美国海关与边境保护局对涉案产品征收保证金。

根据相关法律程序，美国国际贸易委员会 2010 年 8 月 25 日对该案作出反倾销产业损害终裁，若为肯定性裁决，美国商务部将对涉案产品发布反倾销征税令。

表 4-4　美国对中国大陆和中国台湾地区产的带织边窄幅织带作出反倾销终裁结果

| 产地 | 生产商/出口商 | 倾销幅度（%） |
| --- | --- | --- |
| 中国大陆 | 姚明织带饰品有限公司（Yama Ribbons and Bows Co., Ltd.） | 0 |
| | 单独税率申请企业 | 123.83 |
| | 中国普遍［宁波金田贸易有限公司（Ningbo Jintian Import & Export Co., Ltd.）］ | 247.65 |
| 中国台湾地区 | Dear Year Brothers Mfg. Co., Ltd. | 0 |
| | 荣树实业股份有限公司（Roung Shu Industry Corporation） | 4.37 |
| | Shienq Huong Enterprise Co., Ltd. /Hsien Chan Enterprise Co., Ltd. /Novelty Handicrafts Co., Ltd. | 0 |
| | 中国台湾地区普遍 | 4.37 |

### 美国对中国台湾地区产的带织边窄幅织带作出反倾销行政复审调查终裁

2014 年 10 月 30 日，美国对中国台湾地区产的带织边窄幅织带进行第四次反倾销行政复审立案调查，调查期为 2013 年 9 月 1 日~2014 年 8 月 31 日，涉案产品美国协调关税税号为 5806.32.1020、5806.32.1030、5806.32.1050、5806.32.1060 等。2015 年 10 月 7 日，美国对该案作出反倾销行政复审肯定性初裁。

2016 年 4 月 18 日，美国发布公告，对中国台湾地区产的带织边窄幅织带（Narrow Woven Ribbons with Woven Selvedge）作出反倾销行政复审调查终裁，裁定涉案产品存在出口价格低于正常价值的倾销，荣树实业股份有限公司（Roung Shu Industry Corporation）的倾销幅度为 0，A-Madeus 纺织有限公司（A-Madeus Textile Ltd.）的倾销幅度为 30.64%。

**美国对中国大陆和中国台湾地区产的带织边窄幅织带"双反"案作出日落复审产业损害肯定性终裁**

2015 年 8 月 3 日，美国对中国大陆和中国台湾地区生产的带织边窄幅织带进行反倾销和反补贴日落复审立案调查。涉案产品海关编码为 5806.32.1020、5806.32.1030、5806.32.1050、5806.32.1060、5903.90.3090 和 6307.90.9889 等。此前，本案调查终裁及日落复审终裁裁定的中国大陆反倾销税率为 0~247.65%，反补贴税率为 1.56%~117.95；中国台湾地区反补贴税率为 0~4.37%。

2016 年 8 月 24 日，美国国际贸易委员会（USITC）投票对中国大陆和中国台湾地区产的带织边窄幅织带（Narrow Woven Ribbons with Woven Selvedge）作出反倾销和反补贴日落复审产业损害终裁：若取消对涉案带织边窄幅织带的"双反"措施将会在可预见的时间内导致对美国国内产业的实质性损害继续或再发生，因此裁定该案现行"双反"措施继续生效。在该项裁定中，6 名美国国际贸易委员会委员均投肯定票。

**美国对中国大陆和中国台湾地区产的带织边窄幅织带启动第二次"双反"日落复审立案调查**

2021 年 8 月 2 日，美国商务部发布公告，对进口自中国大陆和中国台湾地区的带织边窄幅织带（Narrow Woven Ribbons with Woven Selvedge）启动第二次反倾销日落复审立案调查，对进口自中国大陆和中国台湾地区的带织边窄幅织带启动第二次反补贴日落复审立案调查。与此同时，美国国际贸易委员会（ITC）对此案启动"双反"日落复审产业损害调查，审查若取消现行"双反"措施，在合理可预见期间内，涉案产品的进口对美国国内产业构成的实质性损害是否将继续或再度发生。利益相关方应于本公告发布之日起 10 日内向美国商务部进行应诉登记。利益相关方应于 2021 年 9 月 1 日前向美国国际贸易委员会提交回复意见，并最晚于 2021 年 10 月 15 日就该案回复意见的充分性向美国国际贸易委员会提交评述意见。

2022 年 2 月 23 日，美国国际贸易委员会（ITC）投票对进口自中国大陆的带织边窄幅织带（Narrow Woven Ribbons with Woven Selvedge）作出第二次反倾销和反补贴日落复审产业损害肯定性终裁，对进口自中国台湾地区的带织边窄幅织带作出第二次反倾销日落复审产业损害肯定性终裁。裁定若取消涉案产品的反倾销税和反补贴税，在合理可预见期间内，涉案产品对美国国内产业造成的实质性损害将继续或再度发生。在该项裁定中，5 名委员均投肯定票。依据美国国际贸易委员会的肯定性裁定，美国将继续对中国大陆涉案产品征收反倾销税和反补贴税，对中国台湾地区涉案产品征收反倾销税。

资料来源：根据中国贸易救济信息网资料整理得出。

## 三、保障措施

### （一）保障措施的含义

保障措施（Safeguards Measures），指 WTO 允许其成员方在国内某一产业由于进口产品增长损害或者存在严重损害的威胁，且需要一定时间对这一产业进行调整的情况下，可以暂时实施限制进口的措施。因为是在 WTO 公平、自由贸易的理念下，关税减让等承诺的存在，可能导致某种产品对某一成员方绝对或相对的进口数量大增，并对该成员方相似或同类国内产业造成严重损害或严重损害威胁。在此情况下，该成员方可以对此种进口产品采取数量限制和提高关税等保障措施，且两者可同时并用，也可单独使用。

### （二）保障措施的性质

保障措施是整个 WTO 体系中的一个例外，它为成员方提供了免除义务的条件程序。保障措施是在公平贸易条件下保护国内产业的重要手段，与在不公平贸易条件下的反倾销措施和反补贴措施不同。保障措施是针对所有国家的同类产品，当一个成员方实施保障措施时，原则上必须给予权益受到影响的出口成员方以相应的补偿，以防止或补救严重损害。

### （三）保障措施实施的条件

根据 "GATT 1994" 第 19 条和《保障措施协议》的规定，成员方实施保障措施必须满足以下条件：①某项产品的进口急剧增长。②进口增长是由于意外情况的发展和成员方履行 WTO 义务的结果。③进口增长对其国内产业造成了严重损害或严重损害威胁。④采取非歧视待遇。

### （四）保障措施实施的程序、方式和期限

为了保证充分的透明度和公正性，《保障措施协议》对保障措施的实施规定了比较详细的程序。该程序主要包括以下几个环节：调查、通知和磋商。

成员方应仅在防止或补救严重损害的必要限度内实施适当的保障措施。保障措施的方式包括三种：①提高有关进口商品关税。②采取数量限制。③采取关税配额。

保障措施的实施期限一般不应超过 4 年，如果仍需防止损害或救济受损害的产业或该产业正处于调整之中，则期限可延长，但总期限（包括临时措施）不应超过 8 年。

### （五）保障措施与反倾销、反补贴措施的异同点

反倾销、反补贴措施与保障措施都是 WTO 规定的允许其各成员方在特定条件采取的保护其国内相关产业、限制进口产品的合法贸易补救性措施。但它们既有相同之处，也有不同之处。

**1. 保障措施与反倾销、反补贴措施的相同点**

（1）均是为保护国内产业的安全而采取的行政措施。

（2）均是针对进口产品（过量或其倾销、补贴）而采取的措施。

（3）是以国内相关产业（大部分）受到损害而采取的措施。

（4）均是国内产业受到损害并与进口产品的销售行为（数量过大或价格倾销或补贴）有因果关系时，而采取的措施。

**2. 保障措施与反倾销、反补贴措施的区别**

（1）性质不同：①保障措施是针对公平贸易条件下产品进口所采取的措施。②反倾销、反补贴是针对特定成员方的特定出口产品，即那些倾销或受补贴出口的产品。

（2）对象不同：①保障措施是针对某种特定产品，但不区别进口产品的来源，即不针对具体特定成员方。②反倾销、反补贴是针对特定成员方的特定出口产品，即那些倾销或受补贴出口的产品。

（3）调查程序不同：①保障措施仅需要对国内产业遭受损害的情况进行调查。②反倾销、反补贴需要对进口产品的倾销幅度或补贴程度（金额）和国内产业损害程度两方面进行调查。

（4）实施期限和方式不同：①保障措施的实施期限为4年，经延长不得超过8年。且对实施期在1年以上的保障措施，还规定在整个实施期间必须按固定年增长率递增。②反倾销、反补贴措施的实施期限为5年。只要经过调查证明倾销或补贴确实存在，倾销产品或受补贴产品的进口造成了进口成员方相关产业的实质损害，则反倾销或反补贴措施就可以实施。

（5）出口方获得补偿或报复权不同：①当一成员方实施保障措施后，应当给予权益受到影响的出口方以任何适当的补偿。如双方不能达成协定，则出口方可暂时中止实质对等的关税减让或其他义务，即有权实行水平对等的报复。②对于反倾销、反补贴措施的实施，根本不存在对出口成员方的利益补偿，出口方也没有报复权。

## 背景知识

### 2022年外国对中国纺织品服装贸易救济措施情况（表4-5）

表4-5　2022年外国对中国纺织品服装贸易救济措施情况

| 时间 | 国别 | 针对商品 | 具体措施 |
| --- | --- | --- | --- |
| 2022年1月6日 | 韩国 | 聚酯全拉伸丝 | 征收反倾销税 |
| 2022年1月14日 | 印度 | 涤纶纱线 | 不实施反倾销措施 |
| 2022年1月26日 | 秘鲁 | 聚酯纤维织物 | 反倾销立案调查 |
| 2022年2月17日 | 巴西 | 合成纤维针织布 | 第二次反倾销日落复审立案调查 |

续表

| 时间 | 国别 | 针对商品 | 具体措施 |
|------|------|----------|----------|
| 2022 年 2 月 25 日 | 美国 | 带织边窄幅织带 | 作出第二次"双反"日落复审产业损害终裁 |
| 2022 年 4 月 27 日 | 阿根廷 | 牛仔布 | 作出第二次反倾销日落复审终裁 |
| 2022 年 6 月 9 日 | 土耳其 | 对华非织造布和人造革 | 作出反规避终裁 |
| 2022 年 6 月 17 日 | 土耳其 | 聚氨基甲酸酯浸渍纺织品 | 作出反规避终裁 |
| 2022 年 7 月 11 日 | 摩洛哥 | 机织地毯及其他纺织地面覆盖物产品 | 反倾销案作出终裁 |
| 2022 年 8 月 3 日 | 秘鲁 | 进口服装 | 作出不对进口实施临时保障措施 |
| 2022 年 8 月 12 日 | 印度尼西亚 | 进口织物 | 作出保障措施日落复审终裁 |
| 2022 年 8 月 25 日 | 秘鲁 | 聚酯纤维织物 | 作出反倾销初裁 |
| 2022 年 9 月 8 日 | 欧盟 | 玻璃纤维织物 | "双反"案作出反规避终裁 |

资料来源：根据中国贸易救济信息网资料整理得出。

# 小结

本章简要介绍了国际纺织品服装贸易中遇到的关税壁垒、非关税壁垒、反倾销措施、反补贴措施和保障措施的主要概念、特征及表现形式。在国际贸易中与纺织品服装相关的贸易壁垒广泛，使用频繁。因此，国际服装商务中的贸易壁垒始终是业界关注的焦点，特别是中国作为全球纺织品服装的最大出口国，频频遭到各种贸易壁垒的限制，极大地影响了我国纺织品服装的出口。

# 复习与思考

（1）搜集整理 2017 年全球对华纺织工业的反倾销案，分析我国遭受反倾销调查的特征。

（2）分析美国对中国大陆和中国台湾地区的带织边窄幅织带"双反"调查案的特点。

（3）分析 2016 年国外对中国纺织品服装贸易救济调查情况。

# 参考文献

［1］冯君 . 2016 年中国遭遇贸易救济案件数量达到历史高点［J］. 中国招标：产经纵

览，2017，3：12.

［2］商务部新闻办．2015年商务工作年终综述六：全力应对贸易摩擦稳妥实施救济措施［J］.国际商务财会，2016（2）：3-4.

［3］余盛兴，凌希．2014年外国对华贸易救济关键词："贸易保护主义"与"钢铁业危机"［J］.WTO经济导刊，2015（3）：90-92.

［4］叶茂升，郭玲，石小霞．贸易摩擦、国际化程度与全产业链企业绩效——以A股纺织上市企业为例［J］.福建论坛（人文社会科学版），2022（7）：46-62.

［5］姜卫民，夏炎，杨翠红．关税壁垒真的是限制对手的武器吗［J］.管理评论，2022，34（9）：47-59.

［6］赵君丽，王子嫣．贸易摩擦、异质性与企业的国际化选择——基于纺织企业的实证［J］.丝绸，2022，59（10）：10-19.

［7］高尚君．欧盟针对中国贸易救济调查的趋势及中国应对［J］.对外经贸实务，2020（2）：50-53.

# 技术性贸易壁垒、绿色壁垒、社会壁垒和产品召回制度

**课程名称：** 技术性贸易壁垒、绿色壁垒、社会壁垒和产品召回制度

**课程内容：** 1. 技术性贸易壁垒

2. 绿色壁垒

3. 社会壁垒

4. 产品召回制度

**课程学时：** 6 课时

**教学要求：** 通过本章的学习，了解国际纺织品服装贸易中的技术性贸易壁垒、绿色
壁垒的种类，社会壁垒和美国、欧盟产品召回制度的内容，了解各类贸
易壁垒对纺织品服装出口的影响。

# 第五章 技术性贸易壁垒、绿色壁垒、社会壁垒和产品召回制度

新贸易壁垒，是相较于传统贸易壁垒而言的，指以技术壁垒为核心包括绿色壁垒和社会壁垒在内的所有阻碍国际商品自由流动的新型非关税壁垒。新型贸易壁垒的核心是技术标准，往往着眼于商品数量和价格等商业利益以外的东西，考虑商品对于人类健康、安全以及环境的影响，体现的是社会利益和环境利益，采取的措施不仅是边境措施，还涉及国内政策和法规。

新贸易壁垒三者之间的关系如图 5-1 所示。技术壁垒主要针对最终产品检验的技术要求，绿色壁垒侧重于产品以外对生态环境和消费安全等对消费者的影响，社会壁垒关注的重点是产品生产者及其生产劳动条件状况。目前，日本对服装进口更多的是对产品质量和检验等技术方面的要求；欧盟对服装进口侧重于对消费者和生态环境是否有危害的安全绿色标准要求；美国国内因劳工组织呼声强烈，对服装这类劳动密集型产品进口，更多地关注产品在生产过程中，对劳动者及其工作条件是否予以法律保障方面的要求。

图 5-1 新贸易壁垒之间的关系

三大新贸易壁垒对服装出口要求繁杂而苛刻，种类繁多，如要达到这些标准将大大增加企业的生产成本，由于服装属于劳动密集型产品，利润空间有限。因此，新贸易壁垒不利于发展中国家服装出口竞争。近年来，美国和欧盟频繁使用产品召回措施，直接影响到服装出口。

# 第一节　技术性贸易壁垒

随着国际经济一体化的发展和贸易的自由化趋势，在传统的关税壁垒和非关税壁垒不断拆除的同时，西方发达国家纷纷采取隐蔽性更强、透明度更低、更不易监督和预测的保护性措施，以阻止发展中国家的产品进入本国市场。

技术性贸易壁垒（Technical Barrier to Trade，TBT），其含义是利用技术性细节构筑贸易壁垒。技术性贸易壁垒是指一国以维护国家安全、保障人类健康、保护生态环境、防止欺诈行为及保证产品质量等为由，采取的一些技术性措施。这些措施成为其他国家商品自由进入该国的障碍。它主要通过颁布法律、法令、条例、规定、建立技术标准、认证制度、卫生检验检疫制度等方式，对外国进口商品制定苛刻的技术、卫生检疫、商品包装和标签等标准，从而提高对进口产品技术要求，最终达到限制其他国家产品进口的目的。技术性贸易壁垒的主要形式有技术标准与技术法规，合格评定程序，包装、标签和安全要求等。技术性贸易壁垒是贸易非关税措施中的一个很重要的组成部分，对当今国际贸易产生越来越大的影响。

## 一、技术性贸易壁垒的种类

### （一）技术标准与技术法规

技术标准，指经公认机构批准的、非强制执行的、供通用或重复使用的产品或相关工艺和生产方法的规则、指南或特性的文件。有关专门术语、符号、包装、标志或标签要求也是标准的组成部分。

技术法规，指必须强制执行的有关产品特性或其相关工艺和生产方法，包括：法律和法规同，政府部门颁布的命令、决定、条例，技术规范、指南、准则、指示，专门术语、符号、包装、标志或标签要求。

### （二）合格评定程序

合格评定程序一般由认证、认可和相互承认组成，影响较大的是第三方认证。认证是指由授权机构出具的证明，一般由第三方对某一事物、行为或活动的本质或特征，经当事人提出的文件或实物审核后给予的证明，通常被称为"第三方认证"。认证可以分为产品认证和体系认证。

#### 1. 产品认证

产品认证主要指产品符合技术规定或标准的规定。其中因产品的安全性直接关系到消费者的生命健康，所以产品的安全认证为强制认证。欧盟对欧洲以外的国家的产品进入欧洲市场要求符合欧盟指令和标准（CE）；北美洲主要有美国的 UL 认证和加拿大的 CSA 认证；日本有 JIS 认证。

### 2. 体系认证

体系认证是指确认生产或管理体系符合相应规定。目前最为流行的国际体系认证有 ISO 9000 质量管理体系认证和 ISO 14000 环境管理体系认证。

### 3. 纺织品国际标志认证检验

（1）验针标志认证检验：由于生产过程中管理不善，服装等缝制品中往往会有残断针（包括缝针、大头针等）存在。20 世纪 80 年代，因服装中残断针所造成的消费者伤害事件频频发生，这促使日本政府以立法形式颁布消费者权益保护法规，以加强对残断针的控制。根据日本法规，生产、经销的产品如有残断针存在，其生产者、销售者都将受到重罚，如给消费者造成伤害还要进行赔偿。日本服装进口商为避免因残断针造成经济损失，不仅要求生产商在产品出厂前进行检针，还专门设立检品工厂从事检针工作。对经检针合格的产品，悬挂或加贴检针标志。

（2）"Q"标记认证检验："Q"（Quality）标记是日本的优质产品标志。由对纤维制品检查具有丰富经验的、公正的第三者代替消费者对制品进行综合检查，对品质达到一定标准以上的产品加施"Q"标记。该标记的管理按"Q"标记管理委员会的有关规则进行，对产品的检查由有关纤维制品的检验机构进行。其检查内容主要有：①布料有无疵点、裁剪、缝制、辅料及整理是否良好。②尺寸检查，按 JIS 规格检查，JIS 规格没有的产品按标记检查。③性能检查，检查布料的色牢度和水洗尺寸变化。④加工处理剂检查，检查有无有害化学物质。⑤标记检查，根据家庭用品品质标记法检查有无标记及其内容是否合适。

（3）"麻标记"认证检验："麻标记"是按日本麻纺织协会规定的协会标准，其目的是为推荐使消费者放心的麻制品而施加的品质保证标记，用"麻100%"或"麻混纺"等字样标记。麻的品种很多，目前在服装上施加标记的仅有"苎麻"和"亚麻"两种，该标记的认证检验也规定混用比例的标准。

（4）羊毛标记认证检验：纯羊毛标记的拥有者——国际羊毛局，成立于 1937 年，目前已发展成为一个国际性组织。国际羊毛局目前拥有的羊毛产品标记有"纯羊毛标记""高比例混纺标记""羊毛混纺标记"三种。上述三种标志的产品除了羊毛含量，其产品的标准是一样的，只有质量完全达到国际羊毛局品质要求的产品才能使用国际羊毛局羊毛产品标记。各种羊毛标记的毛纤维含量是：使用纯羊毛标记要求纯羊毛不少于93%；使用高比例混纺标记，羊毛含量不得少于50%；使用羊毛混纺标记要求羊毛含量介于30%~50%。

（5）SIF 标记认证检验：SIF 标记是由经日本通商产业省认可的负责服装测试和检查的综合性检查机构——缝制品检查协会对符合协会标准的产品予以认可的标记。SIF 标记是取自"财团法人缝制品检查协会"的英文名称"Japan Sewing Goods Inspection Foundation"的首字母。SIF 派遣拥有专业知识的检验人员定期赴工厂综合检查成品的裁剪、缝制、整理、质量及按家庭用品品质标记法检查标记，并根据检查结果对缝制各道工序等有关品质管理的各项进行各种巡回指导后，仅对优秀制品予以认可和推荐的标记。SIF 有自己的品质标准和检验标准，认证检验的主要内容有：外观检验，包括标记、外观；耐洗涤性，包括实用洗涤性能、洗涤后的外观、起皱、洗涤缩水率；耐干洗性；染色牢度试验；物理性能试验，包括断裂强力、撕裂强度、涨破强度、缩水率、起球性、脱绒；甲醛残留量、缝纫强力、缝纫抗滑脱试验等；附属品的性能。

### （三）包装和标签要求

#### 1. 以立法的形式规定禁止使用某些包装材料

如含有铅、汞和镉等成分的包装材料，没有达到特定的再循环比例的包装材料，不能再利用的容器等。

#### 2. 建立存储返还制度

许多国家规定，啤酒、软性饮料和矿泉水一律使用可循环使用的容器，消费者在购买这些物品时，向商店缴存一定的保证金，以后退还容器时由商店退还保证金。日本分别于 1991 年和 1992 年发布并强制推行《回收条例》和《废弃物清除条例修正案》。

#### 3. 税收优惠或处罚

针对生产和使用包装材料的厂家，根据其生产包装的原材料或使用的包装中是否全部或部分使用可以再循环的包装材料而给予免税、低税优惠或征收较高的税赋，以鼓励使用可再生的资源。欧盟对纺织品等进口产品还要求加贴生态标签，目前最为流行的生态标签 OEKO-Tex Standard 100（生态纺织品标准 100），是纺织品进入欧洲市场的通行证。

## 背景知识

**特别提示：美国联邦贸易委员会修订纺织品标签规则（第六版）**
**（2014 年 3 月 25 日）**

美国联邦贸易委员会（FTC）对其纺织品标签规则作出最后修订，其中包括纤维含量和原产地国标识等规则。

新规则实施纺织纤维制品鉴别法案，要求在美国出售的部分纺织品标签上，应显著标明纺织品的通用名称、含量百分比，生产商或销售商的名称及生产国或加工国。

其主要内容包括：采用最新的国际标准化组织的 2076 标准对人造纤维的通用名称；允许某些吊牌标明纤维名称、商标和性能信息，而无须标明产品的全部纤维含量；明确产品在原产国是被加工或制造；明确规定标识的纺织纤维产品类别和可免予该法要求的产品。

美国联邦贸易委员会（FTC）是美国政府的独立机构，它的主要任务是促进消费者保护和反竞争的商业行为。

欧盟曾因美国的纺织品标签规则不采纳 ISO 制定 ISO 37.58 国际通用标准而向 WTO 提出抗议，但因美国 FTC 的强势地位，最终被迫妥协。

浙江杭州检验检疫局在此提醒辖区纺织品出口至美国的企业，要积极应对 FTC 本次纺织品规则的修订，规范吊牌、洗标以及原产地标识，以免造成经济损失。

资料来源：根据中国质量新闻网资料整理。

### （四）产品安全

欧美国家十分重视产品的消费安全问题，以美国消费品安全委员会为例，为了使美国消费者免受使用不安全的消费品而受到伤害，它的主要任务是协调美国各州、各地区关于消费品安全的法律规定，制定全国统一的标准和规定，负责对不安全消费品的调查和检验工作，找出其不安全因素，采取有效措施。如经该委员会调查某种商品对人体不安全，它有权要求本国生产商停止生产，销售商停止销售，进口商停止进口。属于该标准范围内的商品，如不通过美国有关的标准，根本无法进入美国市场。

美国对进口消费品法案有易燃纺织品法案，纺织品的易燃程度规定以保证家庭、住户人身生命安全为目的。如床单易燃程度不能超过 1/10 秒，对地毯的易燃度也有规定。美国对进口服装的阻燃测试，动植物纤维服装必须进行测试，如为不安全产品，做退货处理。

我国目前主要纺织品出口遇到的技术性贸易壁垒除皮革的 PCP 残留量——五氯苯酚和纺织品染料指标外，美国联邦委员会（FTC）规定，纺织品服装标签必须提供纤维成分、原产地国、经销商等内容；布匹标签必须提供产品日常护理说明；成衣护理标签必须提供其洗涤、烘干、熨烫、漂白过程所适用的方法和注意事项；并明确要求该标签不能单独使用符号，要运用清楚明了的语言来警示和说明等。实际上，繁杂严格的标签标准提高了产品进入的门槛，从一定程度上增加了企业成本。

"延迟燃烧"是欧盟国家对睡衣提出的新要求，产品出口时必须贴有"延迟燃烧"或"远离火源"字样的标签。对纽扣、拉链、装饰等服饰辅料，欧盟规定每平方厘米含镍达 0.5 毫克以上的纺织品禁止进口。日本、美国和欧盟还对进口羽绒制品提出了高于国际标准的严格要求，检验残脂率限定在 0.3% 和 0.5%，且不得含沙门氏菌。

## 背景知识

### 美国拟修订服装纺织品易燃性标准
### （2022 年 11 月 8 日）

2022 年 9 月 15 日，美国发布 G/TBT/N/USA/242/Rev.1 号通报，拟修订现行的服装纺织品易燃性标准。本次法规草案主要内容为将澄清现有条款，扩大允许的设备和材料范围，更新过时的设备要求，并提出 30 项问题进行意见和数据征集，以为该项法规的修订提供技术支持。法规草案主要内容摘要如下：

**燃烧代码**

更新了起绒表面纺织面料的燃烧代码（燃烧特性），以整合冗余代码，消除不必要和不明确的代码，并提高易燃性分类的清晰度。

**停止线程**

将停止线的规格更改为"3 股，白色，丝光，100% 棉缝纫线，尺寸为 35 到 45 特克斯（Tex）"。

在当前标准中，"停止线程"被规定为"No. 50，白色，丝光，100% 棉缝纫线"。此次法规草案说明中指出，规范"No. 50"目前不是一种通用或明确的线描述方法，因此在拟议标准中进行了此项修改。

**干洗规范**

由于法律限制使用四氯乙烯，拟采用碳氢溶剂（商业级）作为四氯乙烯的替代品来进行干洗，但并未将四氯乙烯完全从标准中删除，只是将其作为一个附加选项。

**洗涤规范**

建议修改现行标准中的洗涤规范，取消对 AATCC TM 124-2006"反复家庭洗涤后的织物外观"的引用，改为引用 LP1-2021"家庭洗衣机洗"。

**干燥规范**

建议修改现行标准中的干燥规范，取消对 TM 124-2006 的引用，改为引用 LP 1-2021。

资料来源：中华人民共和国商务部，国别贸易投资环境信息（半月刊），2022 年 11 月 8 日。

## 二、技术性贸易壁垒的特征

技术性贸易壁垒就是强制性或非强制性确定某些特殊的规定、标准和法规，以及旨在检验商品是否符合这些技术法规和确定商品质量及其适应性能的认证、审批和试验程序所形成的贸易障碍。技术性贸易壁垒是一种无形的非关税壁垒，日益成为国际贸易中最隐蔽、最难对付的非关税壁垒之一，也成为贸易保护的主要手段之一，其具有如下特征。

### （一）广泛性

从产品角度看，不仅涉及资源环境与人类健康有关的初级产品，而且涉及所有的中间产品和工业制成品，产品的加工程度和技术水平越高，所受的制约和影响也越显著；

从过程角度来看，包括研究开发、生产、加工、包装、运输、销售和消费整个产品的生命周期；从领域来看，已从有形商品扩展到金融、信息等服务贸易、投资、知识产权及环境保护等各个领域；技术性贸易壁垒措施的表现形式也涉及法律、法令、规定、要求、程序、强制性或自愿性措施等各个方面。

### （二）系统性

技术性贸易壁垒是一个系统，不但包括 WTO《技术性贸易壁垒协议》规定的内容，而且还包括《卫生与植物检疫措施协议》《服务贸易总协定》等规定的措施；《建立世界贸易组织协议》《补贴和反补贴措施协定》《农业协定》《与贸易有关的知识产权协议》等都对环境问题进行了规定。除 WTO 以外的其他国际公约、国际组织等规定的许多对贸易产生影响的技术性措施也都属于技术贸易壁垒体系的范围。

### （三）合法性

目前，国际上已签订 150 多个多边环保协定。发达国家积极制定技术标准和技术法规，为技术性贸易壁垒提供法律支持。例如美国职业安全与健康管理局、消费者产品安全委员会、环境保护局、联邦贸易委员会、商业部、能源效率标准局等都各自颁布相关法规。

### （四）双重性

实行技术性贸易壁垒有其合理性，即真正为了实现规定的合法目标是可以采取合适的壁垒措施的。一方面，正常的技术贸易壁垒是指合法合理地采取技术性措施以达到合理保护人类健康和安全及生态环境的目的，如禁止危险废物越境转移可以保护进口国的生态环境，强制规定产品的安全标准可以保护消费者的健康甚至生命等。但另一方面，一些国家，特别是美国、日本、欧盟等凭借其自身的技术、经济优势，制定比国际标准更为苛刻的技术标准、技术法规和技术认证制度等，以技术贸易壁垒之名，行贸易保护主义之实。

### （五）隐蔽性和灵活性

技术性贸易壁垒与其他非关税壁垒如进口配额、许可证等相比，不仅隐蔽地回避了分配不合理、歧视性等分歧，而且各种技术标准极为复杂，往往使出口国难以应付和适应。技术性贸易壁垒措施对国别没有限制，一视同仁，不存在配额问题。技术贸易壁垒措施是以高科技基础上的技术标准为基础，科技水平不高的发展中国家难以作出判断，何况把贸易保护的实现转移到人类健康保护上，有更大的隐蔽性和欺骗性。

由于技术性贸易壁垒措施具有不确定性和可塑性，因此在具体实施和操作时很容易被发达国家用来对外国产品制定针对性的技术标准，可以对进口产品随心所欲地刁难和抵制，从而具备了实施灵活性的特点。

### （六）争议性

各国采取的技术性壁垒措施（特别是绿色技术壁垒措施）经常变化，且各国差异较大，使发展中国家的出口厂家难以适应。例如，法国规定服装含毛率只需达到85%以上就可以算作纯毛服装；而比利时的规定含毛率必须达到97%；德国则要求更高，含毛率必须达到99%时，才能称为纯毛服装。

# 第二节　绿色壁垒

绿色壁垒是绿色贸易壁垒（Green Trade Barrier）的简称，又被称为环境贸易壁垒（Environmental Trade Barriers）、环境壁垒（Environment Barrier），是指进口国（主要指发达国家）以保护生态环境、自然资源以及人类和动植物的健康为借口而限制进口的非关税壁垒措施。它依据有关的环保标准和规定，要求进口商品不但要符合质量标准，而且从设计、制造、包装到消费处置都要符合环境保护的要求，不得对生态环境和人类健康造成危害。这种新的贸易保护措施可有效地阻止外国特别是环保技术落后的发展中国家的产品进口，为本国市场形成巨大的保护网，已成为国际贸易中最隐蔽、最棘手、最难对付的贸易障碍之一，是贸易保护主义的新形式。

WTO的《ATC协议》生效后，绿色贸易壁垒正在迅速成为一种新的非关税壁垒，发挥着越来越重要的作用。同时，绿色壁垒是一种技术性贸易壁垒，一方面，在国际贸易中，提高环境标准，加强环境管理，有利于保护环境、保护人类健康和动植物的安全，有着合理的一面；另一方面，有些发达国家却趁机打着保护环境的旗号，构筑非关税贸易壁垒，行贸易保护之实。

其表现形式主要有绿色关税、绿色市场准入、"绿色反补贴""绿色反倾销"、环境贸易制裁、推行国内PPM标准及其他标准、消费者的消费选择（绿色消费）、强制性绿色标志、强制要求ISO 14000认证、烦琐的进口检验程序和检验制度，以及要求回收利用、政府采购、押金制度等。发达国家倚仗其较高的科学技术和先进的生产检测设备，以所谓保护环境和保障人身安全为目的，通过立法或制定严格的强制性技术标准，限制发展中国家的纺织品服装出口。

## 一、绿色壁垒的形成原因

绿色壁垒的产生主要有三个方面的原因：一是消费者越来越关注自身的生活质量和生命安全，"绿色消费"已成为一种世界性的消费潮流，"绿色产品"已成为一种市场导向，生态纺织品的消费将主导国际纺织品服装贸易的新潮流；二是随着传统贸易壁垒的弱化，贸易保护主义将更多地运用高技术标准来抵制外国商品的进口，以环保为名义的绿色壁垒将成为一种最主要的、受到保护和鼓励的非关税贸易壁垒；三是可持续发展战略已成为世界各国经济发展的主题，保护人类赖以生存的自然和生态环境已经引起全世界各国的广泛关注。

于是，贸易与环境这两个原本在世界贸易史上不相干的问题被一条绿色的纽带捆绑在了一起，绿色壁垒就出现了。1995年，世贸组织专门成立贸易与环境委员会，标志了绿色外衣的贸易壁垒，在国际贸易舞台上跻身于重要角色行列。到了1999年11月30日，在美国西雅图召开的世贸组织第3届部长会议上，各成员国就环境与贸易问题展开广泛的讨论，这时绿色贸易壁垒已是世界贸易中不能回避的现实问题。

绿色壁垒目前已日趋全球化，并呈加快发展的态势。20世纪90年代以来，发达国家陆续制定了一系列"绿色标准"，目前最严格的要数国际环保组织制定的《欧盟生态纺织品标准》，它要求组成服装产品的每一个部件（包括纽扣、拉链）都通过有关检测和认证。国际社会已制定了150多个环境与资源保护条约，制定环保法规的国家也越来越多。例如德国就制定了1800多项环保法律、法规和管理规章。

## 二、绿色壁垒的主要种类

绿色壁垒的种类很多，常见的有绿色关税和市场准入、绿色技术标准、绿色环境标志、绿色卫生检疫制度等。

### （一）绿色关税和市场准入

发达国家以保护环境为名，对一些污染环境、影响生态平衡的进口产品课以进口附加税，或者限制、禁止其进口，甚至实行贸易制裁。

### （二）绿色技术标准

发达国家借自身科技水平较高的优势专门订立一些严格的、强制性的环保技术标准，尤其是对发展中国家进口商品。由于这些标准都是根据发达国家的技术水平制定的，对于发达国家来说是可以达到的，而对于发展中国家来说，则是很难达到的。

### （三）绿色环境标志

这是一种贴在产品或其包装上的图形，表明该产品不但质量符合标准，而且在生产、使用、消费、处理过程中符合环保要求，对生态环境和人类健康均无损害。发展中国家的产品为了进入发达国家市场，必须提出申请，经批准才能得到"绿色通行证"，即"绿色环境标志"。这便于发达国家对发展中国家的进口商品进行严格限制。

### （四）绿色卫生检疫制度

海关的卫生检疫制度一直存在，但发达国家往往以此作为控制从发展中国家进口的重要手段。例如，日本、韩国对进口水产品的细菌指标已开始逐批化验，对进口消费河豚逐条检验。

## 三、纺织品服装绿色壁垒

由于纺织品和服装与人们的日常生活密切相关，纺织品及服装的贸易极易受到绿色壁垒的限制。特别是随着纺织生态学的创立和发展，人们对纺织品中有毒有害物质对人体致病机理研究的深入，人们的消费观念发生了根本性的变化，更有不少的消费者不惜高价购买挂有"绿色标签"（也称生态标签）的安全服装或纺织品。现在，绿色纺织品已逐渐渗透到从产品的原料准备到生产过程、包装销售、消费者使用、报废处理等各个环节。随着社会的不断进步，纺织品绿色消费已经成为一种社会消费导向。

目前在国际纺织品服装贸易中，绿色壁垒主要有两大类：一类是针对纺织品服装从设计、生产到报废、回收的全过程中，对环境影响所设置的壁垒，主要是要求企业建立实施"环境管理体系"及对产品实施"环境标志和声明"，如 ISO 14000 体系认证，即环境管理体系认证；另一类是针对产品本身对消费者的安全和健康影响的，要求产品不能对消费者的健康产生影响，绝大部分体现在对进口产品是否含有对人体或环境有害的化学物质，以及某些被限制使用的化学物质的含量是否超标的监控上。

自奥地利 1990 年率先制定了环保纺织品标准后，世界各国尤其是欧美等发达国家相继制定出台了相关的环保法规和纺织品环保标准，对进口纺织品实施安全、卫生检测。美国、欧盟还提出了非环保染料的限制，对纺织品中偶氮染料、甲醛、五氯苯酚、杀虫剂、有机氧化物等的含量都实施了严格限制。

目前国际上有十几种"绿色"生态纺织品标准，其中较有影响、使用最广泛、最具权威性、也最严格的生态纺织品标准是 Oeko-Tex Standard 100（生态纺织品标准 100），这是国际环保纺织协会 1992 年在基于对产品生态学研究的基础上制定并颁布的，专门用于检验纺织品上的有害物质。该标准的测试对象涉及游离甲醛残留量、多氯联苯酸碱度、可溶性重金属的残留物、杀虫剂残留量、防腐防霉剂、有机氯载体等有毒有害物质，通过使用国际环保标签（Eko-Label）来控制纺织品服装的环保性。

### （一）纺织品绿色标签

绿色环境标志是一种贴在产品和包装上的图形，如表 5-1 所示。它表明该产品不但质量符合标准，而且生产、使用、消费、处理过程中均符合环保要求，对生态环境和人类健康均无害。

目前，欧盟在纺织品服装领域主要有两种"绿色"技术标准认证，即欧盟"生态标签"（Eco-label）和生态纺织品认证（Oeko-Tex Standard 100），前者是欧盟制定的，后者是国际纺织环保协会制定的，这些标准已成为鉴定环保纺织品的重要国际标准。虽然是否加贴生态标签属生产厂家的自愿行为，进口国有关机构对进口商的进口产品检验也非强制执行，但自 Oeko-Tex Standard 100 等认证问世以来，得到了欧洲消费者的广泛响应，企业获得了 Oeko-Tex Standard 100 认证，就意味着有了更多进入欧美市场的贸易机会。

纺织品为该环境标志所涉及的许多产品之一，其纺织品环境标志针对：A 类——婴儿服装；B 类——一般服装；C 类——外衣；D 类——布帘；E 类——家具；F 类——床单及枕套；H 类——除服装外的其他纺织品。

如表 5-1 所示，目前在世界范围内出现了多种"绿色"纺织品的标志。"绿色"带动了生态纺织学的蓬勃发展，又以纺织处理生态学为主。纺织处理生态学所研究的内容是纺织品的处理，例如，回收使用、垃圾处理与焚化，以及由于纺织品上的有害物质的存在可能对环境及其他方面所产生的影响及其控制措施。

表 5-1　一些国家和地区所使用的绿色标签

| 国家和地区 | 绿色标签名称 | 所涉及的纺织品 |
|---|---|---|
| 欧盟 | 欧盟生态纺织品标准 100 认证（Oeko-Tex Standard 100）<br> | （1）婴儿用<br>（2）直接与皮肤接触<br>（3）不直接与皮肤接触<br>（4）装饰用 |
| | 欧盟纺织品"生态标签"（Eco-label）<br> | 该体系涉及 19 类纺织品服装，服装、床上用品和室内纺织品获授予欧盟生态标签表明该产品：<br>（1）在纤维生产中，有害物质对水和空气的影响受到了限制<br>（2）过敏反应的风险减少了<br>（3）缩水性比一般产品好<br>（4）洗涤、干摩擦和光曝的色牢度比一般产品好 |
| 北欧 | 北欧白天鹅环境标志<br> | A 类——婴儿服装<br>B 类—— 一般服装<br>C 类——外衣<br>D 类——布帘<br>E 类——家具<br>F 类——床单及枕套<br>H 类——除服装外的其他纺织品 |

　　绿色纺织品是当今纺织业发展重点，从国际市场看，消费者从环境生态角度挑选纺织品已成为必然趋势，根据绿色产品的定义，绿色纺织品必须在原料的取用、制作过程中，从能源的利用到产品使用后的处理等方面都不得对环境造成污染。因此，在制作过程中减少污染则是控制的关键。

## 背景知识

### 纺织品史上最严标准认证生效
### （2017 年 4 月 20 日）

　　2017 年 1 月 5 日，国际生态纺织品协会发布了 2017 版 Oeko-Tex Standard 100 认证标准，并已于 2017 年 4 月 1 日起正式生效。

　　Oeko-Tex 是目前使用最为广泛的纺织品生态标志，其对纱线、纤维以及各类纺织品的有害物质含量规定限度。只有通过已批准的检测协会检测和认证的产品，才允许使用 Oeko-Tex 标签。据了解，新标准更新内容涉及邻苯二甲酸酯、杀虫剂等 8 个检测物质的调整，新增考察物质并严格控制限量值，其中对纺织品中有害化学残留监管达到了史上最严程度。

#### 新标准：涉及有机物和重金属

　　2017 版 Oeko-Tex Standard 100 认证标准共更新了 8 个检测物质的内容，主要涉及有机物和重金属方面。

#### 在有机物方面

　　主要涉及邻苯二甲酸酯、有机锡化合物、杀虫剂等 6 种物质：邻苯二甲酸酯由原来的 15 项增加到了 21 项，且限量值总和要求保持不变；有机锡化合物新增三种物质且规定了限量值要求；"杀虫剂"测试项目中新增两种物质，但限量值要求保持不变；全氟及多氟化合物项目中，产品级别 Ⅰ（3 岁及以下婴幼儿产品）下新增更多物质，全氟及多氟化合物的使用受到更加严格的限制，近乎禁用。紫外线稳定剂限量值也有新调整：四种紫外线稳定剂已从 2016 年开始针对产品级别 Ⅳ（所有用于装饰的产品和配件）作出规定，如今每种物质在产品级别 Ⅰ 至 Ⅲ（3 岁及以下婴幼儿产品、直接与皮肤接触的产品、非直接与皮肤接触的产品）中也规定了相应的限量值。新增海军蓝（Navy Blue，EU no. 405-665-4）染料的禁用要求，以此表明使用此染料生产的产品将不能申请 Oeko-Tex 认证。

#### 在可萃取重金属方面

　　物质铜由对无机材料制成辅料扩展为对由无机材料制成辅料和纱线。同时删除了 2016 版关于可萃取重金属铬的脚注"对于皮革类产品 10.0mg/kg"。

#### 纺织企业：做好质量控制刻不容缓

　　目前，我国拥有 Oeko-Tex 证书数量居世界前列，同时众多企业也在积极申请 Oeko-Tex 认证。当前国内面料企业的 Oeko-Tex 认证费用为 3 万~7 万元，随着新版标准的发布，检测物质增多、检测周期延长势必会增加出口企业 Oeko-Tex 认证成本。检验检疫部门为此提醒相关企业：

（1）应密切关注国际生态纺织标准动态，深入了解新版生态纺织品标准内容，积极申请 Oeko-Tex 认证。规模化的纺织品出口企业应尽可能成立技术性贸易措施信息收集及应对部门，及时对出口的纺织品法规进行研究，提出对策，做到未雨绸缪，紧跟国际步伐。

（2）严格落实质量控制，积极采用生态纺织原料，加大"绿色工艺"的研发投入，减少有害物质排放。对限于技术等因素暂时无法彻底避免的有害物质残留，在加强原辅材料把关的基础上，企业应务必严格落实成品检测，确保产品质量符合要求，避免产生后续质量纠纷。

（3）应加强与政府相关部门、协会的联系，争取政策、资金和技术支持，为产品出口拓宽途径。

资料来源：中国技术性贸易措施信息网。

## （二）纺织品的有害物质

纺织品在使用过程中或衣物穿着时，所含的有害物质对消费者健康会产生影响。这些纺织品服装污染源主要来自以下生产和加工过程，如图5-2所示，表现为以下几个方面。

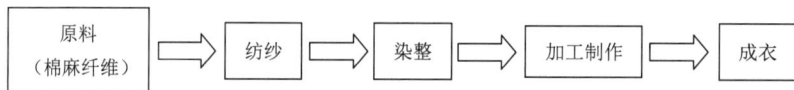

原料（棉麻纤维） ⟹ 纺纱 ⟹ 染整 ⟹ 加工制作 ⟹ 成衣

**图5-2 服装生产、加工流程**

### 1. 纺织服装原料

如棉、麻纤维在种植过程中，为控制病虫害常会使用杀虫剂、化肥、除草剂等，这些有毒有害物质会残留在服装上，引起皮肤过敏、呼吸道疾病或其他中毒反应，甚至诱发癌症。

### 2. 加工制造过程

在加工制造过程中，会使用氧化剂、催化剂、阻燃剂、增白荧光剂等多种化学物质，这些有害物残留在纺织品上，使服装再度受到污染。

### 3. 成衣的后期整理

在成衣的后期整理中，会用到含有甲醛的树脂，也会对服装造成污染，免烫服装多用含甲醛整理剂。甲醛也是一种禁用的染料添加剂，被广泛用作反应剂，其目的主要是提高助剂在织物上的耐久性。

### 4. 防腐防虫整理

对进行防腐防虫整理会使用一种毒性很大的化学物质即五氯苯酚。五氯苯酚是一种有毒的防腐剂，会造成动物畸形和致癌。而且，残留在纺织品之中的五氯苯酚的自然降解过程缓慢，穿着时会通过皮肤在人体内产生生物积累，从而危害人体健康。

### 5. 服装的附件

在服装使用的附件中，如拉链会含有铅等重金属。人体过量吸收重金属，会在人体的肝、骨骼、肾及脑中沉淀，达到一定程度时会对人体健康造成巨大损害，特别是对儿童。

### 6. 染色牢固度

从表面来看，似乎织物的染色牢固不涉及纺织品的生态问题，与人体健康无多大关联，但是与人的汗液、唾液中酶的作用，能够促使染料分解而导致对人体健康的损害。

### 7. 特殊气味

如酶味、恶臭味、鱼腥味或其他异味。气味浓烈则表明有过量的化学药剂或有害成分残留在纺织品中，因而存有危害健康的可能。因此，各种服装上的特殊气味仅仅允许有微量存在，如表5-2所示。

表5-2　欧美对服装作为"环保纺织品"要求提出的七项理性指标

| 指标 | 对人体危害 | 绿色标准 |
| --- | --- | --- |
| 酸碱度 | 纺织品呈碱性影响皮肤酸碱度，致使皮肤自身抗菌能力下降，易引发疾病 | Oeko-Tex Standard 200 按 ISO 3071 规定的纺织品上 pH 控制在中性及弱酸性 |
| 甲醛 | 剧烈刺激眼睛、皮肤和黏膜，是过敏症的显著诱发物，引起呼吸道炎症、皮肤炎，严重的还可诱发癌症 | 许多国家以法令形式、标准要求规定了释放甲醛限量要求<br>Oeko-Tex Standard 200 以 JISL 1041 作为检测方法 |
| 重金属 | 人体过量吸收，在肝、骨骼、肾及脑中积蓄到一定程度时，对人体健康便造成巨大的损害，特别是对儿童 | Oeko-Tex Standard 100 明确规定了九种限量指标 |
| 杀虫剂 | 引起皮肤过敏、呼吸道疾病或其他中毒反应，甚至诱发癌症 | Oeko-Tex Standard 100 列出九种限量农药和总残留浓度 |
| 五氯苯酚 | 自然降解过程缓慢，穿着时会通过皮肤在人体内产生毒物积累，造成畸形和致癌 | Oeko-Tex Standard 100 已对 PCP 的限量指标作出明确规定 |
| 偶氮染料 | 在与人体的长期接触中，少量染料可被皮肤吸收，引起人体病变和诱发癌症 | 欧盟制定了《关于禁止使用偶氮染料指令》 |
| 颜色牢固度 | 与人类的汗液、唾液中的酶的作用，能够促使染料分解而导致对人体健康的损害 | Oeko-Tex Standard 100 规定了限量指标 |

上述这些绿色壁垒已对我国纺织品服装出口产生了极大的影响。绿色壁垒的盛行加

大了我国外贸企业出口产品的难度，在数量和价格方面也受到严重影响。如自1994年4月1日起，德国正式禁止含偶氮染料的纺织品进口，凡违反此规定视同犯罪，产品将会销毁。这导致我国正在使用偶氮染料的104种纺织品对德国的出口中断。目前，纺织品和服装的绿色壁垒仍然有增无减，发达国家不断增高国际贸易门槛，使我国出口难度加大，加上制定严格的认证制度和烦琐的检验程序，使我国出口企业难以适应。2000年7月，我国苏南一家服装厂出口到欧盟的服装由于没有进行有关环保认证，进口商以拉链用材含铅过高为由提出退货，从而造成了企业几百万元的损失，最终导致了企业破产。另外，由于我国环境基础设施落后，环保产业不发达，社会整体的技术不高，环保成本导致了产品成本的增加。

# 第三节　社会壁垒

社会壁垒，指以劳动者劳动环境和生存权利为借口采取的贸易保护措施。社会壁垒由社会条款而来，社会条款并不是一个单独的法律文件，而是对国际公约中有关社会保障、劳动者待遇、劳工权利、劳动标准等方面规定的总称，它与公民权利和政治权利相辅相成。

社会标准中正在和将要使用的"社会条款"（如劳工标准、人权保障等）是出于社会目的考虑的市场管制，也是欧美等发达国家继生态环境标准之后又一个对发展中国家实施贸易壁垒的新举措。以劳工标准为例，由于一些发达国家把发展中国家的纺织品服装价格优势，不认为是古典经济学所说的比较优势，而是认为缘于工人福利水平低、工作环境恶劣、安全保障程度低，甚至使用童工和劳改犯等违反人权的因素所致，故而开始在纺织品服装的国际采购中奉行所谓的"劳工标准"或"人权标准"。除通过"看厂"对供应商的生产质量进行评估，还要对员工的雇佣、待遇、安全等进行严格审定，如不达标就被取消供应商供货的资格。把这种带有浓厚政治色彩的"标准"引入贸易领域，使我们的劳动力低成本竞争优势面临严峻的挑战。

许多发达国家试图在贸易与劳工标准之间建立联系。为了促进进口商遵守核心劳动标准，美国、欧盟推出了社会标准，其主要包括劳工标准和人权保障。目前相关的国际公约有100多个，包括《男女同工同酬公约》《儿童权利公约》《经济、社会与文化权利国际公约》等。国际劳工组织（ILO）及其制定的上百个国际公约，也详尽地规定了劳动者权利和劳动标准问题。

为了削弱发展中国家企业因低廉劳动报酬、简陋工作条件所带来的产品低成本竞争优势，1993年，在新德里召开的第13届世界职业安全卫生大会上，欧盟国家代表德国外长金克尔明确提出把人权、环境保护和劳动条件纳入国际贸易范畴，对违反者予以贸易制裁，促使其改善工人的经济和社会权利。这就是当时颇为轰动的"社会条款"事件。此后，在北美和欧洲自由贸易区协议中也规定，只有采用同一劳动安全卫生标准的国家和地区才能参与贸易区的国际贸易活动。

目前发达国家，特别是欧盟等国家内的部分政治家、有关媒体、社会组织不断向政府施加压力，向社会公众灌输社会意识，要求对纺织品服装出口商在生产过程中，诸如不得非法雇用童工、对工人的劳动条件和劳动福利进行明确规定等社会行为进行检验。一些进口商，特别是名牌服装进口商和知名零售企业，出于对上述政治压力和维护本企业社会公众形象的考虑，已纷纷在本公司内建立起了针对供应商的社会行为准则以及相应的检验体系。相关的国际公约有 100 多个，目前，最引人注目的标准是 SA 8000，该标准是由 ISO 9000 系统演绎而来。

SA 8000 标准用以规范企业员工职业健康管理。欧洲在推行 SA 8000 上走在前列，美国紧随其后。欧美地区的采购商对该标准已相当熟悉。目前，全球大的采购集团非常青睐有 SA 8000 认证企业的产品，这迫使很多企业投入巨大人力、物力和财力去申请与维护这一认证体系，这无疑会大大增加成本。特别是发展中国家，劳工成本是其最大的比较优势，社会壁垒将大大削弱发展中国家在劳动力成本方面的比较优势。

## 一、SA 8000 社会责任管理体系认证制度

20 世纪末期，欧洲、美国和澳大利亚都先后出现了一些关于"社会责任"的多边组织，并逐步形成了一些评价体系和认证制度。SA 8000 是其中最著名的标准之一。1997年，总部设在美国的社会责任国际（SAI）发起并联合欧美跨国公司和其他国际组织，制定了 SA 8000（Social Accountability 8000 International Standard），建立了 SA 8000 社会责任管理体系认证制度。同 ISO 9000（质量管理体系）标准一样，SA 8000（社会责任管理体系）标准是国际采购商要求供应商的标准。SA 8000 标准成为全球第一个可用于第三方认证的社会责任管理体系，任何企业或组织可以通过 SA 8000 标准认证，向客户、消费者和公众展示其良好的社会责任表现和承诺，我国出口产品受到 SA 8000 限制的主要有纺织品服装、玩具、鞋类、家具等。

企业社会责任是指企业赚取利润的同时，主动承担对环境、社会和利益相关者的责任。20 世纪 90 年代初，美国服装制造商李维·施特劳斯（Levi Strauss）在类似监狱一般的工作条件下雇用年轻女工的事实被曝光。为了挽回公司的公众形象，该公司草拟了第一份公司社会责任守则（也称生产守则）。随后，耐克、沃尔玛、迪士尼等大型跨国公司纷纷制定了自己的生产守则。欧洲、美国和澳大利亚也先后出现了一些关于"社会责任"的多边组织，特别是西方发达国家的一些非政府组织的参与，逐渐形成了企业社会责任运动，并随着经济全球化而逐渐波及全球，尤其是处于全球生产链环节上的发展中国家。

社会责任国际（Social Accountability International，SAI）咨询委员会负责起草社会责任国际标准，它由来自 11 个国家的 20 个大型商业机构、非政府组织、工会、人权及儿童

组织、学术团体、会计师事务所及认证机构组成。SAI 在纽约召开的第一次会议上提出了标准草案，最初名为 SA 2000，最终定名为 SA 8000 社会责任国际标准，并在 1997 年 10月公开发布。2001 年 12 月 12 日，经过 18 个月的公开咨询和深入研究，SAI 发表了 SA 8000 标准第一个修订版，即 SA 8000：2001，受到欧美国家工商界和消费者的欢迎和支持。很多跨国公司纷纷行动起来，通过采购活动，要求发展中国家的合约工厂实施 SA 8000 标准，改善工厂的工作条件。美国雅芳（Avon）公司、玩具反斗城（Toys "R"）公司、法国家乐福（Carrefour）公司等大型跨国公司纷纷表示支持和采用 SA 8000 标准。

至今，SA 8000 社会责任国际标准已经完成了 4 次修订，分别是 2001 版、2004 版、2008 版和 2014 版，目前国际采用的标准是 SA 8000：2014 版。

## 二、SA 8000 标准的内容结构

SA 8000 标准由九个要素组成，每个要素由若干个子要素组成，构成了社会责任管理体系的基本要求，其标准要求涉及以下几个方面：童工、强迫性劳动、健康与安全、组织工会的自由与集体谈判的权利、歧视、惩戒性措施、工作时间、薪酬福利、管理体系。其基本内容结构如下。

### （一）童工

公司必须按照法律控制最低年龄、少年工、学校学习、工作实践和安全工作范围，禁止雇用 15 岁以下的工人；对参加国际劳工组织公约的 138 个发展中国家最低不得低于14 岁，如发现童工，有拯救童工的政策和措施。

### （二）强迫性或强制性劳动

严禁强迫劳动，公司不可雇用或支持雇用强制性劳工的行为，也不可要求员工在受雇之时缴纳（押金）或存放身份证于公司。

### （三）健康与安全

公司须提供安全和健康的工作环境；采取必要措施以防止工伤；对员工进行有系统的健康和安全培训，提供卫生清洁设备和常备饮用水；建立系统以识别对健康和安全存在的威胁。

### （四）组织工会的自由与集体谈判的权利

公司应该尊重员工建立和参加工会并集体谈判的权利；在那些有法律限制这些自由的地方，雇佣方要提供相似的方式以给予结社和集体谈判的权利；应该保证工会代表不受歧视，并且在工作环境中能够接触工会的会员。

### （五）歧视

公司禁止基于人种、社会阶层、出身、宗教、残疾、性别、同性恋或异性恋倾向、社团或政治身份及年龄方面的歧视；禁止性骚扰。

### （六）惩戒性措施

机构应对所有人员予以尊严及尊重，公司不得从事或支持体罚、精神或肉体胁迫以及言语侮辱。也不得以粗暴、非人道的方式对待工人。

### （七）工作时间

遵守适用法规的规定，但在任何情况下每个星期不得超过48小时，员工每连续工作六天至少须有一天休息；自愿加班应得到额外薪酬且正常情况下每个星期不得超过12小时。

### （八）薪酬福利

员工一个标准工作周所得工资必须达到法律或行业规定的标准，并且必须足够满足员工及其家庭基本的生活需要；工资不得因纪律惩罚而被削减；公司不可采用纯劳务性质的合约安排或虚假的见习期（学徒工制度）办法，来逃避劳动法和社会安全法规中明确规定的公司对员工应尽的义务。

### （九）管理体系

机构应该制定实施SA 8000标准的政策和程序；应组建社会绩效团队（SPT）以实施SA 8000标准的所有内容，这个团队应包括一组平衡的代表人员；社会绩效团队应定期进行风险识别与评估；有效监督生产场所的活动；定期进行内部员工的交流与沟通；做好投诉管理与解决；全力配合外部审核人员；应及时实施纠正和预防行为；为全体员工实施培训计划；对供应商与分包商进行实时管理以确保符合SA 8000标准。

## 三、SA 8000标准日益盛行的原因

全球超过200家跨国公司已经制定并推行公司社会责任守则，要求供应商和合约工厂遵守劳工标准，安排公司职员或委托独立审核机构对其合约工厂定期进行现场评估。其中，家乐福、耐克、锐步、阿迪达斯、迪士尼、美泰、雅芳、通用电气等超过50家公司已经在我国开展社会责任审核，有些公司还在中国设立了劳工和社会责任事务部门。目前，我国沿海地区已经有超过8000家企业接受这类审核，要求中国所有的纺织、成衣、玩具、鞋类等产品的企业必须事先经过SA 8000标准认证，否则要联合抵制出口。沿海某成衣加工企业每月接受验厂项目包括：工人年龄、工人工资、加班时间、食堂和宿舍条件等。SA 8000如此盛行并不是偶然的，主要基于以下原因：

### （一）SA 8000 日益成为解决劳工问题的有效手段

保护劳动者的合法权益，历来是各国政府及所制定的劳动法所奉行的主旨。但事实上，一方面由于立法滞后以及执法人员和手段的不足，使得政府的行政执法的深度和广度受到限制，存在监督检查的真空和薄弱环节。另一方面，一些国家政府出于发展经济的需要，出现政府在劳工关系中失去公正的立场，以牺牲劳工的利益来追求经济发展的情况。这使劳工问题日益严重，在一定程度上影响了社会的安定和进步。相较于政府的行政执法监督，实施 SA 8000 标准提供了一个有效的改善劳动条件的经济手段。迫于竞争的压力，企业主动申请与维护这一认证体系，善待员工，建立和谐的劳资关系，保持舒适的工作环境，使得劳工纠纷减少，劳工问题也得到了缓解。

### （二）劳工标准对国际贸易的影响越来越突出

发展中国家普遍存在的较低的劳工标准使产品的劳动力成本很低，这种因低劳工标准而形成的出口竞争优势即劳动力倾销，在国际市场上造成不公平竞争。因此，发展中国家较低的劳工标准使发达国家的产品在成本价格和贸易竞争中处于不利地位。欧美发达国家通过各种努力，采取各种途径将贸易与劳工标准挂钩。SA 8000 认证制度是企业通向国际市场，尤其是欧美发达国家市场的通行证，发展中国家的出口企业为了不受到社会责任标准的影响，积极参与社会责任认证标准的制定。我国出口到欧美国家的服装、玩具、鞋类、家具、运动器材及日用五金等产品，都已遇到劳工标准的要求。他们要求将中国纺织服装、玩具、鞋类生产企业通过 SA 8000 认证，以此作为选择供应商的依据。

### （三）实施 SA 8000 认证增强企业国际竞争力

实施 SA 8000 制度可以使企业通过推行社会责任守则，树立良好的企业形象和赢得商业信誉，以及稳定投资者的信心和支持；由于消费者青睐工人在体面的工作条件下生产出来的产品，企业履行社会责任标准有助于赢得消费者的好感和认同；同时，贯彻 SA 8000 可以优化供应链管理及供应链质量表现。因此，实施 SA 8000 认证是增强企业国际竞争力的必要保证。

## 四、其他社会标准（表5-3）

### （一）FLA——公平劳工协会

FLA 是一些美国公司、非政府组织和 135 所大学组成的非营利性组织，目的是通过公司和非政府组织的联合行动，改善跨国公司的海外合约工厂的劳工问题，会员包括耐克、阿迪达斯等企业。

### （二）WRAP——环球服装生产社会责任守则

WRAP 是美国服装制造商协会制定的服装制造厂商社会责任标准。

### （三）ETI——道德贸易行动守则

ETI 是由英国政府支持，由零售企业、工会和非政府组织组成的联合体，目的在鼓励公司采用外部监督资源，遵守基本的劳工。

**表 5-3　FLA、WRAP 和 ETI 比较**

| 缩写 | 全称 | 基本要素 |
|------|------|----------|
| FLA | 公平劳工协会 | ·禁止强迫性劳动　·禁止雇用童工　·禁止折磨或虐待<br>·禁止歧视　·健康安全　·加班薪酬<br>·组织工会的自由与集体谈判的权利<br>·工资与利益　·工作时间 |
| WRAP | 环球服装生产社会责任守则 | ·遵守法律和车间规则　·工作时间<br>·禁止强迫性劳动　·薪酬和利益<br>·禁止折磨或虐待　·禁止歧视<br>·健康与安全　·环境<br>·组织工会的自由和集体谈判的权利<br>·遵守海关规则　·安全 |
| ETI | 道德贸易行动守则 | ·自由选择职业<br>·结社自由和集体谈判权受到尊重<br>·工作条件安全卫生　·不得使用童工<br>·支付基本生活工资　·工作时间<br>·不得歧视雇员　·建立正常的劳资关系<br>·严禁苛刻或不人道的手段对待雇员 |

## 五、社会壁垒对我国纺织品服装出口的影响

全球企业社会责任运动影响最大的是纺织业、服装业、玩具业和鞋业等劳动密集型消费品行业。一些跨国公司，如耐克、阿迪达斯、沃尔玛、麦当劳为了避免品牌形象受到影响，纷纷加入这一运动，它们不仅自己制定社会责任守则，而且要求产品配套企业和合作企业遵守这些守则，从而将企业社会责任运动扩展到了生产制造基地的发展中国家。印度尼西亚、泰国、越南等东南亚国家先后成为该运动的焦点地区。由于中国大部分出口产品，特别是纺织品服装的竞争优势主要来自劳动力的低成本，因而跨国公司在中国生产和采购推行的社会标准，将不利于中国产品在海外市场的竞争力。

中国出口到欧美国家的服装、玩具、鞋类、家具、运动器材及日用五金等产品，都已遇到 SA 8000 的约束。如广东中山市一家 500 人左右的鞋厂因没有达到当地法律规定的最低工资标准，曾被客户停单 2 个月。又如，广东一家台资鞋厂因发生女工中毒事件曾一度陷入全部撤单的困境。

通过 SA 8000 认证确实会给国内相当多的企业带来较大的冲击，受实力的限制，按照

SA 8000 标准所增加的成本将导致一些企业破产或关闭，实际上也推动了社会文明。

德国进口商协会已制定了《社会行为准则》，规定德国进口商应经过 SA 8000 协会授权，对其供应商（出口商）的社会行为进行审查。该准则有可能被法国和荷兰的进口商协会所采用。由于三国均是欧盟的主要纺织品服装进口市场，进口份额约占整个欧盟的 50％ 以上，这项要求将会给中国出口企业带来巨大压力。

# 第四节　产品召回制度

贸易壁垒包括关税壁垒和非关税壁垒，自 2004 年以来又一项针对消费品安全的限制手段，即美国采取的召回制度和欧盟的快速预警系统，正悄然地限制包括中国在内的服装出口。与反倾销和特保措施相比，召回制度的目的是保护消费者免受消费品引发的危险，主要作为对进口产品实施技术性贸易壁垒的监测系统。反倾销和特保措施的目的是保护国内企业利益，免受进口产品激增带来的市场份额的下降的威胁。

## 一、美国召回制度

美国消费品安全委员会（CPSC）依据消费品安全法案，对危害消费者安全的消费品实施召回制度，以保护消费者免受不安全产品的伤害。其中，与服装相关的消费品安全法案规定，当发现与消费品有关的不合理的伤害危险时，可以采取纠正措施，召回产品；另外，易燃纤维法案涉及服装和室内装饰用纺织品的燃烧性技术规范，如儿童睡袍纤维材料的阻燃性等。

美国是全球第二大服装进口市场，同时也是对消费品安全性要求最严格的国家。在美国众多的产品召回管理机构中，美国消费品安全委员会主要负责消费品的安全性监督和管理，缺陷和引发危险的产品召回，其中，服装又是主要监控的产品。

### （一）召回制度

召回制度，指在产品中存在缺陷，有危害消费者安全与健康的危险，如果经营者自行或经他人通知发现这一情况，经营者应主动将具有危险的商品回收，以免使消费者实际权益遭受损害。因此，召回是将流入市场中的缺陷商品从流通市场和终端用户手中回收的行为。

在美国，召回一般是联合召回，当美国消费品安全委员会发现有潜在伤害性或已造成伤害的产品，经调查确认，即与制造商或经销商联合发布"召回"公告。通常是制造商或销售商的"自愿"行为，并配合其他补救措施，如领取退款、履行换货手续或对产品做适当的修理。美国召回制度启动的条件是消费者投诉或企业报告。

## （二）美国消费品安全委员会对服装产品召回原因

美国消费品安全委员会对服装产品召回原因中，一类是与消费品安全法案（CPSA）相关，即产品是否符合安全标准，主要涉及儿童窒息危险、重金属超标和服装附件质量问题三类。对服装召回案件中，因安全标准原因召回，最多的是儿童的窒息危险，其次是因服装附件存在质量问题和重金属超标。

另一类是与易燃纤维法案（FFA）相关，主要因服装阻燃性能差，未能达到检测标准。每年有大量的服装由于阻燃性能差而被召回，对未达到服装阻燃性标准的、并会造成烧伤危险的一律要召回。

## （三）召回报告信息内容

美国消费品安全委员会对不符合有关标准的产品采取召回措施，并在网上公开发布信息。美国消费品安全委员会召回报告内容包括：产品品牌、规格、颜色、销售时间、单价及召回数量、危险性和伤亡报告、处罚办法，并附有产品的图片，使消费者一目了然，对召回产品有一个更为详尽的了解。召回报告中还详细介绍了被召回产品的原因、是否有伤情及事故报告，便于消费者、销售商和进口商及时了解相关信息。还告诫消费者将召回产品远离易受伤害人群，尤其是儿童。

可见，产品召回报告一经公布影响范围广泛、影响力大，由于网络传播速度快，可以使消费者及时了解哪些产品或品牌不符合美国的安全标准及产品被召回的原因，这使消费者的安全得到了保障。

## 背景知识

### 加拿大对中国产女童裙实施召回
### （2021 年 5 月 31 日）

2021 年 5 月 31 日，加拿大卫生部宣布对中国产女童裙实施召回。

此次召回产品为 Easter 女童裙（图 5-3）。有粉色、蓝色和紫色，产品代码为 07-3088742，UPC 为 00667888420629。产品不符合纺织品可燃性规定。

图 5-3　女童裙

此次召回的产品于 2021 年 3~4 月在加拿大销售，售出约 15595 件。

截至 2021 年 5 月 20 日，加拿大未有事故和人员伤亡报告。

加拿大卫生部建议消费者立即停止使用该产品，并将产品退回至 Dollarama S. E. C./L. P. 以获得退款。

此次召回的产品于 2021 年 1 月至 2021 年 4 月销售，在加拿大境内销售大约 15595 套。

资料来源：根据中国贸易救济信息网资料整理得出。

### （四）召回产品处罚方式

美国召回制度，其本质都是强制实施退货、退款，停止销售，不仅给服装出口企业造成了直接经济损失，同时在召回过程中涉及了其他的相关费用。

### （五）召回不以伤害事故为前提

美国消费品安全委员会的召回报告对服装类产品的危险和潜在危险的划分主要有：死亡危险、有毒有害物质伤害和人身伤害。在美国，只要存在伤害可能性即可召回，就是说，产品召回不以损害事故发生为前提，只要产品被检测和被投诉质量不符合标准，就可以通报召回。对于已经售出的产品也无法避免召回，召回将追溯至缺陷产品开始销售之时，并告知消费者停止使用该产品。

## 背景知识

### 美国和加拿大对中国产连帽衫实施召回
### （2019 年 11 月 12 日）

2019 年 11 月 12 日，美国消费者安全委员会（CPSC）和加拿大卫生部宣布对中国产连帽衫实施召回（图 5-4）。

图 5-4  连帽衫

此次召回产品为 Hooey 品牌的 15 款儿童连帽衫。连帽衫为涤纶和棉制，带有抽绳，帽子上印有 "Hooey"。尺寸分为 XS、S、M、L、XL，后侧领口上的白色标签印有 "Hooey" 和 "Made in China"，侧面的标签上印有服装护理说明。

该产品帽子上的抽绳可能缠绕或卡在滑梯、扶手、车门等上，有造成儿童窒息的危险。

该产品于 2017 年 9 月至 2019 年 10 月在美国和加拿大销售，此次召回涉及产品在美国售出约 6600 件、加拿大约 520 件，售价约为 45 美元。

此次召回的产品在美国境内售出约 6600 套（另外在加拿大售出 520 套）。

截至目前，未收到事故和人员伤亡报告。

CPSC 和加拿大卫生部建议应立即将抽绳从衣服中取出，以消除隐患。

资料来源：根据中国贸易救济信息网资料整理得出。

### （六）儿童产品是重点监控对象

在美国消费品安全委员会年度预算中，一半用于儿童产品，常年派遣流动检查组督查美国国产和进口的有可能导致各种危害儿童的用品。由于童装上的修饰物多，更易引发扣子的脱落、帽子线绳的过长、装饰物易被儿童吞食等危险。因此，每年童装被召回所占比重最大。

## 二、欧盟非食品类快速预警系统

### （一）欧盟《通用产品安全指令》

欧盟委员会于 2001 年通过了修订的《通用产品安全指令》（2001/95/EC，以下简称《指令》），并于 2004 年 1 月 15 日正式生效。《指令》涉及除食品和药品之外的所有产品，包括玩具、体育用品、打火机、纺织服装、家具等日用品。

#### 1. 对安全产品的定义

在欧盟《指令》中对安全产品的定义：指对任何投入市场供给消费者的产品或消费者可能使用的产品提出通用安全要求。安全产品是指在正常的或合理的可预见环境中使用的产品，这种产品的使用不存在危险或只存在与产品使用相适应的最小危险，这种危险被认为是可接受的，并与人身安全和健康的高水平保护相一致。例如当产品造成一种严重威胁，要采取紧急措施。

#### 2. 召回措施

值得注意的是《指令》规定了产品的召回（Recall）措施。"召回"则指意欲将生产者或销售商已经提供给消费者或可能已经由消费者使用的危险产品返回的措施。明确规定 "召回" 不仅旨在禁止或消灭危险产品的经销和流通，更注重和强调彻底地将危险产品从消费者手中召回，目的是从根本上杜绝消费者对危险产品的使用。

### 3. 《指令》的特点

《指令》最大的特点是，明确了生产商和分销商在法律上有义务向政府报告其产品是否安全，并应与政府市场监督部门合作，承担追踪产品流向、召回产品或从市场撤销产品等责任，否则将会受到惩罚。该《指令》强化了产品生产商和分销商的责任。如果产品生产商来自非欧盟国家，则其在欧盟的代表或欧盟的进口商要承担相应的法律责任。

### （二）欧盟非食品类快速预警系统

2004 年初生效的欧盟《通用产品安全指令》及由此设立了"非食品类快速预警系统"（Rapid Exchange of Information，RAPEX），主要目的是保护消费者的健康和安全，保证欧盟市场销售的消费产品是安全的。其中，服装类产品的安全性也是被监控的主要对象，特别是童装。非食品类快速预警系统是针对非食品类产品，对于食品的安全问题，欧盟另外制定了严格的程序和指令。

### （三）每周通报一次

欧盟非食品类快速预警系统是每周通报一次，公布由成员国上报的非食品类危险产品情况。在欧盟市场上，参加对非食品类危险产品的预警通报的国家，不仅有欧盟 27 个成员国，还有欧洲自由贸易区的 7 个成员。因此，欧盟非食品类快速预警的通报范围涵盖了欧洲 30 多个国家。

该系统的目的是当消费品对消费者的安全和健康产生危险时，保证欧盟成员国之间，以及向欧盟委员会及时通报信息，并采取相应措施保护消费者安全，增强成员国对消费品的知情权，保障消费者不受危险产品的伤害。一旦某一服装产品在某一成员国出现安全问题，该产品将被通报给所有的欧盟成员国。可见，影响范围广泛、影响力大。

欧盟非食品类快速预警系统对危险产品的通报，不仅影响某一产品在整个欧盟市场的销售，还可能在国际市场上引起一系列的连锁反应，其中轻工产品、机电产品、玩具产品和服装产品又是主要的被通报的领域。

### （四）通报内容

欧盟非食品类快速预警通报在网上公开发布，通报内容翔实而具体，包括产品品牌、规格、颜色、销售时间、单价及召回数量、危险性和伤亡报告、处罚办法，并附有产品的图片，使消费者对召回产品有详尽的了解。还告诫消费者将召回产品远离易受伤害人群，尤其是儿童。

由于网络传播速度快，可以使消费者及时了解哪些产品或品牌不符合标准及产品被召回的原因，这使消费者的安全得到了保障。

**背景知识**

### 欧盟对中国产"PICK OUIC"牌婴儿衣服（图5-5）套装发出消费者警告
### (2018年2月22日)

　　2018年2月16日，欧盟委员会非食品类快速预警系统（RAPEX）对中国产"PICK OUIC"牌婴儿衣服套装（图5-5）发出消费者警告（预警编号：A12/0217/18）。本案的通报国为西班牙。此次通报的产品为婴儿衣服套装，包括一件蓝色粗布工作服和一件白色衬衫，带纽扣。产品型号/款式为 Ref. 5511219。条形码未知。经济合作与发展组织产业分类码（OECD Portal Category）为 67000000-Clothing（衣服）。

图5-5　婴儿衣服

　　上述衣服上的纽扣会脱落。儿童误食后，有造成窒息的危险。该产品不符合相关国家标准 UNE 40902 的要求。

　　目前，进口商已对上述产品采取了拒绝进口的措施。

　　为此，中国贸易救济信息网建议国内有关生产和出口企业对此予以高度重视。

资料来源：根据中国贸易救济信息网资料整理得出。

#### （五）通报类型

　　欧盟非食品类快速预警系统的通报可分为单一危险和复合危险。单一危险，如电击、窒息、化学品、致伤、易燃、健康等危险。复合危险，则是或具有由一种危险引发的可能，如电击和着火，或同时具有两种危险，如"窒息和化学品"。与服装产品相关的危险主要有窒息、化学品、致伤和易燃四类。

#### （六）处罚措施

　　欧盟的处罚措施包括强制执行方式和自愿执行方式。在强制执行中，停止销售和从市场撤销两种处罚措施的使用最为频繁；自愿执行主要采取从市场撤销和召回的处理方式。

被欧盟非食品类快速预警系统通报的服装受到的处罚，主要有撤销、召回、销毁和停止上市四种。"撤销"是指意在防止对消费者经销、展示和供应危险产品的任何措施。"召回"是比撤销更彻底的严格措施。无论是撤销、召回、销毁还是停止上市，最终结果都是从根本上停止该产品的销售。

在实施撤销措施时，有的是由批发商撤销、有的是由进口商撤销，还包括生产商撤销和供应商撤销。在召回中，有批发商召回、有的由进口商召回，还有的由生产商召回。上述处罚常常是多项措施并举，如对正在销售的服装停止销售，同时对已售出的服装采取召回；或是撤销正在销售的服装，并对已售出的服装召回等。因此，处罚力度大，影响严重。

### （七）欧盟非食品类快速预警系统实施效果

《指令》覆盖产品多，焦点直指产品安全，并通过欧盟非食品类快速预警系统，向成员国每周通报危险产品的信息。非食品类快速预警系统的运作程序简单，一般来说，某个成员国的消费者、生产者、经销商或该国的市场监督部门，发现某种产品在安全上有问题，一经核实，便立即通过非食品类快速预警系统通知欧盟委员会下设的消费者保护司，再由欧盟委员会通知其他成员国的市场监督机构，还同时向消费者公布，以便让消费者及时了解危险产品的名称和处理情况。

欧盟设立非食品类快速预警系统的初期，主要作为对进口产品实施技术性贸易壁垒的监测系统。起初，该系统发挥的作用并不大，但是随着欧盟相关的标准和法规不断完善，以及对非食品类快速预警系统的应用日渐成熟，非食品类快速预警系统对危险消费品的通报呈逐年上升趋势。对危险产品的描述更加细致，同时采取的措施也更为明确。

2010 年，欧盟委员会非食品类快速预警系统对中国纺织品服装类产品共发布召回通报 304 起。我国纺织品服装类产品在欧盟非食品类快速预警系统召回通报中所占比重不断上升，2008 年为 6.23%，2009 年上升到 21.80%，2010 年继续上升到 26.46%。

一直以来，童装包括一些运动服装和服饰都是我国遭到欧盟非食品类快速预警系统召回的主要产品种类。2010 年，我国童装产品遭到非食品类快速预警系统召回通报共 239 起，占我国纺织品服装类产品通报总数的 78.62%，增长明显。通报的原因主要是不符合欧洲标准 EN 14682。包括儿童服装上的抽绳长度超标，服装配饰件易脱落，以及化学品超标违反了 REACH 法规等。

## 背景知识

**欧盟对中国产"Glo-Story"牌女童服装套装发出消费者警告**

**2018 年 2 月 6 日**

2018 年 1 月 26 日，欧盟委员会非食品类快速预警系统（RAPEX）对中国产"Glo-Story"牌女童服装套装发出消费者警告（预警编号：A12/0115/18）。本案的通报国为匈牙利。此次通报的产品为黑色和白色相间的服装套装（图5-6），由一件 T 恤和一条长裤组成。服装上粘有水钻装饰。尺码为98。产品型号/款式为 GLT-4048。条形码为5996525240487。经济合作与发展组织产业分类码（OECD Portal Category）为67000000-Clothing（衣服）。

图5-6　服装套装

上述衣服上有小装饰物可能会脱落，儿童误食后，有可能造成儿童窒息的危险。不合相关欧洲标准 EN 14682 的要求。

目前，经销商已对上述产品采取了退市和从消费者手中召回的措施。

资料来源：根据中国贸易救济信息网资料整理得出。

# 小结

本章简要介绍了新贸易壁垒，主要包括：技术壁垒、绿色壁垒和社会壁垒，都属于非关税壁垒，绿色壁垒是从技术壁垒中分离出来的。此外，还介绍了美国和欧盟的产品召回制度，新贸易壁垒都对劳动密集型的服装产品有繁杂的限制，已经严重地影响我国服装的出口。

通过本章的学习，掌握新贸易壁垒的具体内容和限制手段及各类壁垒之间的关系。技术壁垒主要针对最终产品检验的技术要求，绿色壁垒侧重于产品以外对生态环境和消费安全等对消费者的影响，社会壁垒关注的重点是产品生产者及其生产劳动条件状况。

由于目前，日本对服装进口更多的是对产品质量和检验等技术方面的要求；欧盟对服装进口侧重于对消费者和生态环境是否有危害的安全绿色标准要求；美国国内因劳工组织呼声强烈，对服装这类劳动密集型产品进口，更多地关注产品在生产过程中，对劳动者及其工作条件是否予以法律保障方面的要求。因此，这些壁垒对中国纺织品服装出口提出了严峻的挑战，从而大大增加了出口企业的成本和经营难度，同时也增强了企业的危机意识和竞争意识。

## 复习与思考

（1）分析技术壁垒对我国未来纺织品服装出口的影响。

（2）阐述我国服装企业如何应对绿色壁垒限制。

（3）阐述我国服装企业如何才能达到社会标准要求。

（4）分析美国和欧盟产品召回制度对我国服装出口的影响。

## 参考文献

［1］刘馨蔚 . 欧盟绿色贸易壁垒将全面提高，中国纺织品企业"压力山大"［J］. 中国对外贸易，2017（1）：30-32.

［2］王孝松，吕越，赵春明 . 贸易壁垒与全球价值链嵌入——以中国遭遇反倾销为例［J］. 中国社会科学，2017（1）：108-124，206-207.

［3］董新昕，兰丽丽，周李琼，等 . 国际纺织品技术性贸易措施现状及应对策略［J］. 标准科学，2021（9）：43-47.

［4］徐鑫，王步芳 . 逆全球化趋势下纺织贸易壁垒及其影响分析［J］. 对外经贸实务，2021（11）：50-54.

［5］项汤祥 . 绿色壁垒对中国纺织业的影响及对策分析［J］. 中国高新区，2018（2）：1-2.

# 第四篇　国际纺织品服装贸易格局

当前国际纺织品服装贸易的基本格局：发达国家和地区是全球纺织品服装的主要进口者，发展中国家和地区是全球纺织品服装市场的主要供应者。

发达国家进口了全球 70% 以上的纺织品服装，而发展中国家所占比重不足 30%。欧盟、美国和日本是全球三大纺织品服装进口市场。中国是最大的纺织品服装出口国，包括印度、土耳其和巴基斯坦也是传统纺织品服装生产国。近年来，孟加拉国、越南、马来西亚和柬埔寨等新兴纺织品服装生产国的出口迅速扩大，成为新兴的纺织品服装出口国。

从国际纺织品服装进出口贸易格局来看，欧美发达国家仍然保持纺织品服装出口竞争优势。同时，也是全球纺织品服装主要进口市场。发达经济体人均 GDP 水平高，服装购买力强，国内中低档服装消费以进口为主，服装主要进口来源地为发展中经济体。同时，在高端时装市场上，发达经济体拥有较强的出口能力。因此，发达经济体既是高端时装服装的出口国，又是中低档服装的进口国。

随着新一轮全球纺织服装产业向亚洲、非洲转移，世界纺织服装生产中心已经转向亚洲和非洲国家，新兴发展中国家和地区的纺织服装业迎来了新的发展机遇，新兴纺织品服装生产国以低成本优势，迅速成为全球服装前 10 位出口国。同时，纺织品出口竞争力在不断增强。亚洲国家已成为全球纺织品服装主要出口地区。

# 世界主要纺织品服装进口市场

**课程名称**：世界主要纺织品服装进口市场

**课程内容**：1. 美国

         2. 欧盟

         3. 日本

**课程学时**：4 课时

**教学要求**：通过本章的学习，了解美国、欧盟和日本世界三大纺织品服装进口市场
在国际纺织品服装贸易中的地位，掌握这些市场纺织品服装贸易的概况
和特点，了解三大市场的纺织品进口格局及服装进口格局。

# 第六章　世界主要纺织品服装进口市场

全球纺织品服装进口贸易格局，反映了全球纺织品服装消费市场和格局。2000年全球纺织品服装累计进口额为3684亿美元，到2010年超过6000亿美元，2017年超过8000亿美元，2021年超过9000亿美元。尽管全球纺织品服装进口额每年有一定幅度的波动，但总体上讲，呈逐年增长的走势，如表6-1所示。

表6-1　2000~2021年全球纺织品服装进口额

| 年份 | 2000 | 2005 | 2010 | 2011 | 2012 | 2013 | 2014 |
|---|---|---|---|---|---|---|---|
| 进口额（亿美元） | 3684 | 4944 | 6384 | 7505 | 7339 | 7935 | 6803 |
| 年份 | 2015 | 2016 | 2017 | 2018 | 2019 | 2020 | 2021 |
| 进口额（亿美元） | 7902 | 7766 | 8226 | 8817 | 8739 | 8512 | 9665 |

资料来源：根据 WTO 数据整理得出。

欧盟、美国和日本是全球最大的纺织品服装进口市场。2021年欧盟、美国和日本三大经济体纺织品服装累计进口额达4569.0亿美元，占全球纺织品服装进口总额的47.3%，尤其三大市场服装进口额达3286.1亿美元，占全球服装进口总额的57%。三大市场不仅进口规模大，消费能力强。同时，也是新兴服装生产加工国的主要出口目的地，如表6-2所示。

表6-2　2021年欧盟、美国和日本纺织品服装进口额及占全球比重

| 三大市场 | 纺织品 | | 服装 | | 纺织品服装 | |
|---|---|---|---|---|---|---|
| | 进口额<br>（亿美元） | 占进口总额<br>比重（%） | 进口额<br>（亿美元） | 占进口总额<br>比重（%） | 进口额<br>（亿美元） | 占进口总额<br>比重（%） |
| 欧盟 | 794.5 | 20.4 | 1957.9 | 33.9 | 2752.5 | 28.5 |
| 美国 | 395.6 | 10.2 | 1062.9 | 18.4 | 1458.4 | 15.1 |
| 日本 | 92.9 | 2.4 | 265.3 | 4.6 | 358.2 | 3.7 |
| 合计 | 1283.0 | 32.9 | 3286.1 | 57.0 | 4569.0 | 47.3 |

资料来源：根据 WTO 数据整理得出。

# 第一节　美国

## 一、美国纺织服装产业发展概况

美国纺织服装产业从 19 世纪中期开始发展。1900 年，美国棉花消费量和生丝消费量均超过英国。1913 年，在世界棉纺织总产量中，美国占了 27.5%，英国只占 18.5%。美国纺织工业的鼎盛时期是 1925 年前后，美国具有棉花资源优势，并首次开始化纤生产的工业化，取代了英国成为当时的世界纺织制造中心。

第二次世界大战以后，从 20 世纪 50 年代开始，美国纺织服装产业的产出和就业开始下降。60 年代受美国鼓励海外组装加工政策的支持，一些纺织企业改产服装，在海外建立缝纫、精纺、编织厂，以降低成本。70 年代以后，由于受到南美和亚洲低工资国家的巨大竞争压力，美国纺织服装业出现萎缩。进入 80 年代，美国纺织服装产业开始加快进行设备技术改造，以前所未有的速度投资新技术，劳动生产率以两倍于制造业平均水平的速度增长。这一时期，美国纺织服装业的就业出现大幅下降。1973 年，美国纺织服装业就业人员 240 万，到 1996 年下降到 150 万，降幅达 39%（同期全美就业率上升 56%，制造业就业率下降 8%）。2017 年，美国纺织服装产业供应链提供了 55.05 万个就业岗位。

近 30 年来，美国纺织服装业受到产能过剩、多边和双边贸易自由化逐步加深、亚洲金融危机及亚洲国家货币贬值、发展中国家纺织服装业竞争力增强等各种不利因素的影响，产业发展受到冲击，整体上处于衰退态势。

为了扭转产业发展下滑的趋势，美国纺织服装业进行了一系列调整。这些调整包括：投资新技术，通过企业兼并来降低成本，开展离岸外包，开发新产品和服务。虽然美国纺织服装业整体上处于下滑态势，但美国仍然是一个纺织品服装生产大国。美国纺织服装业主要集中在北卡罗来纳、加利福尼亚、佐治亚、纽约、南卡罗来纳、得克萨斯、亚拉巴马、宾夕法尼亚、弗吉尼亚和田纳西十个州。

美国纺织服装业发展的主导思想是强调高技术产业对传统产业的渗透和结合，以高科技纺织产品开发为发展方向。结合美国在人力资本、基础设施、技术创新、金融市场等方面具有的显著优势，美国纺织服装业仍然在创新技术和新型纤维领域居世界领先地位。

### （一）美国纺织服装产业规模

根据美国纺织产业委员会（NCTO）公布的数据显示（表 6-3），2022 年，美国人造纤维和长丝、纺织品和服装的产值约为 658 亿美元。

按照行业细分，纱线及织物业产值达 275 亿美元，占行业总产值的 41.8%；家庭装饰、地毯及其他非服用纺织品产值为 237 亿美元，占行业总产值的 36.0%；服装业产值为 90 亿美元，占行业总产值的 13.7%；人造纤维产业产值为 56 亿美元，占行业总产值的 8.5%。

表 6-3　2022 年美国纺织业产值按行业细分

| 各细分行业 | 产值（亿美元） | 占总产值比重（%） |
|---|---|---|
| 纱线及织物 | 275 | 41.8 |
| 家庭装饰、地毯及其他非服用纺织品 | 237 | 36.0 |
| 服装 | 90 | 13.7 |
| 人造纤维 | 56 | 8.5 |
| 总产值 | 658 | 100.0 |

资料来源：根据 NCTO 数据整理得出。

2022 年，美国纺织产业供应链提供了超过 53.81 万个就业岗位（表 6-4），包括：纱线、织物行业从业人员达 9.83 万人；家用、地毯、非服用纺织行业从业人员达 10.42 万人；服装制造业从业人员达 9.32 万人；人造纤维行业从业人员达 2.58 万人；棉花种植及其他相关产业为 11.52 万人提供就业；羊毛及其相关产业为 10.14 万人提供了就业。2022 年，美国纺织工人的周薪为 722 美元。

表 6-4　2022 年美国纺织服装行业各子行业从业人员

| 各细分行业 | 从业人数（万人） | 占行业从业人员比重（%） |
|---|---|---|
| 纱线、织物 | 9.83 | 18.3 |
| 家用、地毯、非服用纺织 | 10.42 | 19.4 |
| 服装制造 | 9.32 | 17.3 |
| 人造纤维 | 2.58 | 4.8 |
| 棉花种植及其他相关产业 | 11.52 | 21.4 |
| 羊毛及其相关产业 | 10.14 | 18.8 |
| 合计 | 53.81 | 100.0 |

资料来源：根据 NCTO 数据整理得出。

据估算，一个纺织服装业的岗位能够带动 3 个其他行业的工作岗位。美国纺织服装业近 80% 的就业人员是非纺织服装加工环节，如服装零售店员、时装设计师、服装买手、经销商、数据分析专家、供应链管理专业人士、营销分析人员等。在美国，仅从事服装批发及贸易活动的从业人员达 14.5 万人，时装设计人员有 1.8 万人。尽管美国纺织服装加工业雇员人数在逐年下降，但与纺织服装业上下游关联部门提供了大量的就业机会，纺织服装相关产业部门劳动生产率水平也在逐年提高。

### （二）美国是全球纺织品研发的领导者

美国服装以运动、休闲、专业著称，服装品牌企业专注面料的功能性开发、运动的专业性研究，特别是在运动服和户外服领域，美国服装品牌具有较强的国际竞争优势，例如，Nike 公司开发了纳米技术的纤维，这种纤维成为户外体育用品非常适宜的用料。

美国长期以来，在许多纺织纤维技术领域处于全球领先地位，占据全球科技类纺织品高端市场，产品附加值高。大规模定制设计包括使用 3D 扫描和设计公司定制、电脑辅助设计等生产技术。例如，Nike 公司在尺寸、样式、构造、做工和颜色方面为户外体育用品客户提供定制服务，而 Target 公司也为医疗、车辆用布的客户提供类似的服务。

在下一代纺织材料领域，美国是全球纺织品研发的领导者，如具有抗静电性能的导电织物，可监测心率和其他生命体征的电子纺织品，抗菌纤维，防弹衣和适应气候的新面料使穿着者更温暖或更凉爽。

美国产业用纺织品，包括车辆用、船舶用、建筑用、居室用、医疗卫生用和体育运动用的纤维消费量，超过衣着用纺织品。

### （三）美国拥有全球最大的运动装和户外装品牌

如表 6-5 所示，美国最大时装公司 Nike 是美国运动生活方式品牌商，2022 年营业收入达 467.1 亿美元，Nike 品牌的商品全球销售，但美国是其最大的销售市场，占年销售的 39%；欧洲市场占 27%。Nike 公司收入的 91% 是来自 Nike 品牌产品，其余的 5% 的收入来自 Converse 子品牌。Nike 鞋品销售占其总共收入的 62%。

表 6-5　2022 年美国著名服装品牌商

| 品牌 | 品牌定位 | 年营业收入（亿美元） | 渠道 |
|---|---|---|---|
| Nike | 运动生活方式品牌 | 467.1 | 美国市场占其销售总额的 39%，欧洲市场占 27% 　 其中，鞋品销售额占收入的 62% |
| TJX | 快时尚零售商 | 485.5 | 美国市场占其零售额的 79% 同时在加拿大和欧洲销售 |
| Ross stores | 服装零售商 | 189.2 | 只在美国市场销售，女性服装销售额占收入的 25% |
| Gap | 休闲时尚品牌 | 166.7 | 美国市场收入占比 85% |
| Foot Locker | 体育服装及用品零售商 | 75.48 | 72% 的营业收入来自美国本土 |

资料来源：根据《2022 全球零售力量 250》整理得出。

美国第二大服装品牌零售商，快时尚品牌 TJX 公司，2022 年营业收入 485.5 亿美元，旗下有知名的快时尚品牌 T. J. Maxx，美国市场占 T. J. Maxx 销售总额的 79%。TJX 公司旗下的品牌还有 HomeSense、Winnershe 和 Marshalls，主要在加拿大和欧洲市场销售。

美国第三大时装零售商是罗斯百货，2022 年营业收入达 189.2 亿美元。其子公司经营着两个品牌的低价零售服装店和家居时装店——Ross Dress for Less 和 dd's DISCOUNTS。主要提供服装、配饰、鞋类和家居时尚。截至 2021 年，罗斯百货公司在美国 40 个州，哥伦比亚特区和关岛经营着约 1850 家低价服装和家居时尚商店。

美国第四大时装品牌是盖璞（Gap）品牌，其服饰带给人们一种休闲的气质，让无拘无束的美国青年能够尽情地享受自然、舒适的生活。以价格合理、式样简单的休闲服装为标志的 GAP 服饰，深受美国大众的喜爱，值得一提的是它的裤装，试样比较适合大众，简单但又有流行的细节。

美国第五大时装零售商是 Foot Locker，是世界上最大的体育用品网络零售商，在 2022 年营业额达到了 75.48 亿美元，其中 72% 的营业收入是来自美国本土。主要以销售球队队服、T 恤及体育用品为主。

2022 年全球市值排名前 50 家（Top 100 Index）服装时尚类上市公司中，美国有 13 家服装时尚类上市公司进入前 50 大，表明美国时装企业善于借助资本市场发展壮大，时装类企业上市公司多，市值高。

### （四）美国服装品牌重视海外市场开拓

德勤发布的《2022 全球零售力量 250》榜单中，美国服饰和配饰品类零售商有 6 家进入 250 强，数量最多。其中，Nike 在全球 76 个国家有零售业务，Gap 在全球 40 个国家有零售业务，海外市场对品牌销售收入贡献显著，为品牌全球扩张提供了有力的支撑。

## 二、美国纺织品服装进出口概况

### （一）美国是全球最大的纺织品服装进口国

2021 年，美国 GDP 总量为 23 万亿美元，居全球第一位，人口达 3.3 亿人，人均 GDP 为 69231 美元。美国是全球最大的纺织品服装消费市场。全球任何一个国家发展纺织服装业，特别是出口导向型国家的纺织服装业，都离不开美国进口市场的支撑。

图 6-1 所示的是 2000—2021 年美国纺织品和服装进口额。整体上看，2020 年，美国纺织品进口额达到历史最高，为 451.7 亿美元。2021 年以来，美国服装进口规模达到 1000 亿美元以上。

如表 6-6 所示，美国是全球第一大纺织品和服装进口国和全球最大的服装消费国。2021 年，美国纺织品进口额为 395.6 亿美元，占全球纺织品进口总额的 10.2%，服装进口额为 1062.9 亿美元，占全球服装进口总额的 18.4%。2021 年，美国从 196 个国家和地区进口超过 1000 亿美元的纺织服装产品。

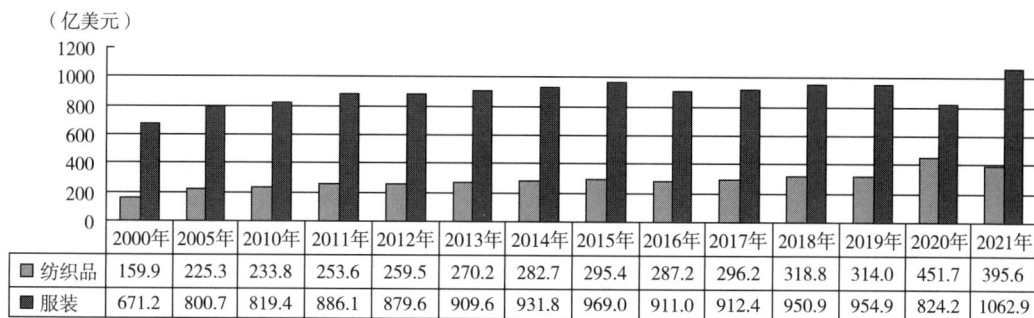

| （亿美元） | 2000年 | 2005年 | 2010年 | 2011年 | 2012年 | 2013年 | 2014年 | 2015年 | 2016年 | 2017年 | 2018年 | 2019年 | 2020年 | 2021年 |
|---|---|---|---|---|---|---|---|---|---|---|---|---|---|---|
| 纺织品 | 159.9 | 225.3 | 233.8 | 253.6 | 259.5 | 270.2 | 282.7 | 295.4 | 287.2 | 296.2 | 318.8 | 314.0 | 451.7 | 395.6 |
| 服装 | 671.2 | 800.7 | 819.4 | 886.1 | 879.6 | 909.6 | 931.8 | 969.0 | 911.0 | 912.4 | 950.9 | 954.9 | 824.2 | 1062.9 |

图 6-1　2000—2021 年美国纺织品和服装进口额

资料来源：根据 WTO 数据整理得出。

表 6-6　2021 年美国纺织品和服装进口额及地位

| 全球位次 | 纺织品进口额（亿美元） | 占全球纺织品进口总额比重（%） | 全球位次 | 服装进口额（亿美元） | 占全球服装进口总额比重（%） |
|---|---|---|---|---|---|
| 1 | 395.6 | 10.2 | 1 | 1062.9 | 18.4 |

资料来源：根据 WTO 数据整理得出。

从美国服装进口来源地前 10 位国家来看，主要是亚洲和拉美国家为主，亚洲有 7 个国家，分别为：中国、越南、孟加拉国、印度尼西亚、印度、柬埔寨、巴基斯坦，拉美有 3 个国家，分别为：墨西哥、洪都拉斯和尼加拉瓜。这些国家与美国签订自贸协定，例如，北美自贸协定（NAFTA）、中美洲自由贸易协定（CAFTA），服装出口到美国享受低关税或零关税优惠待遇（表 6-7）。

表 6-7　美国服装进口来源地前 10 位国家

| 进口来源地 | 2020 年 服装进口额（亿美元） | 2021 年 服装进口额（亿美元） | 2022 年 服装进口额（亿美元） | 2022 年 占美国进口总额比重（%） |
|---|---|---|---|---|
| 中国 | 151.54 | 195.91 | 217.51 | 21.8 |
| 越南 | 125.69 | 143.42 | 182.41 | 18.3 |
| 孟加拉国 | 52.28 | 71.39 | 97.29 | 9.7 |
| 印度 | 30.20 | 41.90 | 56.82 | 5.7 |
| 印度尼西亚 | 35.15 | 41.46 | 56.00 | 5.6 |
| 柬埔寨 | 28.24 | 33.84 | 43.46 | 4.4 |
| 墨西哥 | 22.03 | 28.29 | 31.62 | 3.2 |
| 洪都拉斯 | 18.25 | 26.50 | 31.79 | 3.2 |
| 尼加拉瓜 | 13.96 | 19.85 | 28.45 | 2.8 |
| 巴基斯坦 | 14.01 | 22.20 | 27.47 | 2.8 |

资料来源：美国商务部纺织品服装办公室（OTEXA）。

美国与亚洲、非洲、美洲和大洋洲多个国家和地区签署了自由贸易协定，其中多边自贸协定主要有：1994 年生效的《北美自由贸易协定》（NAFTA）、2000 年生效的《非洲增长机遇法案》（AGOA）、2006 年生效的《中美洲自由贸易协定》（CAFTA-DR，萨尔瓦多、危地马拉、洪都拉斯、尼加拉瓜、哥斯达黎加中美洲五国及多米尼加共和国）；双边自贸协定有：美国约旦自贸协定（2001 年）、美国智利自贸协定（2004 年）、美国新加坡自贸协定（2004 年）、美国澳大利亚自贸协定（2005 年）、美国摩洛哥自贸协定（2006 年）、美国巴林自贸协定（2006 年）、美国秘鲁自贸协定（2009 年）、美国哥伦比亚自贸协定（2012 年）、美国巴拿马自贸协定（2012 年）、美韩自由协定（2012 年）。

上述自贸协定中纺织品服装都是主要受惠产品，涉及纺织品服装原产地规则及优惠关税待遇，推动了这些国家和地区对美国纺织品服装的出口，如表 6-8 所示。如果按照自贸协定统计，东盟国家和中美洲自贸协定国家是美国纺织品服装进口的重要来源地。

**表 6-8 美国服装进口按自贸协定统计**　　　　　单位：亿美元

| 区域 | 2020 年 | 2021 年 | 2022 年 |
|---|---|---|---|
| 东盟 | 207.09 | 237.88 | 306.41 |
| 中美洲自由贸易协定 | 61.78 | 86.20 | 105.33 |
| 经合组织 | 27.87 | 38.53 | 47.26 |
| 美墨加自由贸易协定 | 26.32 | 33.37 | 37.33 |
| 墨西哥 | 22.03 | 28.29 | 31.62 |
| 欧盟 | 18.77 | 24.20 | 30.31 |

资料来源：美国商务部纺织品服装办公室（OTEXA）。

从美国纺织品进口来源地前 10 位国家来看，以亚洲出口国家和地区为主，包括：中国、印度、巴基斯坦、土耳其、越南、韩国和柬埔寨；北美自贸协定（NAFTA）的墨西哥和加拿大；欧盟的意大利（表 6-9）。

**表 6-9 美国纺织品进口来源地前 10 位国家**

| 进口来源地 | 2020 年 纺织品进口额 （亿美元） | 2021 年 纺织品进口额 （亿美元） | 2022 年 纺织品进口额 （亿美元） | 占美国进口总额比重（%） |
|---|---|---|---|---|
| 中国 | 101.08 | 119.69 | 109.19 | 33.9 |
| 印度 | 37.96 | 56.42 | 53.68 | 16.7 |
| 巴基斯坦 | 15.63 | 20.03 | 20.20 | 6.3 |
| 土耳其 | 14.43 | 19.62 | 17.63 | 5.5 |
| 墨西哥 | 11.95 | 14.59 | 16.03 | 5.0 |
| 越南 | 8.22 | 10.74 | 14.11 | 4.4 |
| 韩国 | 7.01 | 8.31 | 9.11 | 2.8 |
| 柬埔寨 | 4.54 | 5.87 | 8.72 | 2.7 |

续表

| 进口来源地 | 2020 年 | 2021 年 | 2022 年 | |
|---|---|---|---|---|
| | 纺织品进口额<br>（亿美元） | 纺织品进口额<br>（亿美元） | 纺织品进口额<br>（亿美元） | 占美国进口总额比重（%） |
| 意大利 | 4.70 | 7.23 | 8.27 | 2.6 |
| 加拿大 | 6.03 | 6.86 | 6.61 | 2.1 |

资料来源：美国商务部纺织品服装办公室（OTEXA）。

## （二）美国是全球第五大纺织品出口国

根据 WTO 数据显示（表 6-10），2021 年，美国纺织品服装出口总额为 192.58 亿美元，其中，纺织品出口额为 131.22 亿美元，占全球纺织品出口总额的 3.7%，为全球第五大纺织品出口国，服装出口额为 61.36 亿美元，居全球第 18 位。

表 6-10　2021 年美国纺织品服装出口额及地位

| 全球<br>位次 | 纺织品出口额<br>（亿美元） | 占全球纺织品<br>出口总额比重（%） | 全球<br>位次 | 服装出口额<br>（亿美元） | 占全球服装<br>出口总额比重（%） |
|---|---|---|---|---|---|
| 5 | 131.22 | 3.7 | 18 | 61.36 | 1.1 |

资料来源：根据 WTO 数据整理得出。

根据美国商务部统计数据显示，2022 年，美国纺织品服装出口额为 249.19 亿美元，出口市场多达 200 多个国家和地区，出口市场以北美自贸协定成员国和中美洲自贸协定成员国为主，占出口总额的 88.4%，并且比例逐年攀升（表 6-11）。

表 6-11　2022 年美国纺织品服装出口前 10 位国家

| 区域 | 纺织品服装<br>出口额（亿美元） | 占美国出口总额<br>比重（%） | 前 10 位出口<br>国家 | 纺织品服装<br>出口额（亿美元） | 占美国出口总额<br>比重（%） |
|---|---|---|---|---|---|
| 美墨加自由<br>贸易协定 | 179.92 | 72.2 | 墨西哥 | 68.37 | 27.4 |
| | | | 加拿大 | 59.97 | 24.1 |
| 中美洲自由<br>贸易协定 | 40.43 | 16.2 | 洪都拉斯 | 17.31 | 7.0 |
| | | | 多米尼加共和国 | 7.01 | 2.8 |
| | | | 尼加拉瓜 | 5.28 | 2.1 |
| 欧盟 | 26.52 | 10.6 | 荷兰 | 4.42 | 1.8 |
| | | | 德国 | 3.64 | 1.5 |
| | | | 比利时 | 3.00 | 1.2 |
| | | | 中国 | 7.99 | 3.2 |
| | | | 日本 | 5.19 | 2.1 |

资料来源：美国商务部纺织品服装办公室（OTEXA）。

从美国纺织品服装出口商品构成来看，根据美国商务部数据显示（图 6-2），2022 年美国原料及纺织品服装出口总额为 249.19 亿美元，其中，纺织品出口额为 175.41 亿美元，在纺织品出口中，美国纱线出口额为 45.77 亿美元，织物出口额为 87.78 亿美元，家纺及非服用出口额为 41.87 亿美元；服装出口额为 73.77 亿美元。

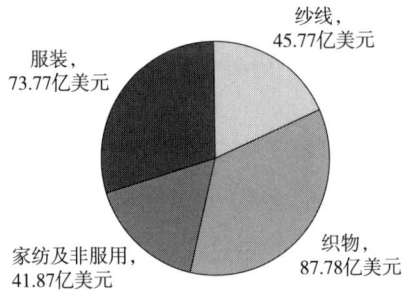

**图 6-2  2022 年美国纺织品服装出口商品构成**

资料来源：美国商务部纺织品服装办公室（OTEXA）。

# 第二节  欧盟

## 一、欧盟纺织服装业发展概况

欧洲主要发达经济体，自第一次工业革命以来，一直在全球纺织服装业具有较强的国际竞争力。其中，欧盟成员中的德国、英国、法国、意大利和西班牙五国又是世界上纺织服装业高度发达的国家，是全球高品质的纺织品和世界时装研发、设计、制造、发布中心，制造高端纺织机械，也是全球纺织品服装消费市场和全球纺织品服装贸易中心。

过去 20 年来，随着欧洲纺织服装业的成本不断上升，欧盟纺织服装业开始下滑，行业企业数据减少、雇佣人数下降、产值下滑等。目前，欧洲的纺织企业依靠技术创新、设计、流行趋势发布，仍保持世界领先地位。在欧洲多个国家纺织服装业仍是各国经济的重要产业之一。

### （一）欧盟纺织服装业发达

根据欧盟统计局数据显示（表 6-12），2021 年，欧盟共有纺织企业 4.83 万家，服装企业 9.46 万家，纺织企业雇员人数为 537482 人，服装企业雇员人数为 760637 人，纺织业产值为 816 亿欧元，服装业产值为 653 亿欧元。纺织业劳动生产率为 151819 欧元/人，服装业劳动生产率为 85849 欧元/人。近些年，欧盟纺织品生态系统不仅创造附加值，并为投资和创新创造机会，所以各项指标均有提升。

表 6-12　2021 年欧盟纺织服装业

| 指标 | 纺织业 | 服装业 | 合计 |
|---|---|---|---|
| 企业数量（个） | 48343 | 94591 | 142934 |
| 就业人数（人） | 537482 | 760637 | 1298119 |
| 产值（亿欧元） | 816 | 653 | 1469 |
| 劳动生产率（欧元/人） | 151819 | 85849 | —— |

资料来源：欧盟统计局，由作者整理得出。

欧盟在纺织业和服装业仍处于领先地位。2021 年，欧盟纺织服装产业总产值为 1469 亿欧元。其中，欧盟纺织业产值前六位的国家分别是：意大利、德国、法国、西班牙和葡萄牙，占欧盟纺织业总产值的 72%。欧盟服装业产值前九位的国家分别为：意大利、德国、法国、西班牙、葡萄牙、比利时、奥地利、罗马尼亚和捷克共和国，占欧盟服装业产值的 87%。欧盟南部国家对服装总产量的贡献更大。而德国、比利时、荷兰和奥地利等北方国家对纺织品生产的贡献更大，尤其是产业用纺织品。欧盟成员中，三个西欧国家，如意大利、法国和德国，以高端奢侈时装业为主。东欧和南欧国家，如波兰、乌拉圭、罗马尼亚等，因其劳动力成本低，以生产中端大众服装为主。

从纺织服装了产业产值占比来看，2021 年，欧盟纺织业产值占行业总产值的 51%，服装业产值占行业总产值的 44%，人造纤维业产值占行业总产值的 5%，如图 6-3 所示。三个分类中只有纺织业的比例在上升，说明欧洲纺织工业重拾了对纺织业的重视，不论是制造过程、研发还是零售都进行了许多变革以保持其竞争力，大部分欧盟国家的纺织工业已转向生产附加值更高的产品。

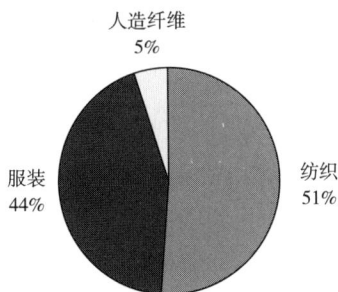

图 6-3　2021 年欧盟纺织服装子产业产值占比

资料来源：欧盟统计局，由作者整理得出。

### 1. 德国以技术创新保持全球纺织服装领先地位

德国是仅次于意大利的欧盟纺织服装业第二大国。德国纺织服装业分为三大制造部门，即成衣、室内装饰纺织品、工业用科技纺织品。近年来，德国加大了对技术及资本密集型纺织产品的开发和投资。长期以来，德国纺织服装业以技术创新引领，使其成为德国最重要的产业之一，通过将低技术制造环节的海外转移，目前德国拥有高科技环节的纺织业，使德国纺织业处于全球技术领先地位，并拥有45%的纺织先进技术。2020年，德国纺织服装产业营业额约为290亿欧元，其中技术纺织品制造商的年营业额约为130亿欧元，时装和服装纺织品的年销售额约为120亿欧元，鞋类和皮革制品以及家用和家居纺织品的年销售额各为30亿欧元。纺织服装业大约有1400家中小型企业，为德国约130万人提供了就业机会，其中77万人直接在时尚产业工作。

### 2. 法国以高级时装引领全球时尚流行趋势

法国纺织服装业悠久历史，以高级时装手工定制闻名，将传统的纺织服装升级定位为高级时装，以高档、奢侈引领全球时尚流行趋势。法国聚集了世界顶级的高级时装、珠宝首饰、皮革制品、香水、化妆品、水晶制品加工企业。主要集团有路威酩轩（LVMH）、香奈儿（Chanel）、爱马仕（Hermès）、迪奥（C. Dior）。

2020年，法国时尚业从业者有61万之多，每年创造375亿欧元的产值，占法国GDP的1.7%。法国在三个时尚领域占领全球高端市场：香水和化妆品、高级时装（奢侈品成衣）、高级珠宝。法国约有2500家纺织服装企业，这些企业在法国雇用了3.2万人，在国外雇用了约30万人。法国的时尚产业直接或间接地为法国提供了100万个工作岗位。

### 3. 纺织品服装贸易是意大利第四大出口商品

意大利是欧盟最大的纺织品服装生产国。纺织服装业是意大利历史悠久的传统行业，也是意大利国民经济的支柱产业，经过多年的发展意大利成为全球纺织品服装生产和出口强国。

意大利纺织服装业代表了意大利制造业的核心，2021年营业额为833.38亿欧元，较上年增加了21.2%。时装业是意大利第二大制造业。它直接雇用了近60万名工人，并通过零售和相关服务间接雇用了同样多的工人。截至2020年，该行业拥有企业5.8万余家。2019年，意大利的人均支出和储蓄购买力达到17799欧元，比欧洲平均水平14739欧元高出约21%。意大利北部较富裕，南部较贫穷，两者之间的购买力分布存在明显差异。购买力排名第一名的是时尚之都米兰，人均购买力为25077欧元，比全国平均水平高出近41%，比欧洲平均水平高出约70%。

2021年，意大利纺织品服装是意大利第四大出口产品，主要出口市场是欧洲国家和美国（表6-13）。

表 6-13　2021 年意大利纺织品服装出口市场

| 国家和地区 | 出口额（亿美元） | 同比（%） | 占比（%） |
| --- | --- | --- | --- |
| 法国 | 43.02 | 25.70 | 10.66 |
| 德国 | 41.48 | 19.87 | 10.28 |
| 瑞士 | 34.12 | 22.22 | 8.46 |
| 美国 | 25.59 | 35.36 | 6.34 |

| 国家和地区 | 出口额（亿美元） | 同比（%） | 占比（%） |
| --- | --- | --- | --- |
| 中国 | 23.21 | 50.05 | 5.75 |

资料来源：根据 WTO 数据整理得出。

#### 4. 西班牙纺织服装产量居欧盟第五位

纺织服装业在西班牙工业中占重要地位，约占其工业产值的 4%。西班牙纺织服装产量占欧盟总产量的十分之一，在德国、意大利、英国、法国之后居第五位。西班牙纺织服装企业多为中小企业，2022 年，纺织服装行业营业额约 118.5 亿欧元，较上年上涨了 13.2%。2022 年，时尚行业从业人员达 13.1 万人，年平均工资为 30751.4 美元/人。西班牙纺织品生产主要集中在加泰罗尼亚和瓦伦西亚两个自治区，服装生产遍及全国。

#### 5. 葡萄牙纺织服装产量居欧盟第六位

纺织和制衣业是葡萄牙最重要的产业之一，该产业就业人数占葡萄牙工业就业总数的 20%，收入占制造业收入的 9%。根据葡萄牙国家统计局公布的数据显示，2018 年，葡萄牙纺织和制衣工业总产值约 50.25 亿欧元，占葡萄牙工业总产值的 5.69%。葡萄牙有约 6000 家纺织和制衣公司，大部分为中小型企业，只有小部分发展为具有上下游产业链的大型公司。主要企业包括 Lasa 集团、More 纺织集团、Sampaio Filho 纺织公司、Texteis Penedo 公司、Sampedro 公司等。

### （二）欧洲五国是全球服装主要消费市场

根据欧盟服装纺织品联盟数据显示，2020 年，欧盟家庭在纺织品服装上的支出约为 2200 亿欧元，在服装上的人均支出在 490 欧元以上。欧洲五国人均衣着购买力强，人均 GDP 水平高，巨大的国内消费市场对纺织服装业形成有力的支撑。

如图 6-4 所示，欧盟成员中，德国、意大利、法国、西班牙、葡萄牙五国是最大的服装零售市场，占欧盟服装零售市场总额的 72%，主要与这五个国家人均 GDP 水平和人口规模相关。

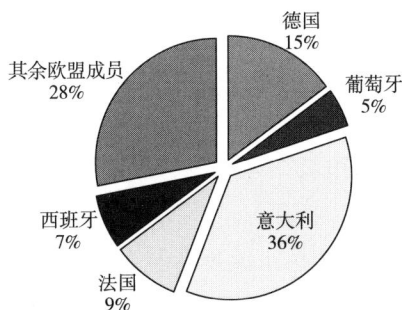

**图 6-4　2021 年欧盟成员服装零售额占欧盟服装零售市场总额比重**

资料来源：欧盟服装纺织联盟（EURATEX）。

### （三）时装教育领先

欧洲五国在全球时装行业的领先优势，与重视时装设计人才培养密切相关。各国都有世界顶级的时装设计学院，非常注重纺织服装文化教育，做到既站在流行前沿，又不失这个行业应有的严谨，成为世界著名时装设计师的摇篮（表6-14）。

**表6-14 欧洲五国时装产业优势**

| 国家 | 著名时装设计院校 |
| --- | --- |
| 德国 | 哈勒艺术和设计学院 |
| | 杜塞尔多夫时装设计学院 |
| 意大利 | 马兰欧尼时装设计学院 |
| | 意大利时装设计学院 |
| | 米兰理工大学 |
| 法国 | 巴黎ESMOD高级时装学院 |
| | 巴黎高级时装学院 |
| 西班牙 | 马德里大学 |
| 葡萄牙 | 贝拉因特拉大学 |
| | IADE-艺术设计与企业管理学院 |

资料来源：根据Fashion United数据整理得出。

### （四）世界时装流行趋势发布中心

法国巴黎、英国伦敦、意大利米兰、美国纽约、德国柏林是世界五大时装之都。每年巴黎时装周、伦敦时装周、米兰时装周、纽约时装周、柏林时装周，分别代表了高级时装、高级男装、男装、前卫和科技，而西班牙的巴塞罗那时装周和马德里时装周代表了女装，欧洲五国时装周，引领着世界纺织服装产业的走向和国际时尚流行趋势，是国际流行趋势的风向标。

### （五）世界顶级品牌和零售渠道

经历百年的发展，欧洲四国拥有世界知名时装品牌（表6-15），包括奢侈品牌、男装品牌、女装品牌、快时尚品牌、运动品牌、内衣及户外服装品牌等。上述品牌定位分别为高端市场、中端市场和大众市场，通过设计、品牌文化和商业模式创新，占据全球服装消费各个细分市场。

Fashion United公布的2021年全球市值排名前100家（Top 100 Index）服装时尚类上市公司中，欧洲四国有16家服装时尚类上市公司进入前100大。其中，法国服装时尚公司有5家、意大利有6家、德国有4家、西班牙有1家。

表 6-15　欧洲四国拥有的世界知名时装品牌

| 国家 | 品牌 | 2021 年品牌价值（亿美元） | 国家 | 品牌 | 2021 年品牌价值（亿美元） |
|---|---|---|---|---|---|
| 法国 | LVMH | 1811.3 | 意大利 | Luxottica | 305.3 |
| | Hermès | 714.9 | | Prada Group | 108.6 |
| | ChristianDior | 787.3 | | SalvatoreFerragamo | 46.0 |
| | Kering | 759.3 | | TOD'S | 25.0 |
| | Moncler | 89.5 | | Brunello Cucinelli | 21.3 |
| | | | | GEOX | 9.1 |
| 德国 | Zalando | 135.2 | 西班牙 | Inditex | 1004.1 |
| | Hugo Boss | 22.0 | | | |
| | PUMA | 65.4 | | | |
| | Gerry Weber | 4.5 | | | |

资料来源：根据 Fashion United 数据整理得出。

## 二、欧盟纺织品服装进出口概况

### （一）欧盟是全球第一大纺织品服装进口市场

欧盟是世界第一大纺织品服装进口市场。2000 年，欧盟纺织品服装进口已占世界纺织品服装进口总额的 31%，其中纺织品占比为 29.7%，服装占比为 32.7%。此后，随着美国纺织品服装进口的增长，欧盟进口占世界市场的份额有所下降，但 2000—2015 年，欧盟依然维持了平均 32% 的市场份额。近年来，欧盟纺织品服装进口量持续减少到 2021 年的 25% 以下。

根据欧盟统计局数据显示，2021 年欧盟人口约为 4.47 亿人，庞大消费市场和成员国较高的人均收入，人均纤维消费量大，使欧盟成为全球纺织品和服装主要进口市场。

根据 WTO 统计数据显示（图 6-5），2000 年，欧盟纺织品进口总额为 490.7 亿美元，占全球纺织品进口总额的 29.7%，居全球纺织品进口第一位。2021 年，欧盟纺织品进口总额为 794.5 亿美元，占全球纺织品进口总额比重下降到 20.4%，仍是全球第一大纺织品进口市场。

根据 WTO 统计数据显示（图 6-6），2000 年，欧盟服装进口额为 663.1 亿美元，占全球服装进口总额的 32.7%，居全球服装进口第二位。2021 年，欧盟服装进口总额为 1957.9 亿美元，占全球服装进口总额比重 33.9%，是全球第一大服装进口市场。

### （二）欧盟是全球第二大纺织品服装出口市场

欧盟也是全球第二大纺织品和服装出口市场。2000 年，欧盟纺织品服装出口占世界纺织品服装出口总额的 29.5%，其中纺织品占比为 33.4%，服装占比为 26.4%。由于世

（亿美元）

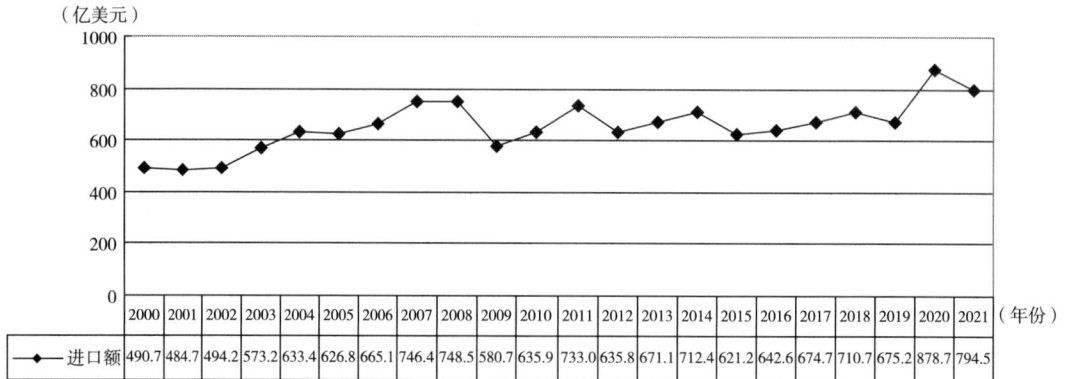

图 6-5　欧盟纺织品进口额

资料来源：根据 WTO 数据整理得出。

| | 2000 | 2001 | 2002 | 2003 | 2004 | 2005 | 2006 | 2007 | 2008 | 2009 | 2010 | 2011 | 2012 | 2013 | 2014 | 2015 | 2016 | 2017 | 2018 | 2019 | 2020 | 2021 |（年份） |
| --- | --- | --- | --- | --- | --- | --- | --- | --- | --- | --- | --- | --- | --- | --- | --- | --- | --- | --- | --- | --- | --- | --- | --- |
| 进口额 | 490.7 | 484.7 | 494.2 | 573.2 | 633.4 | 626.8 | 665.1 | 746.4 | 748.5 | 580.7 | 635.9 | 733.0 | 635.8 | 671.1 | 712.4 | 621.2 | 642.6 | 674.7 | 710.7 | 675.2 | 878.7 | 794.5 | |

图 6-5　欧盟纺织品进口额

资料来源：根据 WTO 数据整理得出。

（亿美元）

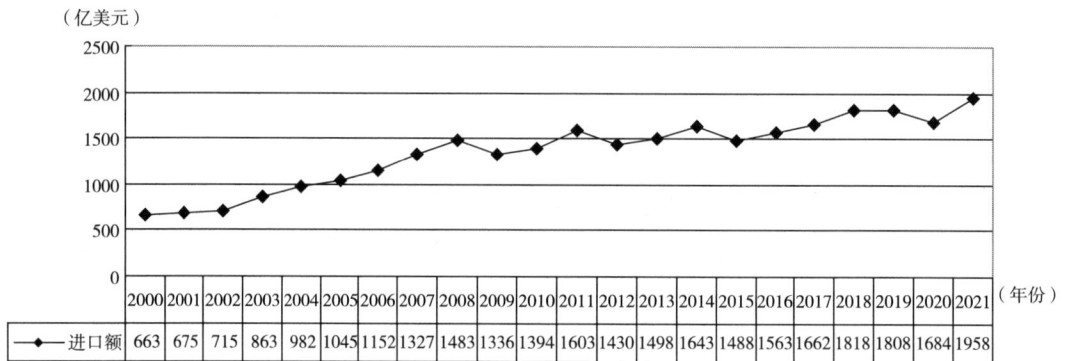

| | 2000 | 2001 | 2002 | 2003 | 2004 | 2005 | 2006 | 2007 | 2008 | 2009 | 2010 | 2011 | 2012 | 2013 | 2014 | 2015 | 2016 | 2017 | 2018 | 2019 | 2020 | 2021 |（年份） |
| --- | --- | --- | --- | --- | --- | --- | --- | --- | --- | --- | --- | --- | --- | --- | --- | --- | --- | --- | --- | --- | --- | --- | --- |
| 进口额 | 663 | 675 | 715 | 863 | 982 | 1045 | 1152 | 1327 | 1483 | 1336 | 1394 | 1603 | 1430 | 1498 | 1643 | 1488 | 1563 | 1662 | 1818 | 1808 | 1684 | 1958 | |

图 6-6　欧盟服装进口额

资料来源：根据 WTO 数据整理得出。

界纺织工业重心向亚洲转移，发展中国家的纺织服装业纷纷崛起，欧盟纺织品服装出口占世界市场的份额逐渐下降，从 2000 年的 29.5% 降到 2015 年的 22.3%。2000—2015 年，欧盟维持了 27.3% 的平均出口份额，是世界第二大纺织品服装出口市场。

　　根据 WTO 统计数据显示（图 6-7），2000 年，欧盟纺织品出口总额为 521.3 亿美元，占全球纺织品出口总额的 33.4%，居全球纺织品出口第一位。2021 年，欧盟纺织品出口总额为 735.7 亿美元，占全球纺织品出口总额比重下降到 20.8%，是全球第二大纺织品出口市场。

　　根据 WTO 统计数据显示（图 6-8），2000 年，欧盟服装出口总额为 521.7 亿美元，占全球服装出口总额的 26.4%，居全球服装出口第一位。2021 年，欧盟服装出口总额为 1510.1 亿美元，占全球服装出口总额比重 27.5%，为全球第二大服装出口市场。

（亿美元）

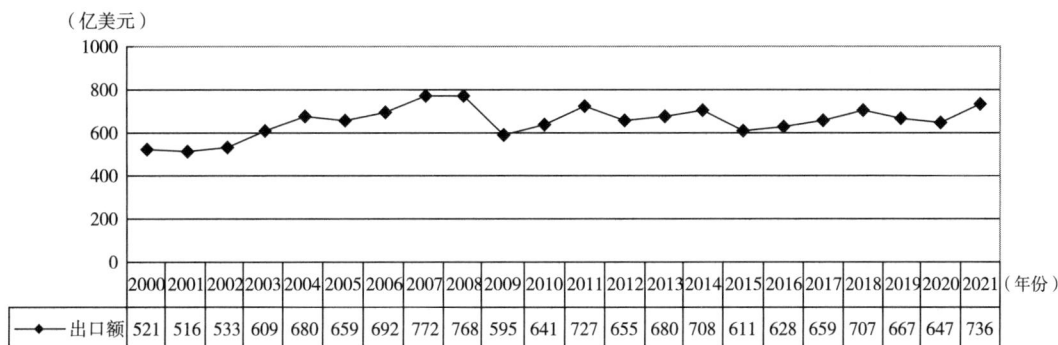

| | 2000 | 2001 | 2002 | 2003 | 2004 | 2005 | 2006 | 2007 | 2008 | 2009 | 2010 | 2011 | 2012 | 2013 | 2014 | 2015 | 2016 | 2017 | 2018 | 2019 | 2020 | 2021（年份） |
|---|---|---|---|---|---|---|---|---|---|---|---|---|---|---|---|---|---|---|---|---|---|---|
| 出口额 | 521 | 516 | 533 | 609 | 680 | 659 | 692 | 772 | 768 | 595 | 641 | 727 | 655 | 680 | 708 | 611 | 628 | 659 | 707 | 667 | 647 | 736 |

图6-7　欧盟纺织品出口额

资料来源：根据 WTO 数据整理得出。

（亿美元）

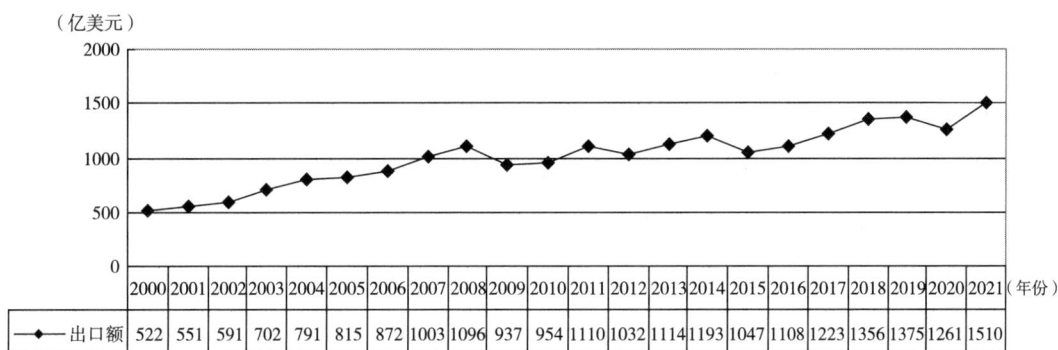

| | 2000 | 2001 | 2002 | 2003 | 2004 | 2005 | 2006 | 2007 | 2008 | 2009 | 2010 | 2011 | 2012 | 2013 | 2014 | 2015 | 2016 | 2017 | 2018 | 2019 | 2020 | 2021（年份） |
|---|---|---|---|---|---|---|---|---|---|---|---|---|---|---|---|---|---|---|---|---|---|---|
| 出口额 | 522 | 551 | 591 | 702 | 791 | 815 | 872 | 1003 | 1096 | 937 | 954 | 1110 | 1032 | 1114 | 1193 | 1047 | 1108 | 1223 | 1356 | 1375 | 1261 | 1510 |

图6-8　欧盟服装出口额

资料来源：根据 WTO 数据整理得出。

### （三）欧盟成员纺织品服装出口竞争力强

2021 年，欧盟成员纺织品出口额为 736 亿美元，其中，欧盟有 6 个国家位居全球纺织品出口前二十，具有较强的纺织品出口竞争力。同时，德国纺织品出口额位居全球前五，纺织业国际竞争力较强（表6-16）。

表6-16　2021 年欧盟成员纺织品出口额及全球占比

| 全球位次 | 欧盟成员国 | 纺织品出口额（亿美元） | 占全球纺织品出口总额比重（%） |
|---|---|---|---|
| 4 | 德国 | 150.36 | 4.2 |
| 6 | 意大利 | 119.10 | 3.4 |
| 11 | 荷兰 | 73.62 | 2.1 |
| 13 | 比利时 | 60.96 | 1.7 |
| 15 | 法国 | 50.92 | 1.4 |
| 16 | 西班牙 | 49.91 | 1.4 |

资料来源：根据 WTO 数据整理得出。

2021 年，欧盟成员服装出口额为 1510 亿美元，其中，欧盟有 6 个国家位居全球服装出口前十五，具有较强的服装出口竞争力。特别是意大利和德国服装出口额位居全球前五，表明两国服装业国际竞争力较强（表 6-17）。

表 6-17　2021 年欧盟成员服装出口额及全球占比

| 全球位次 | 欧盟成员国 | 服装出口额（亿美元） | 占全球服装出口总额比重（%） |
|---|---|---|---|
| 4 | 意大利 | 273.39 | 5.0 |
| 5 | 德国 | 266.22 | 4.9 |
| 7 | 荷兰 | 165.37 | 3.0 |
| 8 | 西班牙 | 163.96 | 3.0 |
| 11 | 法国 | 138.58 | 2.5 |
| 13 | 比利时 | 95.77 | 1.7 |

资料来源：根据 WTO 数据整理得出。

根据欧盟服装纺织联盟（EURATEX）数据显示，2021 年，对非成员国纺织品服装出口额为 580 亿欧元，其中前 5 位市场为：瑞士、英国、美国、中国和俄罗斯，五国累计出口额达 296.87 亿欧元，占欧盟对非成员国出口总额的 51.2%（表 6-18）。

表 6-18　2021 年对非成员国纺织品服装出口前 5 位市场

| 出口市场 | 出口额（亿欧元） | 出口市场 | 出口额（亿欧元） |
|---|---|---|---|
| 瑞士 | 79.93 | 中国 | 47.99 |
| 英国 | 78.76 | 俄罗斯 | 31.01 |
| 美国 | 59.18 | | |

资料来源：根据 EURATEX 数据整理得出。

### （四）欧盟纺织品服装进口规模大

2021 年，欧盟纺织品进口额为 794.54 亿美元，其中，欧盟有 7 个国家位居全球纺织品进口前二十，欧盟纺织品进口规模大，7 个国家纺织品累计进口额为 591.15 亿美元，占全球纺织品进口总额的 15.2%，占欧盟纺织品进口总额的 74.4%。德国纺织品进口额位居全球前五，纺织品进口规模大（表 6-19）。

表 6-19　2021 年欧盟 7 个成员国纺织品进口额及占全球比重

| 全球位次 | 欧盟成员国 | 纺织品进口额（亿美元） | 占全球纺织品进口总额比重（%） |
|---|---|---|---|
| 4 | 德国 | 155.42 | 4.0 |
| 7 | 意大利 | 88.70 | 2.3 |
| 8 | 法国 | 86.33 | 2.2 |
| 9 | 英国 | 79.81 | 2.1 |

续表

| 全球位次 | 欧盟成员国 | 纺织品进口额（亿美元） | 占全球纺织品进口总额比重（%） |
|---|---|---|---|
| 11 | 荷兰 | 69.76 | 1.8 |
| 15 | 波兰 | 55.60 | 1.4 |
| 16 | 西班牙 | 55.53 | 1.4 |
| 合计 | 7 国 | 591.15 | 15.2 |

资料来源：根据 WTO 数据整理得出。

2021 年，欧盟服装进口额为 1957.92 亿美元，其中，欧盟有 7 个国家位居全球服装进口前十，欧盟服装进口规模大，7 个国家服装累计进口额为 1638.3 亿美元，占全球服装进口总额的 28.4%，占欧盟服装进口总额的 83.7%。德国、意大利和英国服装进口额位居全球前五，三国服装进口规模大（表 6-20）。

表 6-20　2021 年欧盟 7 个成员国服装进口额及占全球比重

| 全球位次 | 欧盟成员国 | 服装进口额（亿美元） | 占全球服装进口总额比重（%） |
|---|---|---|---|
| 2 | 德国 | 441.68 | 7.7 |
| 3 | 法国 | 265.95 | 4.6 |
| 5 | 英国 | 232.27 | 4.0 |
| 6 | 西班牙 | 198.73 | 3.5 |
| 7 | 荷兰 | 184.23 | 3.2 |
| 8 | 意大利 | 179.50 | 3.1 |
| 9 | 波兰 | 135.94 | 2.4 |
| 合计 | 7 国 | 1638.30 | 28.4 |

资料来源：根据 WTO 数据整理得出。

根据欧盟服装纺织联盟（EURATEX）数据显示，2021 年，欧盟从非成员国纺织品服装进口额为 1060 亿欧元，其中前 5 位来源地为：中国、孟加拉国、土耳其、印度和巴基斯坦，五国累计出口额为 755.07 亿欧元，占从非欧盟成员国进口总额的 71%（表 6-21）。

表 6-21　2021 年欧盟从非成员国纺织品服装进口前 5 位来源地

| 进口来源地 | 进口额（亿欧元） | 进口来源地 | 进口额（亿欧元） |
|---|---|---|---|
| 中国 | 350.48 | 印度 | 60.71 |
| 孟加拉国 | 147.42 | 巴基斯坦 | 50.52 |
| 土耳其 | 145.94 | | |

资料来源：根据 EURATEX 数据整理得出。

从欧盟纺织品服装进口贸易格局来看，根据欧盟服装纺织联盟（EURATEX）数据显示，2021年，欧盟从非成员国纺织品服装进口额为1060亿欧元，欧盟市场消费的中低价位的服装以进口为主，前五位进口来源国主要是亚洲国家，中国、孟加拉国、土耳其、印度和巴基斯坦。

# 第三节　日本

## 一、日本纺织服装业发展概况

纺织服装业在日本有着悠久的历史。在日本近代工业化的历程中，纺织服装业逐渐发展成为日本的主导和支柱产业。20世纪初期，纺织服装业就业人数占日本整个制造业就业人数的62%。20世纪20年代，纺织服装业产值占整个制造业产值的30%，达到了发展的最高峰。

第二次世界大战后，纺织服装业成为日本战后的主要产业，为日本经济恢复作出了很大贡献。20世纪60年代，日本的合成纤维异军突起，称雄于国际市场。60~80年代，日本纺织产业具有很强的国际竞争优势，其产业链的完整性以及上游、中游、下游环节"先水平分工，后垂直联动"的生产体系是强大竞争力的核心。从70年代开始，由于国内劳动力成本上升等原因，日本纺织服装业逐渐向韩国、中国香港和中国台湾等国家和地区转移，造成了90年代以后日本纺织服装业的衰退。过去的20年里，日本纺织品服装出口量快速下滑，进口量大幅增加，日本纺织企业和从业人数均下跌到20世纪80年代早期的一半以下水平。

虽然日本纺织服装业整体上已处于衰退态势，但日本在化纤技术、纺织品染色后整理、新产品开发、功能纤维和超强纤维、纺织机械设备、时装品牌设计与经营等诸多方面仍处于世界领先地位。

2022年，日本GDP总量为4.23万亿美元，居全球GDP总量的第三位，人均GDP为3.38万美元，居全球第44位，日本人口达1.25亿人。

## 二、日本纺织品服装进出口概况

### （一）日本是全球第四大服装进口市场

日本是继美国、德国和法国之后的全球第四大服装进口市场。日本国内消费的服装以进口为主，2021年，日本服装进口额为265.27亿美元，占全球服装进口总额的4.6%。同时，日本也是全球纺织品第六大进口市场，2021年，日本纺织品进口额为92.89亿美元，占全球纺织品进口总额的 2.4%（图 6-9）。整体上讲，日本以服装进口为主，纺织品进口规模较小。

（亿美元）

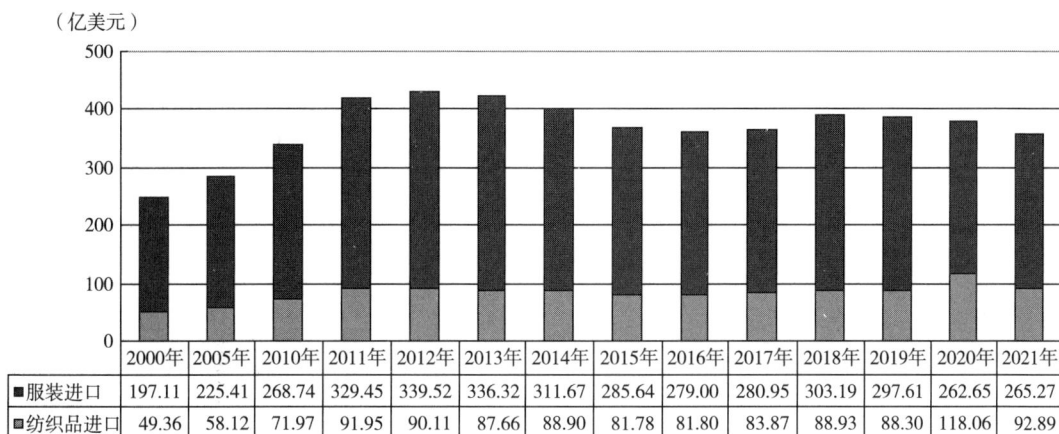

| | 2000年 | 2005年 | 2010年 | 2011年 | 2012年 | 2013年 | 2014年 | 2015年 | 2016年 | 2017年 | 2018年 | 2019年 | 2020年 | 2021年 |
|---|---|---|---|---|---|---|---|---|---|---|---|---|---|---|
| ■服装进口 | 197.11 | 225.41 | 268.74 | 329.45 | 339.52 | 336.32 | 311.67 | 285.64 | 279.00 | 280.95 | 303.19 | 297.61 | 262.65 | 265.27 |
| ■纺织品进口 | 49.36 | 58.12 | 71.97 | 91.95 | 90.11 | 87.66 | 88.90 | 81.78 | 81.80 | 83.87 | 88.93 | 88.30 | 118.06 | 92.89 |

**图 6-9　2021 年日本纺织品和服装进口额**

资料来源：根据 WTO 数据整理得出。

### （二）日本纺织品服装出口规模小

自 2011 年以来，日本纺织品出口规模在逐年下降，2021 年日本纺织品出口额为 62.42 亿美元，占全球纺织品出口总额的 1.8%，居全球纺织品进口第 12 位，主要以化纤面料出口为主。

如图 6-10 所示，整体上讲，日本服装出口规模小，2021 年，日本服装出口额仅为 8.67 亿美元，占全球服装出口总额的 0.2%。因此，日本以纺织品出口为主，服装出口几乎没有竞争力。

## 三、中国是日本服装主要进口来源地

日本是全球第三大服装进口国。中国是日本第一大服装进口来源地，在日本服装进口中占有较大份额，但随着服装加工业向东南亚和南亚国家转移，日本从中国服装进口规模呈下降趋势。2017 年，日本从中国服装进口额达 223.5 亿美元，占日本服装进口总额的 60.2%；2021 年，日本从中国服装进口额已减少至 205 亿美元，占日本服装进口总额比重下降到 56.4%（图 6-11）。

表 6-22 显示，越南是日本服装进口第二大来源国，日本从越南服装进口额小幅波动，2020 年日本从越南服装进口额为 41.97 亿美元，占日本服装进口额的 16%。2022 年，日本从越南服装进口额虽增加到 42.12 亿美元，但占日本服装进口额比重降低至 15.6%。孟加拉国、柬埔寨和缅甸对服装出口规模较小，但位居日本服装进口来源地前五。

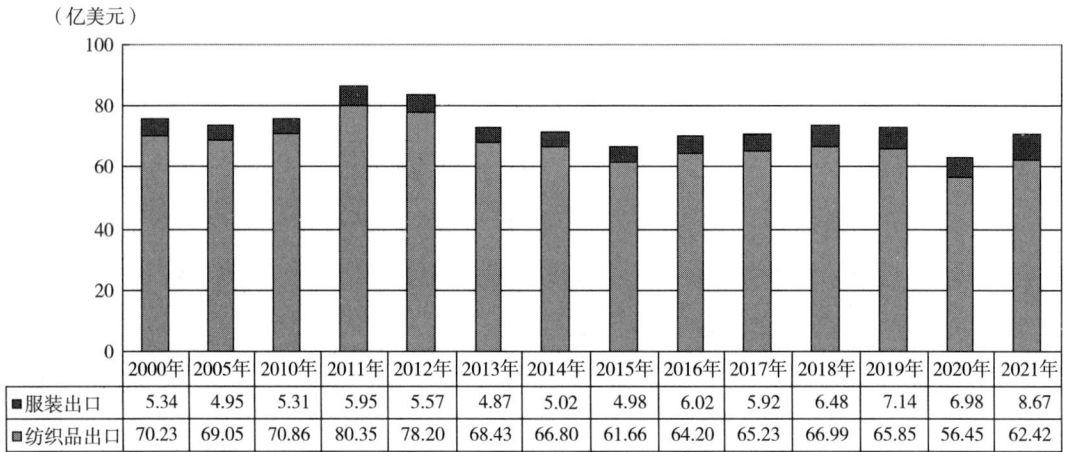

图 6-10　2021 年日本纺织品和服装出口额

资料来源：根据 WTO 数据整理得出。

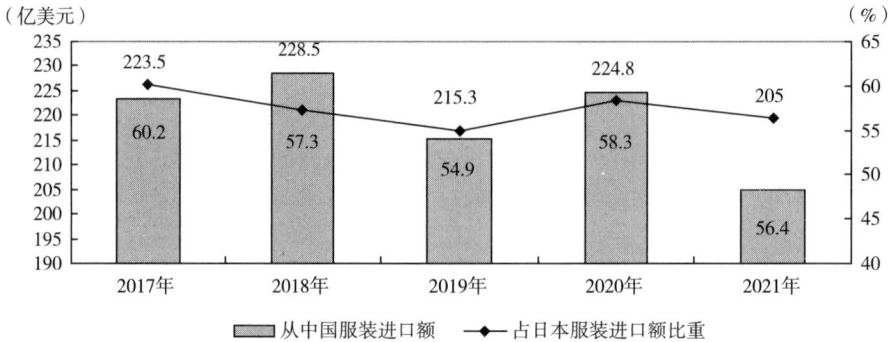

图 6-11　日本从中国服装进口额及占日本服装进口额比重

资料来源：根据 WTO 数据整理得出。

表 6-22　2020—2022 年日本纺织品服装进口前 5 位国家

| 进口前 5 位国家 | 2020 年 | 2021 年 | 2022 年 | |
|---|---|---|---|---|
| | 服装进口额（亿美元） | 服装进口额（亿美元） | 服装进口额（亿美元） | 占日本服装进口总额比重（%） |
| 中国 | 143.92 | 149.48 | 148.28 | 54.8 |
| 越南 | 41.97 | 37.60 | 42.12 | 15.6 |
| 孟加拉国 | 10.53 | 11.87 | 13.67 | 5.1 |
| 柬埔寨 | 10.51 | 11.13 | 12.16 | 4.5 |
| 缅甸 | 9.67 | 6.82 | 10.99 | 4.1 |

资料来源：根据 UNCOMTRADE 数据整理得出。

# 小结

本章简要介绍了美国、欧盟和日本三大纺织品服装进口市场各自的产业发展情况，三大市场在国际纺织品服装贸易中的地位和三大市场的纺织品服装进口格局。

# 复习与思考

（1）世界主要纺织品服装进口市场有哪些？

（2）美国纺织品服装进出口有哪些特点？

（3）比较分析美国、欧盟、日本纺织服装产业的特征。

# 参考文献

［1］赵京霞．后配额时代的国际纺织品贸易［M］．北京：中国纺织出版社，2006：122-137.

［2］赵君丽．从美国纺织服装产业调整看中国的产业升级［J］．国际经贸探索，2010（1）：43.

［3］Mark Mittelhauser. Employment trends in textiles and apparel，1973－2005［J］. Monthly Labor Review，August，1997：24.

［4］郭燕．后配额时代的中国纺织服装业［M］．北京：中国纺织出版社，2007：184.

［5］刘生刚，陈遊芳．日本纺织服装产业发展对我国纺织服装产业创新的启示［J］．山东纺织经济，2008（5）：25.

［6］汤莉．中国纺织服装业打造国际竞合新优势［N］．国际商报，2022-3-23（3）．

［7］詹小琦．全球价值链视角下中国纺织服装业国际竞争力的比较［J］．江苏海洋大学学报（人文社会科学版），2021，19（6）：98-109.

# 发展中国家纺织品服装出口

**课程名称：** 发展中国家纺织品服装出口

**课程内容：** 1. 中国

2. 印度、巴基斯坦和土耳其

3. 孟加拉国、越南、印度尼西亚和柬埔寨

**课程学时：** 4 课时

**教学要求：** 通过本章的学习，了解哪些国家是世界主要纺织品服装出口国，这些国
家在世界纺织品服装贸易中的地位，以及这些国家纺织品服装出口市场
的分布情况。

# 第七章　发展中国家纺织品服装出口

自第一次工业革命以来，由于纺织服装业初创阶段的投资少，行业进入壁垒低，有广泛的国内外销售市场作支撑，可以带动一国的农业、机械制造业、化学工业、化纤工业和商品零售业的发展。纺织服装业一直是世界各国进入工业化早期首选的先导产业。

第三次工业革命，纺织服装业带动了韩国、中国、土耳其、印度、巴基斯坦的经济快速发展。21世纪初，亚洲发展中经济体的崛起，包括越南、孟加拉国、柬埔寨等国家，开始将纺织服装业作为本国进入工业化发展的支柱产业，给予高度重视，并对新兴纺织品服装出口国的经济发展、出口创汇、提供就业有显著的贡献。

究其原因，衣食住行，衣为首，纺织服装业是满足人们基本生活需求的民生产业。同时，纺织服装可以吸纳大量的闲置劳动力，提供就业机会，还是消除贫困，提高人们生活水平的先导产业。在许多发展中国家，纺织服装业也是出口创汇和贸易顺差的重要产业之一。

随着纺织服装产业新一轮的国际转移，全球纺织品服装产地正在向越南、印度尼西亚、孟加拉国和柬埔寨等亚洲发展中经济体聚集，目前上述发展中国家正在成为国际纺织品服装的主要出口国。另外，有迹象表明，北非、东非、中亚国家也正在加大对纺织服装业的投资，未来全球纺织品服装生产格局仍将继续发生改变。

按照国际货币基金组织GDP产出分组显示（表7-1），新兴市场国家有：中国、印度、土耳其和印度尼西亚。发展中经济体有：越南、巴基斯坦、柬埔寨。还有目前仍被列入最不发达国家组的孟加拉国。其中，中国、印度、土耳其、巴基斯坦是传统的纺织品服装生产国；越南、印度尼西亚、柬埔寨、孟加拉国是新兴的纺织品服装生产国。

表7-1　国家按照经济发展水平分组

| 分组 | 国家 |
| --- | --- |
| 新兴市场国家 | 中国、印度、土耳其、印度尼西亚 |
| 发展中经济体 | 越南、巴基斯坦、柬埔寨 |
| 最不发达国家 | 孟加拉国 |

人口数量决定了市场规模，人均GDP决定了服装购买力水平和消费能力。如表7-2所示，2022年中国和印度两国人口超过13亿人，纺织服装业以内销为主。土耳其人口只有8534万人，但人均GDP水平仅次于中国，位居第二，为10616.1美元，服装购买力强，服装以内销为主。而印度尼西亚、巴基斯坦、孟加拉国、越南和柬埔寨，纺织服装

业以出口为主，国内服装消费能力弱，市场规模有限。

表 7-2　2022 年主要国家人口规模及人均 GDP

| 人口规模 | 国家 | 人口 | 人均 GDP（美元） |
|---|---|---|---|
| 10 亿 | 印度 | 14.17 亿 | 2388.6 |
| | 中国 | 14.12 亿 | 12720.2 |
| 1 亿~4 亿 | 印度尼西亚 | 2.76 亿 | 4788.0 |
| | 巴基斯坦 | 2.35 亿 | 1596.7 |
| | 孟加拉国 | 1.71 亿 | 2688.3 |
| 5000 万~9999 万 | 越南 | 9819 万 | 4163.5 |
| | 土耳其 | 8534 万 | 10616.1 |
| 1000 万~4999 万 | 柬埔寨 | 1677 万 | 1786.6 |

资料来源：根据世界银行数据整理得出。

20 多年来，发展中国家纺织品服装出口的增速远远超过发达国家，占全球纺织品出口比重不断提高。在世界纺织品出口中，发展中国家所占比重从 2000 年的 56.3% 上升到 2021 年的 73.2%。但在世界服装出口中，发展中国家所占比重从 2000 年的 72.4% 下降到 2021 年的 71.5%。

如表 7-3 所示，2021 年与 2017 年相比，中国、孟加拉国、越南、土耳其、印度尼西亚、柬埔寨和巴基斯坦服装出口额均有明显的增长，其中，土耳其和巴基斯坦全球位次也得到明显提高，孟加拉国和越南分别是全球第二大和第三大服装出口国。

亚洲服装主要出口国有，越南、孟加拉国、印度尼西亚和柬埔寨，其服装加工业为出口导向型产业，以外销为主，人均 GDP 水平处于中等偏下收入组别，国内服装消费能力有限。

表 7-3　2017 年和 2021 年亚洲主要国家服装出口额及全球排位

| 位次 | 2017 年 | | 位次 | 2021 年 | |
|---|---|---|---|---|---|
| | 国家 | 出口额（亿美元） | | 国家 | 出口额（亿美元） |
| 1 | 中国 | 1574.6 | 1 | 中国 | 1760.5 |
| 2 | 孟加拉国 | 292.1 | 2 | 孟加拉国 | 358.1 |
| 3 | 越南 | 250.4 | 3 | 越南 | 311.8 |
| 6 | 印度 | 183.1 | 6 | 土耳其 | 187.3 |
| 7 | 土耳其 | 156.6 | 9 | 印度 | 161.5 |
| 14 | 印度尼西亚 | 82.1 | 14 | 印度尼西亚 | 93.5 |
| 15 | 柬埔寨 | 70.6 | 16 | 巴基斯坦 | 84.6 |
| 18 | 巴基斯坦 | 54.7 | 17 | 柬埔寨 | 81.3 |

资料来源：根据 WTO 数据整理得出。

如表 7-4 所示，2021 年与 2017 年相比，中国、印度、土耳其、越南四国纺织品出口额均有明显的增长，其中，土耳其、越南、巴基斯坦的全球位次也得到明显的上升，印度和土耳其分别是全球第二大和第三大纺织品出口国。

表 7-4　2017 年和 2021 年亚洲主要国家纺织品出口额及全球排位

| 位次 | 2017 年 | | 位次 | 2021 年 | |
| --- | --- | --- | --- | --- | --- |
| | 国家 | 出口额（亿美元） | | 国家 | 出口额（亿美元） |
| 1 | 中国 | 1096 | 1 | 中国 | 1455.7 |
| 2 | 印度 | 170.8 | 2 | 印度 | 222.3 |
| 6 | 土耳其 | 116.5 | 3 | 土耳其 | 151.7 |
| 9 | 巴基斯坦 | 78.7 | 7 | 越南 | 114.7 |
| 11 | 越南 | 72 | 8 | 巴基斯坦 | 91.9 |
| 17 | 印度尼西亚 | 40.4 | 18 | 印度尼西亚 | 34.7 |
| 28 | 孟加拉国 | 16.8 | 26 | 孟加拉国 | 21.4 |

资料来源：根据 WTO 数据整理得出。

# 第一节　中国

纺织服装业是中国的传统产业之一，在国民经济中占有重要地位。近年来，随着新兴产业的发展，纺织服装业在制造业中的占比有所下降，但纺织服装业在拉动 GDP 增长、吸纳就业和贸易顺差等方面仍然发挥着重要作用。

1949 年，中华人民共和国成立以后，我国纺织工业得到快速发展。1978 年，我国改革开放初期，纺织工业作为重点扶持产业，推动了纺织和服装产业的高速发展。2001 年，中国加入世界贸易组织，为我国纺织品服装出口带来了新机遇，纺织工业总产值从 2001 年的 9326 亿元，上升到 2015 年超过 7 万亿元。

作为劳动密集型产业，中国纺织服装业吸纳了大量就业人员。1980 年，中国纺织工业从业人数为 613 万人，到 2005 年已经增加到 1960 万人。2017 年，全行业就业人数超过 2000 万人，规模以上企业就业人数占全国规模以上企业的比重仍保持在 10% 左右，纺织服装业仍然是中国重要的支柱产业之一。

中国纺织品服装出口在我国外贸出口中占据重要地位。1986—1997 年，纺织品服装一直是中国第一大类出口商品。1990 年，纺织品服装出口占中国货物贸易出口比重达 27.2%。1995 年以来，纺织品服装出口在我国货物出口中的比重开始下降，2000 年降到 20.95%，2021 年继续下降到 9.56%。虽然近年来中国纺织品服装出口在外贸出口中的地位有所下降，但其依然是中国重要的出口大类商品。特别是，自 20 世纪 80 年代末以来，中国纺织品服装出口就一直保持贸易顺差，且顺差额不断扩大。2011 年，中国纺织品服装贸易顺差突破 2000 亿美元大关，是我国货物贸易顺差的 1.5 倍。2021 年，我国外贸顺差额为 6752 亿美元，纺织服装顺差额为 2931.45 亿美元，对我国贸易顺差的贡献率高达 43%。

## 一、中国纺织品服装进出口贸易概况

### （一）中国是全球纺织品服装第一大出口国

自 2000 年以来，中国一直保持全球第一大纺织品服装出口国地位。如图 7-1 所示，中国纺织品服装出口在全球纺织品服装出口中的占比不断提高。2000 年，中国纺织品出口额占全球纺织品出口总额的比重仅为 10.33%，2015 年上升至 37.75%。2000 年，中国服装出口额占全球服装出口总额的比重为 18.24%，2015 年上升到 38.49%。

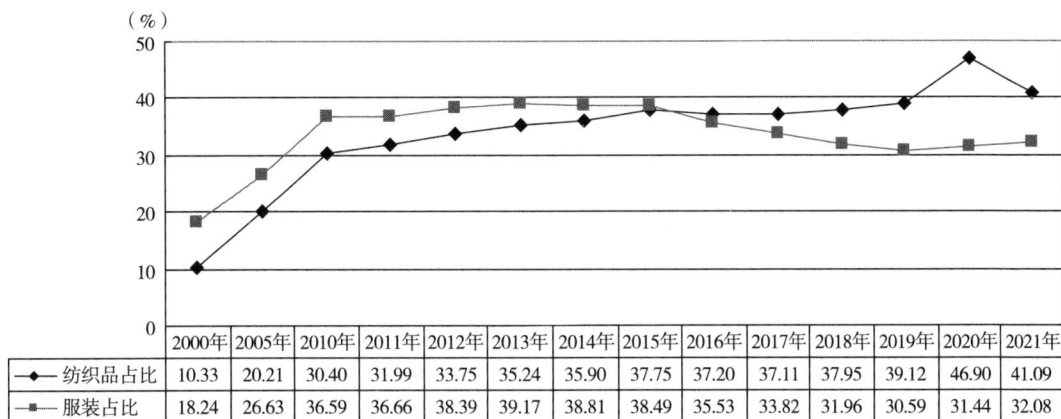

| (%) | 2000年 | 2005年 | 2010年 | 2011年 | 2012年 | 2013年 | 2014年 | 2015年 | 2016年 | 2017年 | 2018年 | 2019年 | 2020年 | 2021年 |
|---|---|---|---|---|---|---|---|---|---|---|---|---|---|---|
| 纺织品占比 | 10.33 | 20.21 | 30.40 | 31.99 | 33.75 | 35.24 | 35.90 | 37.75 | 37.20 | 37.11 | 37.95 | 39.12 | 46.90 | 41.09 |
| 服装占比 | 18.24 | 26.63 | 36.59 | 36.66 | 38.39 | 39.17 | 38.81 | 38.49 | 35.53 | 33.82 | 31.96 | 30.59 | 31.44 | 32.08 |

图 7-1　中国纺织品和服装出口占全球纺织品和服装出口总额的比重

资料来源：根据 WTO 数据整理得出。

2021 年，中国纺织品服装出口总额为 3216.2 亿美元，占全球纺织品服装出口总额的 35.6%，其中，纺织品出口额 1455.7 亿美元，占全球纺织品出口总额的 41.1%，服装出口额 1760.5 亿美元，占全球服装出口总额的 32.1%。

从国际市场占有率来看，随着全球服装产业向新兴市场和发展中经济体的转移，一批新兴服装出口国的崛起，中国服装出口国际市场占有率呈下行走势，虽自 2019 年趋势有所回升，但 2021 年为 32.08%，低于 2010 年，若想恢复之前的市场占有率水平，还需要一段时间。2016 年，我国纺织品出口国际市场占有率已超过服装，主要是出口导向型服装出口国对纺织品进口的增长，带动了我国纺织品出口的稳定发展。

### （二）中国纺织品服装出口规模

图 7-2 显示，2001 年加入世界贸易组织后，中国纺织品服装出口得到快速增长，2005—2014 年，中国纺织品服装出口年均增幅高达 13.2%。2014 年，我国纺织品出口额和服装出口额均出现了历史最高点，分别为 1116.6 亿美元和 1866.1 亿美元，2015—2020年服装出口规模有所下降，到了 2021 年才有小幅回升。同期，我国纺织品出口较为平稳，在 2015—2017 年 3 年短暂小幅下降后，2018 年之后有明显的增长。

（亿美元）

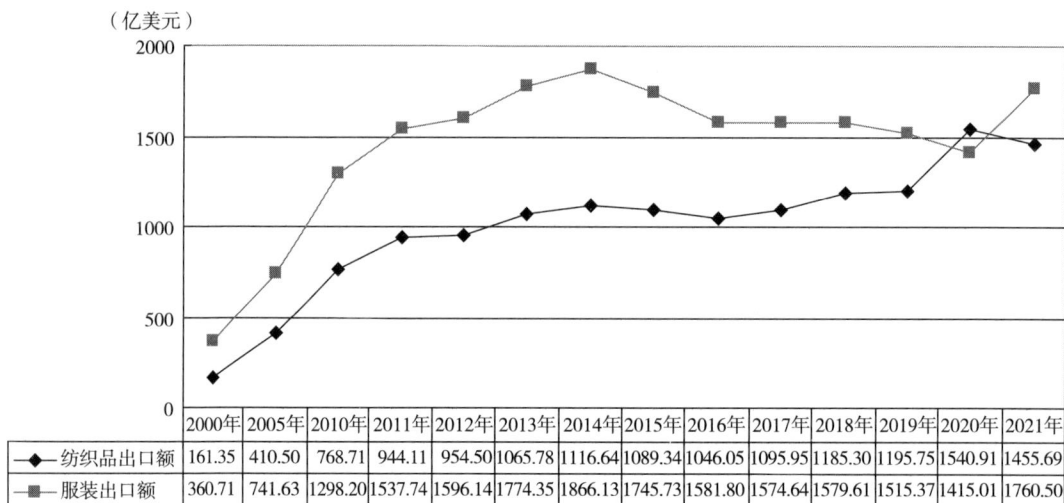

| | 2000年 | 2005年 | 2010年 | 2011年 | 2012年 | 2013年 | 2014年 | 2015年 | 2016年 | 2017年 | 2018年 | 2019年 | 2020年 | 2021年 |
|---|---|---|---|---|---|---|---|---|---|---|---|---|---|---|
| 纺织品出口额 | 161.35 | 410.50 | 768.71 | 944.11 | 954.50 | 1065.78 | 1116.64 | 1089.34 | 1046.05 | 1095.95 | 1185.30 | 1195.75 | 1540.91 | 1455.69 |
| 服装出口额 | 360.71 | 741.63 | 1298.20 | 1537.74 | 1596.14 | 1774.35 | 1866.13 | 1745.73 | 1581.80 | 1574.64 | 1579.61 | 1515.37 | 1415.01 | 1760.50 |

**图 7-2　2000—2021 年中国纺织品和服装出口额**

资料来源：根据 WTO 数据整理得出。

### （三）中国纺织品服装进口规模

中国是全球纺织品第三大进口国，纺织品进口规模在 200 亿美元左右。2021 年，中国纺织品进口额为 161.7 亿美元，占全球纺织品进口总额的 5.5%，是继美国、越南之后的全球第三大纺织品进口国（图 7-3）。

中国服装进口规模较小，2000 年中国服装进口额仅为 11.9 亿美元。进入 21 世纪以来，中国服装进口规模呈逐年增长的走势。2021 年，中国服装进口额为 123.1 亿美元，占全球服装进口总额的 2.1%，位居全球服装进口国第 10。中国服装进口规模的快速增长，主要原因：一是国际知名快时尚品牌全球采购，大量从东南亚和南亚国家进口服装；二是我国与东南亚和南亚国家签署了自贸协定，使服装进口享受免税待遇；三是我国服装企业向东南亚和南亚国家投资，随之出现的订单转移。

（亿美元）

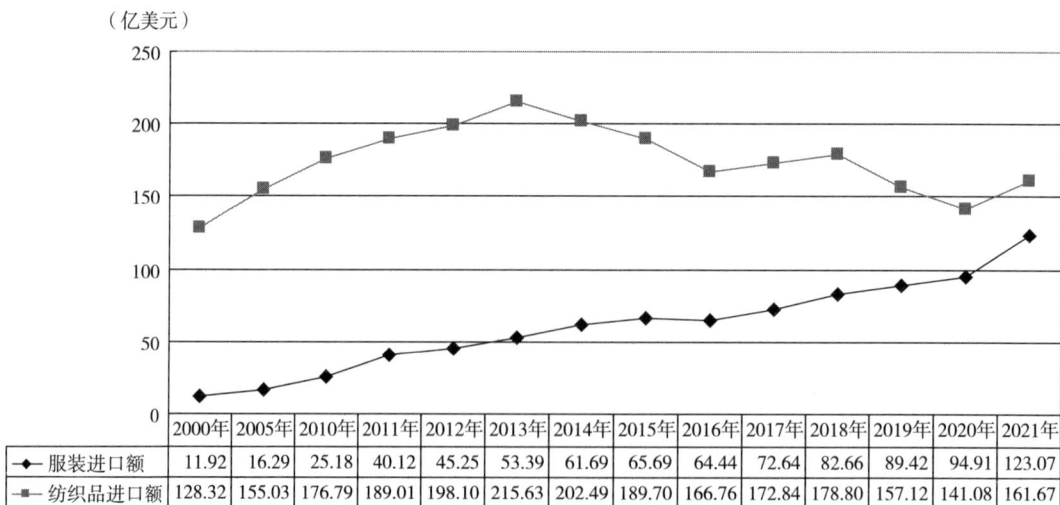

| | 2000年 | 2005年 | 2010年 | 2011年 | 2012年 | 2013年 | 2014年 | 2015年 | 2016年 | 2017年 | 2018年 | 2019年 | 2020年 | 2021年 |
|---|---|---|---|---|---|---|---|---|---|---|---|---|---|---|
| 服装进口额 | 11.92 | 16.29 | 25.18 | 40.12 | 45.25 | 53.39 | 61.69 | 65.69 | 64.44 | 72.64 | 82.66 | 89.42 | 94.91 | 123.07 |
| 纺织品进口额 | 128.32 | 155.03 | 176.79 | 189.01 | 198.10 | 215.63 | 202.49 | 189.70 | 166.76 | 172.84 | 178.80 | 157.12 | 141.08 | 161.67 |

**图 7-3　2000—2021 年中国纺织品和服装进口额**

资料来源：根据 WTO 数据整理得出。

## 二、中国纺织品服装进出口市场

### （一）中国服装出口以发达经济体市场为主

进出口贸易格局与一国在国际分工中的地位密切相关。目前，中国纺织服装业在国际分工中的地位表现为：中国与发达经济体之间的分工具有双向性和互补性。我国对发达经济体以服装出口为主，纺织原料和纺织机械主要从发达经济体进口。

根据中国海关数据显示，2022 年中国服装出口总额为 1663 亿美元，服装前 10 位出口市场大部分为发达经济体国家（表 7-5），占中国服装出口总额的 56.4%。其中，对美国服装出口额占比为 22%，对日本服装出口占比为 8.5%。中国服装出口以美国、欧盟和日本发达经济体为主。

表 7-5 2022 年中国服装主要出口市场

| 全球位次 | 出口市场 | 出口额（亿美元） | 占中国服装出口比重（%） |
|---|---|---|---|
| 1 | 美国 | 365.91 | 22.0 |
| 2 | 日本 | 140.61 | 8.5 |
| 3 | 吉尔吉斯斯坦 | 70.05 | 4.2 |
| 4 | 韩国 | 65.51 | 3.9 |
| 5 | 德国 | 60.11 | 3.6 |
| 6 | 英国 | 55.12 | 3.3 |
| 7 | 澳大利亚 | 54.83 | 3.3 |
| 8 | 荷兰 | 42.90 | 2.6 |
| 9 | 法国 | 42.03 | 2.5 |
| 10 | 马来西亚 | 41.10 | 2.5 |
| | 合计 | 938.18 | 56.4 |

资料来源：根据中国海关数据整理得出。

### （二）对东南亚和南亚国家纺织品出口快速增长

根据中国海关数据显示，2022 年，中国纺织品出口总额为 1512.45 亿美元，纺织品前十位出口市场包括美国、日本，东南亚的越南、泰国、菲律宾、印度尼西亚和柬埔寨五国，南亚的孟加拉国、印度和巴基斯坦（表 7-6），纺织品前十位出口市场占中国纺织品出口总额的 47.6%。其中，对美国纺织品出口额占中国纺织品出口总额的 9.9%；对东南亚五国纺织品出口额占比为 21.8%；对南亚三国纺织品出口额占我国纺织品出口总额的 12.3%。主要是由于东南亚和南亚国家服装加工业的快速发展对纺织品进口需求增加。

中国与东盟和南亚服装出口国之间的国际分工，伴随着东盟国家和南亚国家服装加工业的快速增长，带动了中国纺织品对上述国家的出口。

表 7-6　2022 年中国纺织品主要出口市场

| 全球位次 | 出口市场 | 出口额（亿美元） | 占中国纺织品出口比重（%） |
|---|---|---|---|
| 1 | 越南 | 156.98 | 10.4 |
| 2 | 美国 | 150.18 | 9.9 |
| 3 | 孟加拉国 | 91.73 | 6.1 |
| 4 | 印度尼西亚 | 55.43 | 3.7 |
| 5 | 日本 | 54.60 | 3.6 |
| 6 | 印度 | 54.12 | 3.6 |
| 7 | 柬埔寨 | 43.16 | 2.9 |
| 8 | 巴基斯坦 | 39.36 | 2.6 |
| 9 | 泰国 | 35.84 | 2.4 |
| 10 | 菲律宾 | 35.60 | 2.4 |
| 合计 | | 717.01 | 47.6 |

资料来源：根据中国海关数据整理得出。

### （三）中国纺织原料出口以东南亚和南亚国家为主

2022 年，中国纺织原料出口额达 614.31 亿美元，其中，前十位的出口市场占纺织原料出口总额的 49.2%，主要是东盟服装出口国和南亚服装出口国（表 7-7），这些国家服装加工业的快速发展，对纺织原料的进口需求增加，带动中国纺织原料出口增长。其中，对越南纺织原料出口占比为 11.4%，对孟加拉国纺织原料出口占比为 10.1%，对印度尼西亚纺织原料出口占比为 4.8%，对巴基斯坦纺织原料出口占比为 4.5%，对印度纺织原料出口占比为 4.2%。

表 7-7　2022 年中国纺织原料出口市场

| 全球位次 | 出口市场 | 出口额（亿美元） | 占中国纺织原料出口比重（%） |
|---|---|---|---|
| 1 | 越南 | 69.92 | 11.4 |
| 2 | 孟加拉国 | 61.91 | 10.1 |
| 3 | 印度尼西亚 | 29.31 | 4.8 |
| 4 | 巴基斯坦 | 27.71 | 4.5 |
| 5 | 印度 | 25.70 | 4.2 |
| 6 | 尼日利亚 | 22.25 | 3.6 |
| 7 | 巴西 | 19.34 | 3.1 |
| 8 | 柬埔寨 | 15.57 | 2.5 |
| 9 | 意大利 | 15.51 | 2.5 |
| 10 | 缅甸 | 15.24 | 2.5 |
| 合计 | | 302.44 | 49.2 |

资料来源：根据中国海关数据整理得出。

### （四）中国对外直接投资带动纺织机械资本货物出口增长

从对外投资角度来看，随着中国纺织服装企业对外投资，带动了中国纺织机械资本货物的出口。2021年，中国化纤业、纺织业和服装业固定资产投资完成额比上年分别增长31.8%、11.9%和4.1%。

2022年，中国纺织机械出口额达55.4亿美元，表7-8显示，中国纺织机械出口前十位市场占纺织机械出口总额的56.8%，主要是南亚国家和东盟国家为主。对印度纺织机械出口占比为23.9%，对越南纺织机械出口占比为10.2%，对孟加拉国纺织机械出口占比为8.6%，对土耳其纺织机械出口占比为7.6%。

表7-8 2022年中国纺织机械出口市场

| 全球位次 | 出口市场 | 出口额（亿美元） | 占中国纺织机械出口比重（%） |
| --- | --- | --- | --- |
| 1 | 印度 | 13.25 | 23.9 |
| 2 | 越南 | 5.64 | 10.2 |
| 3 | 孟加拉国 | 4.77 | 8.6 |
| 4 | 土耳其 | 4.20 | 7.6 |
| 5 | 巴基斯坦 | 3.59 | 6.5 |
| 合计 | | 31.46 | 56.8 |

资料来源：根据中国海关数据整理得出。

### （五）中国纺织品和服装进口来源地以亚洲和欧盟成员为主

表7-9显示，2022年，中国纺织品进口额达218.7亿美元，进口前7位来源地占纺织品进口总额的73.5%，主要是亚洲国家和欧盟成员，其中，从美国进口纺织品规模最大，达35亿美元，占纺织品进口总额的16.3%。越南和日本是中国纺织品第二和第三来源地，以纺织原料、染料进口为主。

表7-9 2022年中国纺织品和服装主要进口来源地

| 全球位次 | 进口来源地 | 纺织品进口额（亿美元） | 占中国纺织品进口比重（%） | 全球位次 | 进口来源地 | 服装进口额（亿美元） | 占中国服装进口比重（%） |
| --- | --- | --- | --- | --- | --- | --- | --- |
| 1 | 美国 | 35.74 | 16.3 | 1 | 意大利 | 25.19 | 26.3 |
| 2 | 越南 | 27.13 | 12.4 | 2 | 越南 | 17.29 | 18.1 |
| 3 | 日本 | 19.95 | 9.1 | 3 | 孟加拉国 | 3.86 | 4.0 |
| 4 | 澳大利亚 | 18.79 | 8.6 | 4 | 葡萄牙 | 3.46 | 3.6 |
| 5 | 巴西 | 15.86 | 7.3 | 5 | 柬埔寨 | 3.43 | 3.6 |
| 6 | 中国台湾 | 14.19 | 6.5 | 6 | 罗马尼亚 | 3.32 | 3.5 |
| 7 | 韩国 | 10.77 | 4.9 | 7 | 印度尼西亚 | 3.29 | 3.4 |
| 合计 | | 160.74 | 73.5 | 合计 | | 69.10 | 72.2 |

资料来源：根据中国海关数据整理得出。

2022 年，中国服装进口额达 95.7 亿美元，进口前 7 位来源地占服装进口总额的 72.2%，主要是意大利和亚洲国家，其中，从意大利进口服装规模最大，达 25 亿美元，占服装进口总额的 26.3%，以高档服装进口为主。来自越南、孟加拉国和柬埔寨的服装，主要以快时尚品牌全球采购为主的进口。

从纺织原料进口来源地来看（表 7-10），中国的棉花、羊毛、麻纤维原料，主要从巴西、美国、印度尼西亚、加拿大、越南进口，2022 年中国纺织原料进口额达 398.2 亿美元，占中国纺织原料进口总额的 54.3%。

表 7-10　2022 年中国纺织原料进口来源地

| 全球位次 | 进口来源地 | 纺织原料进口额（亿美元） | 占中国纺织原料进口比重（%） |
| --- | --- | --- | --- |
| 1 | 巴西 | 77.83 | 19.5 |
| 2 | 美国 | 50.50 | 12.7 |
| 3 | 印度尼西亚 | 37.41 | 9.4 |
| 4 | 加拿大 | 25.62 | 6.4 |
| 5 | 越南 | 24.72 | 6.2 |
| 合计 | | 216.07 | 54.3 |

资料来源：根据中国海关数据整理得出。

## 三、中国纺织品服装业在全球价值链体系中的地位

在全球"双环流"价值链体系中，中国纺织品服装业将越来越成为连接发达经济体与新兴市场和发展中经济体的中间节点和枢纽。

在"一带一路"倡议下，国际分工的变化，导致全球纺织品服装贸易格局的改变，越来越变为以中国为中介的"双环流"体系，即全球价值双环流。一个环流存在于中国与发达经济体之间（北美经济体和西欧经济体），另一个环流存在于中国与新兴经济体和发展中经济体之间。

如图 7-4 所示，一方面，中国与发达经济体之间纺织品服装贸易以引进技术、设计合作、品牌并购为主，形成技术贸易、直接投资，以及向发达经济体出口服装成衣的货物流动循环体系。

另一方面，中国与新兴经济体和发展中经济体之间形成的以纺织品出口和纺织机械出口为主的贸易流动，以及以对外直接投资为载体的资本货物出口和资本流动的循环体系。

在这两个循环体系中，中国越来越成为连接发达经济体与亚非拉发展中经济体之间的主要中间节点和枢纽，而不是简单地将对外直接投资界定为产业转移和市场开拓，而是在全球纺织服装价值链体系中，寻求更有利的竞争地位，培育竞争新的优势。

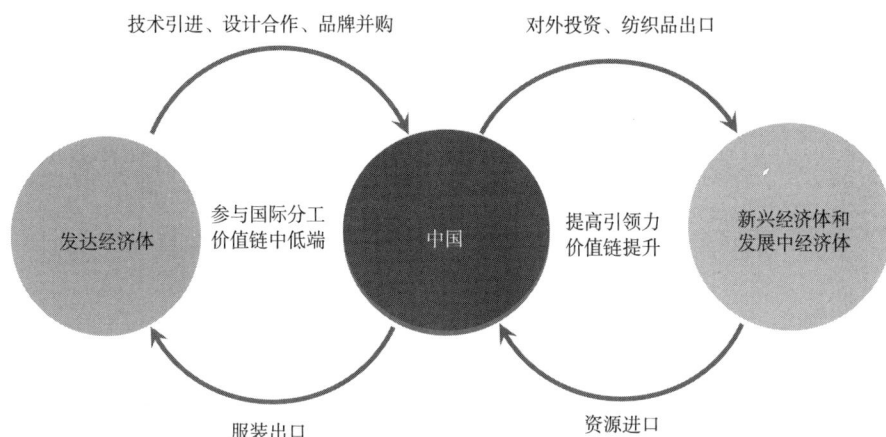

图7-4  全球价值"双环流"体系中的中国纺织品服装业

### （一）上游以技术创新和研发为主导占据价值链高附加值环节

借鉴发达经济体的经验，美国和欧洲五国始终重视纺织领域的技术创新，如新纤维材料的研发、功能性纤维的开发。在服装设计环节，重视时尚潮流和品牌文化，引领全球时尚流行趋势，占据纺织服装价值链前端的面料和设计环节优势，而不是追求产业链每个的优势，只有占据价值链高附加值环节，才能拥有定价权和话语权，掌握核心竞争优势。

### （二）下游掌握零售终端渠道

借鉴发达经济体的经验，美国和欧洲五国，无一例外，在下游环节，掌握零售终端的销售渠道，特别是在全球市场开连锁店，将生产环节外包，在全球市场寻求低成本、高品质的供应商，控制成衣定价权，以轻资产模式，打造全球零售网络和线上渠道。

在美国和欧洲有历时百年的时装品牌，通过品牌并购，实现借船出海的目的，学习国外品牌的成熟的运营管理经验，获得已有的零售渠道、快速进入国际市场。

### （三）在全球价值链寻求新的竞争优势

在过去的40年间，中国纺织服装业竞争优势从低成本、巨大的消费市场、完整的产业链，正在转向技术创新、智能制造、对外投资、品牌并购等，寻求新的竞争优势。

自第一次工业革命以来，纺织服装业出现几次大规模的全球性产业转移，随着产业转移，为发达国家带来纺织服装产业升级的机遇。发达国家以全球化视野，参与国际分工，将失去优势的环节转移出去，保留具有优势的设计环节、时尚流行趋势发布、品牌运营、零售终端、资本运营等环节，从而在全球价值链中掌握话语权。

随着每一次新技术的出现，给纺织服装业注入了新的生产要素，改变了原有的生产方式，新的生产方式也必然带来新的生产力，大大提高了劳动生产率。因此，面对技术更迭，要转变理念，勇于挑战，不断创新，从而保持行业的可持续发展，以获得竞争优势。

# 第二节　印度、巴基斯坦和土耳其

印度、巴基斯坦和土耳其三国的纺织服装产业历史悠久，是本国的传统工业，产业基础好，还拥有棉花、羊毛、麻纺织原料资源。

印度为全球第二大人口国，人口已达 14.1 亿人，衣着支出占消费支出的 8%，人均 GDP 为 2256.6 美元。巴基斯坦人口为 2.3 亿人，人均 GDP 为 1505 美元，衣着支出占消费支出的 5.7%。在三国中，土耳其人均 GDP 水平最高，为 9661.2 美元，衣着支出占消费支出的 5% 左右。

近年来，三国政府重振纺织服装业，并将其作为国民经济的重要支柱产业、出口创汇产业和贸易顺差的重要出口商品，大力发展纺织服装业，使三国纺织服装业国际竞争力有了显著提高。

## 一、三国纺织品服装产业概况

### （一）印度、巴基斯坦和土耳其拥有棉花资源优势

全球六大产棉国有：中国、印度、美国、巴西、澳大利亚和巴基斯坦，其中，印度棉花产量居全球第二位，2021 年印度棉花产量达 522 万吨（表 7-11）。

表 7-11　三国棉花产量　　　　　　　　　　　　　　　　单位：万吨

| 年份 | 印度 | 巴基斯坦 | 土耳其 |
| --- | --- | --- | --- |
| 2019 | 620.5 | 145.7 | 81.4 |
| 2020 | 601.9 | 96.0 | 65.6 |
| 2021 | 522.0 | 126.6 | 83.3 |

资料来源：根据 ICAC 数据整理得出。

#### 1. 印度

印度纺织服装业的发展优势在于低廉的工资水平，充足的纺织原料供应，凭借着优良的气候条件和优越的地理位置，在棉花的产量上一直位居世界前列。印度同时是棉花出口国，无论是在棉花的种植面积上还是在出口数量上，印度在全球占比较大，为印度

纺织服装行业提供了有力的原料支撑。

印度也是全球最大的黄麻生产国、第二大生丝生产国，是继中国之后世界的第二大纺织品生产国、第三大棉纱生产国和第五大合成纤维生产国，具有庞大的国内市场以及政府的重视和支持。

### 2. 巴基斯坦

巴基斯坦是全球第六大产棉国，但也是全球第三大棉花消费国和进口国，主要从印度和美国进口棉花。

巴基斯坦纺织服装业的优势在于，巴基斯坦纱和布的出口量在世界分别排名第二位和第三位。拥有强大的纺纱业、织布能力，良好的针织生产能力，劳动力成本低廉，以及优良的投资优惠政策。

### 3. 土耳其

土耳其为世界第七大产棉国，土耳其棉花是大规模机械化种植，且棉农种植效率高，棉种质量优良，但土耳其棉花仍需进口。

## （二）纺织服装业均为三国的支柱产业

### 1. 印度

纺织业在印度国民经济中占有极其重要的地位，是印度经济的一个重要部门。2021年纺织业产值占印度 GDP 的 2%，占工业总产值的 7%，纺织产业是继农业后的第二大产业。印度纺织服装业大约雇用 3800 万人，是吸纳就业人数最多的工业部门，是印度外汇收入的最主要来源，印度出口收入的 11% 来自纺织服装业。

### 2. 巴基斯坦

纺织业是巴基斯坦制造业中最重要的行业，纺织业对国内生产总值的贡献率为8.5%，贡献了近 1/4 的工业产值，全国纺织业就业人数 1500 万人，占制造业总就业人口的 40%。

### 3. 土耳其

纺织、成衣及皮革制品工业是土耳其国民经济的支柱产业之一，在土耳其经济中具有举足轻重的地位。土耳其纺织服装业占国内生产总值的 5.5%，占工业产值的 17.5%，占制造业产值的 19%，纺织服装业从业人数 200 万人，就业人数占全国制造业从业人数的 21%，总就业人数的 10%，土耳其出口收入的 37.4% 来自纺织服装业。

## （三）三国拥有较为完整的纺织品服装产业链

### 1. 印度纺织服装业

纺织服装业是印度历史最悠久的行业。18 世纪末，英国机器纺织工业兴起，精美的机织品将印度手工棉纺织排挤出市场，印度转而成为原棉供应国。19 世纪，统治印度的不列颠东印度公司，为了从印度获得廉价原棉以供应英国纺织工业的需求，积极鼓励植棉。18 世纪下半叶，印度引进陆地棉，1854 年在孟买建立了第一座机器纺织工厂，开始了印度现代纺织工业。

从20世纪80年代开始，印度纺织服装业凭借得天独厚的优势，连续多年保持高速增长。自从1991年印度实施经济改革以来，印度纺织服装行业作为其国内重点扶持的行业之一，逐步发展为印度的支柱产业之一，也成为世界纺织工业领域和国际纺织品服装市场上的一支重要力量。近年来，印度继续提出优先发展纺织服装、皮革制鞋、珠宝、食品加工等劳动密集型产业。

印度服装工业和地毯工业已经有几百年的历史，拥有完整的产业链，印度主要有棉产品、人造纤维、毛制品、丝织品、黄麻制品、手织品、地毯、手工艺品及成衣。主要纺织企业包括印度国家纺织公司（NTC）、印度国家黄麻生产公司（NJMC）、印度棉花公司（CCI）、ELGIN Mills和Spentex等。

**2. 巴基斯坦纺织服装业**

纺织服装业是巴基斯坦的支柱产业，在巴基斯坦工业生产、出口、劳动力就业乃至整个国民经济发展中占有举足轻重的地位。巴基斯坦拥有完整的纺织服装产业链：从棉花、轧棉、纺纱、布料、印染到成衣制造。

巴基斯坦从事纺织业的企业约3万家，大多数为小型企业或家族作坊式企业，有大型纺织企业近450家，其中大约50家是多功能型的既纺纱又织布，还生产服装。另有300家雇员在100人以上的"较大型"针织和机织服装生产企业。此外，还有数千个小型纺织厂，从事各种各样的纺织品生产。服装生产企业总数量为4500家，其中80%是小型作坊式企业，20%为大型工业化企业。

巴基斯坦拥有1340万纱锭；37584台喷气、无梭织机，37000台电动织机，115家后整理企业，年产101亿米面料；针织厂1200家，年产9000万打服装，缝纫厂5000家，年产6000万件服装。

此外，巴基斯坦的皮革业发达，共有720家企业，其中规模较大的有30~50家，著名企业有哈菲斯·萨菲（Hafeez Shafi）制革有限公司等。皮革业是巴基斯坦第二大出口创汇产业，年出口额约为10亿美元。

**3. 土耳其纺织服装业**

纺织服装业在土耳其经济中占有十分重要的地位，曾经是土耳其经济增长的主要推动力。土耳其现代纺织业的发展始于20世纪60~70年代的工业化进程。起步于小作坊式生产的纺织服装业在土耳其发展十分迅速，20世纪80年代至90年代上半期的高速发展，平均年增长率达12.2%，远远高于土耳其整体经济5.2%的年增长率，成为土耳其增长最为迅速的部门。

土耳其大约拥有5.6万家纺织服装企业，其中95%为私人企业，25%的企业涉及大量出口业务。服装企业中80%都是中小企业，而纺织企业由于其生产的技术密集型特征多为大型企业。目前，土耳其最大的500家企业中有20%来自纺织服装业。

土耳其纺织服装业的优势在于拥有低成本、高素质的劳动力，以及相对低廉的原料，也得益于自由的经济环境和出口导向的经济政策。

土耳其纺织和服装业的技术水平居世界领先地位，纺织服装装备配套，如针织、色染、印花以及装饰等都很发达。地毯、家纺家居产品、皮革制品、T恤和套头衫是土耳其纺织和服装业最独具特色也是最重要的产品门类。土耳其在毛织品、地毯、人造丝、人造纤维、聚酯纤维的生产上排名全球前十位。

### （四）纺织品服装在三国是重要的出口创汇产业和贸易顺差的主要商品

印度、巴基斯坦和土耳其三国货物出口一直处于逆差状态，但纺织品服装在三国是重要的出口创汇产业和贸易顺差的主要商品。

#### 1. 印度

根据印度商业信息统计署与印度商务部统计，2021年，印度货物出口额为3954.3亿美元，印度进口总额为5729.1亿美元，贸易逆差高达1774.8亿美元。

2021年，纺织品服装进口额为69.1亿美元，占货物进口总额的1.2%。2021年，印度纺织品服装贸易顺差额为314.74亿美元。因此，纺织品服装是印度重要的出口创汇商品和贸易顺差主要商品。

#### 2. 巴基斯坦

纺织服装业是巴基斯坦最重要的支柱产业和最大的出口行业，纺织品服装出口额占其货物出口总额的62.3%。

根据WTO数据显示，2021年，巴基斯坦货物出口额为283.2亿美元，进口总额为725.2亿美元，贸易逆差额为442亿美元。2021年，巴基斯坦纺织品服装出口额为176.4亿美元，进口总额为17.3亿美元，贸易顺差额为159.1亿美元。

#### 3. 土耳其

根据土耳其统计局统计数据显示，2021年，土耳其货物贸易进出口额为4966.5亿美元。其中，出口额为2252.2亿美元，进口额为2714.3亿美元，贸易逆差达462.1亿美元。

纺织品服装是土耳其第二大类出口商品，2021年，土耳其纺织品服装出口额为339亿美元，占其货物出口总额的15%。2021年，土耳其纺织品服装进口额为84.5亿美元，占其进口总额的3.1%。纺织品服装是土耳其重要的出口创汇商品，2021年纺织品服装贸易顺差额为254.5亿美元。

## 二、三国纺织品服装进出口市场

### （一）三国纺织品服装出口在全球中的地位

印度、土耳其和巴基斯坦纺织品出口居全球前10位。其中，印度纺织品出口位居中国之后的第二大出口国，2021年，印度纺织品出口额为222.3亿美元，占全球纺织品出口总额的6.3%。2021年，土耳其纺织品出口额为151.7亿美元，占全球纺织品出口总额的4.3%，居全球纺织品出口第3位。2021年，巴基斯坦纺织品出口额为91.9亿美元，占全球纺织品出口总额的2.6%，居全球纺织品出口第8位。

印度和土耳其服装出口居全球服装出口国的第 9 位和第 6 位，2021 年，印度服装出口额为 161.5 亿美元，占全球服装出口总额的 2.9%。2021 年，土耳其服装出口额为187.3 亿美元，占全球服装出口总额的 3.4%。2021 年，巴基斯坦服装出口额为 84.6 亿美元，占全球服装出口总额的 1.5%，居全球服装出口第 16 位（表 7-12）。

表 7-12    2021 年三国纺织品服装出口额及地位

| 国家 | 全球位次 | 纺织品出口额（亿美元） | 占全球纺织品出口总额比重（%） | 全球位次 | 服装出口额（亿美元） | 占全球服装出口总额比重（%） |
|---|---|---|---|---|---|---|
| 印度 | 2 | 222.3 | 6.3 | 9 | 161.5 | 2.9 |
| 土耳其 | 3 | 151.7 | 4.3 | 6 | 187.3 | 3.4 |
| 巴基斯坦 | 8 | 91.9 | 2.6 | 16 | 84.6 | 1.5 |

资料来源：根据 WTO 数据整理得出。

### （二）三国纺织品服装出口竞争力

#### 1. 印度纺织品和服装的出口竞争优势均衡

印度纺织品和服装出口规模相近，纺织品和服装出口竞争优势较为均衡，这与印度拥有良好的纺织工业基础及棉花和黄麻纺织原料资源密切相关。2008 年，印度纺织品出口额和服装出口额分别突破 100 亿美元，近 10 年出口规模保持稳定，分别在 150 亿~200亿美元之间（图 7-5）。

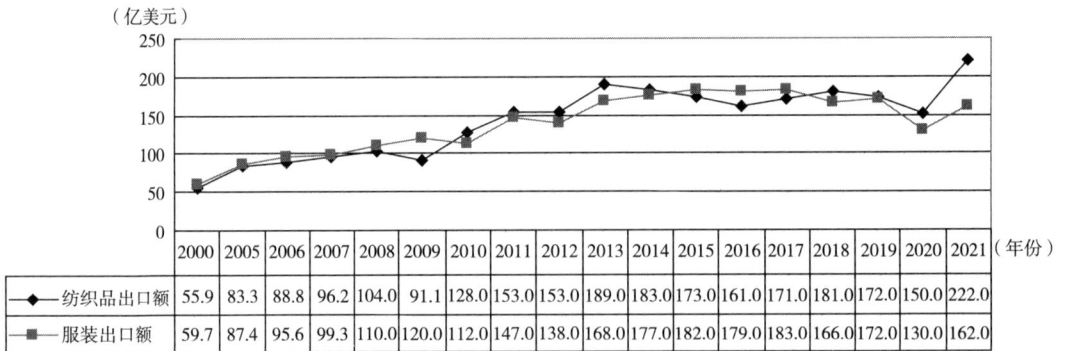

（亿美元）

| 年份 | 2000 | 2005 | 2006 | 2007 | 2008 | 2009 | 2010 | 2011 | 2012 | 2013 | 2014 | 2015 | 2016 | 2017 | 2018 | 2019 | 2020 | 2021 |
|---|---|---|---|---|---|---|---|---|---|---|---|---|---|---|---|---|---|---|
| 纺织品出口额 | 55.9 | 83.3 | 88.8 | 96.2 | 104.0 | 91.1 | 128.0 | 153.0 | 153.0 | 189.0 | 183.0 | 173.0 | 161.0 | 171.0 | 181.0 | 172.0 | 150.0 | 222.0 |
| 服装出口额 | 59.7 | 87.4 | 95.6 | 99.3 | 110.0 | 120.0 | 112.0 | 147.0 | 138.0 | 168.0 | 177.0 | 182.0 | 179.0 | 183.0 | 166.0 | 172.0 | 130.0 | 162.0 |

图 7-5    2000—2021 年印度纺织品和服装出口额

资料来源：根据 WTO 数据整理得出。

根据联合国贸易数据库统计，2022 年，印度出口额为 4526.84 亿美元。其中，出口前五位商品分别是：矿产品、化工产品、贱金属及制品、贵金属及制品和纺织品及原料。2022 年，印度纺织品及原料出口额为 383.07 亿美元，占其出口总额的 8.5%（表 7-13）。

表 7-13　2021—2022 年印度出口前五位商品

| 海关分类<br>（类） | HS 编码<br>（章） | 商品类别 | 2021 年<br>（亿美元） | 2022 年<br>（亿美元） | 占比（%） |
|---|---|---|---|---|---|
| 总值 | | | 3948.14 | 4526.84 | 100.0 |
| 第 5 类 | 25—27 | 矿产品 | 630.08 | 1028.30 | 22.7 |
| 第 6 类 | 28—38 | 化工产品 | 569.29 | 604.98 | 13.4 |
| 第 15 类 | 72—83 | 贱金属及制品 | 445.14 | 405.18 | 9.0 |
| 第 14 类 | 71 | 贵金属及制品 | 381.55 | 392.75 | 8.7 |
| 第 11 类 | 50—63 | 纺织品及原料 | 414.68 | 383.07 | 8.5 |

资料来源：根据 UNCOMTRADE 数据整理得出。

**2. 巴基斯坦纺织品出口优势较为明显**

2000—2021 年，巴基斯坦纺织品和服装出口规模稳中有增。其中，纺织品出口竞争优势明显高于服装出口竞争优势。2005 年，巴基斯坦纺织品出口额达 70 亿美元，2011年、2013 年、2014 年和 2021 年纺织品出口规模均超过 90 亿美元。巴基斯坦服装出口规模保持稳定增长，2021 年达到 84.6 亿美元，如图 7-6 所示。

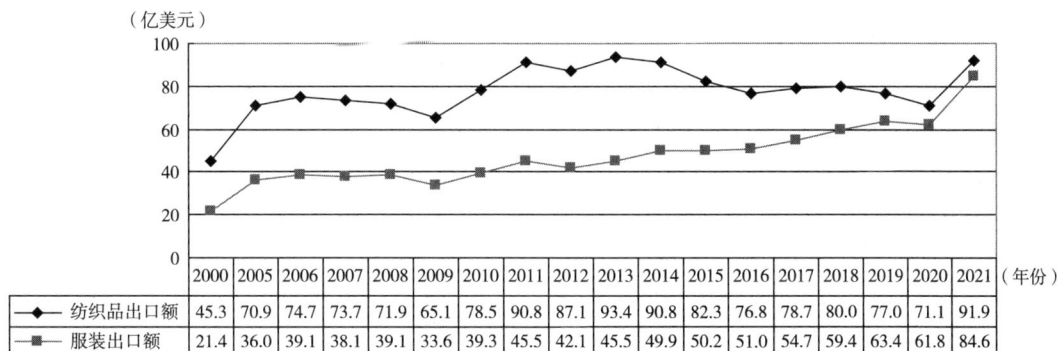

| （亿美元） | 2000 | 2005 | 2006 | 2007 | 2008 | 2009 | 2010 | 2011 | 2012 | 2013 | 2014 | 2015 | 2016 | 2017 | 2018 | 2019 | 2020 | 2021 |
|---|---|---|---|---|---|---|---|---|---|---|---|---|---|---|---|---|---|---|
| 纺织品出口额 | 45.3 | 70.9 | 74.7 | 73.7 | 71.9 | 65.1 | 78.5 | 90.8 | 87.1 | 93.4 | 90.8 | 82.3 | 76.8 | 78.7 | 80.0 | 77.0 | 71.1 | 91.9 |
| 服装出口额 | 21.4 | 36.0 | 39.1 | 38.1 | 39.1 | 33.6 | 39.3 | 45.5 | 42.1 | 45.5 | 49.9 | 50.2 | 51.0 | 54.7 | 59.4 | 63.4 | 61.8 | 84.6 |

图 7-6　2000—2021 年巴基斯坦纺织品和服装出口额

资料来源：根据 WTO 数据整理得出。

2021 年，巴基斯坦货物贸易出口总额 283.2 亿美元，其中，纺织品服装出口额为 176.4 亿美元，占出口总额的 62.3%，为第一大类出口商品。在巴基斯坦外贸出口中，居第二位的化学制品出口额为 12.9 亿美元，占出口总额的 4.6%；机械及运输设备出口额仅为 6 亿美元，占出口总额的 2.1%。因此，巴基斯坦外贸出口对纺织品服装依存度较高（表 7-14）。

表 7-14　2020—2021 年巴基斯坦出口前三位商品

| 排序 | 商品类别 | 2020 年（亿美元） | 2021 年（亿美元） | 占比（%） |
|---|---|---|---|---|
| | 总值 | 219.8 | 283.2 | 100.00 |
| 1 | 纺织品服装 | 132.9 | 176.4 | 62.3 |
| 2 | 化学制品 | 10.9 | 12.9 | 4.6 |
| 3 | 机械及运输设备 | 3.9 | 6.0 | 2.1 |

资料来源：根据 UNCOMTRADE 数据整理得出。

### 3. 土耳其服装出口优势较为明显

2000—2021 年，土耳其纺织品和服装出口规模均保持稳步增长，其中，服装出口竞争优势明显高于纺织品竞争优势。2004 年，土耳其服装出口规模超过了 100 亿美元；2011 年，土耳其纺织品出口规模超过 100 亿美元；2021 年，土耳其纺织品出口额和服装出口规模达到历史最高，分别为 152 亿美元和 187 亿美元（图 7-7）。

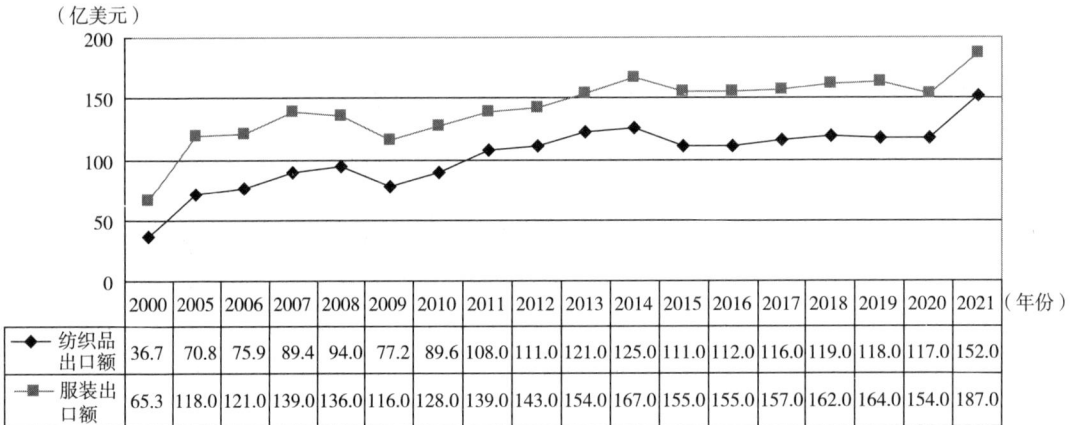

| （亿美元） | 2000 | 2005 | 2006 | 2007 | 2008 | 2009 | 2010 | 2011 | 2012 | 2013 | 2014 | 2015 | 2016 | 2017 | 2018 | 2019 | 2020 | 2021 |
|---|---|---|---|---|---|---|---|---|---|---|---|---|---|---|---|---|---|---|
| 纺织品出口额 | 36.7 | 70.8 | 75.9 | 89.4 | 94.0 | 77.2 | 89.6 | 108.0 | 111.0 | 121.0 | 125.0 | 111.0 | 112.0 | 116.0 | 119.0 | 118.0 | 117.0 | 152.0 |
| 服装出口额 | 65.3 | 118.0 | 121.0 | 139.0 | 136.0 | 116.0 | 128.0 | 139.0 | 143.0 | 154.0 | 167.0 | 155.0 | 155.0 | 157.0 | 162.0 | 164.0 | 154.0 | 187.0 |

图 7-7　2000—2021 年土耳其纺织品和服装出口额

资料来源：根据 WTO 数据整理得出。

据联合国贸易数据库统计，2022 年土耳其货物贸易出口额 2542.01 亿美元，其中，贱金属及制品、纺织品及原料（第 11 类 50-63 章）、机电产品、运输设备、贵金属及制品是土耳其出口的前五大类商品，2022 年纺织品及原料出口额为 352.63 亿美元，占出口总额的比重达 13.9%，土耳其服装生产的 60% 出口海外（表 7-15）。

表 7-15　2021—2022 年土耳其出口前五位商品

| 海关分类（类） | HS 编码（章） | 商品类别 | 2021 年（亿美元） | 2022 年（亿美元） | 占比（%） |
|---|---|---|---|---|---|
| | 总值 | | 2252.14 | 2542.01 | 100.0 |
| 第 15 类 | 72-83 | 贱金属及制品 | 356.06 | 370.49 | 14.6 |

续表

| 海关分类（类） | HS 编码（章） | 商品类别 | 2021 年（亿美元） | 2022 年（亿美元） | 占比（%） |
|---|---|---|---|---|---|
| 第 16 类 | 84-85 | 机电产品 | 327.86 | 363.77 | 14.3 |
| 第 11 类 | 50-63 | 纺织品及原料 | 344.55 | 352.63 | 13.9 |
| 第 17 类 | 86-89 | 运输设备 | 287.29 | 308.69 | 12.1 |
| 第 14 类 | 71 | 贵金属及制品 | 109.65 | 102.06 | 4.0 |

资料来源：根据 UNCOMTRADE 数据整理得出。

### （三）三国纺织品服装主要出口市场

#### 1. 印度纺织品服装出口市场

纺织品服装是印度第三大类出口商品，2021 年，纺织品服装出口额为 424.9 亿美元，主要出口市场为美国、孟加拉国、阿联酋、中国和英国（表 7-16），占其纺织品服装出口总额的 52%，其中，美国出口额达 110.6 亿美元，占其纺织品服装出口总额的 26%，份额比例逐年增长。

表 7-16　2021 年印度纺织品服装出口主要市场

| 出口市场 | 纺织品服装出口额（亿美元） | 占纺织品服装出口总额比重（%） |
|---|---|---|
| 美国 | 110.6 | 26 |
| 孟加拉国 | 42.7 | 10.1 |
| 阿联酋 | 27.0 | 6.4 |
| 中国 | 20.7 | 4.9 |
| 英国 | 20.0 | 4.7 |
| 合计 | 221.0 | 52 |

资料来源：根据 WTO 数据整理得出。

#### 2. 巴基斯坦纺织品服装出口市场

纺织业是巴基斯坦最大的出口行业。其中，服装（成衣和针织品）超过 90% 出口到欧美；棉纱、棉布等初级产品则主要出口到中国、印度、孟加拉国等国家，由这些国家深加工后再出口到欧美。

巴基斯坦纺织服装业是出口导向型产业，根据巴基斯坦统计数据显示，2021 年，纺织品服装出口额为 180.4 亿美元，主要出口棉纱、棉布、针织服装、床上用品、毛巾、成衣等。主要出口市场为美国、英国、德国、荷兰和中国等国。其中，2021 年，巴基斯坦对美国纺织品服装出口额为 53.4 亿美元，相较于 2017 年增长了将近一倍，对欧盟出口额为 114.4 亿美元，对中国出口额为 9 亿美元。

### 3. 土耳其纺织品服装出口市场

土耳其与欧盟成员签订了自由贸易协定，欧盟是土耳其主要出口市场。2021年，土耳其纺织品服装出口额为346.1亿美元，前五位的出口市场为德国、西班牙、英国、美国和荷兰（表7-17），占其纺织品服装出口总额的43.6%，近些年呈持平趋势。

**表7-17　2021年土耳其纺织品服装出口主要市场**

| 出口市场 | 纺织品服装出口额<br>（亿美元） | 占纺织品服装出口<br>总额比重（%） |
| --- | --- | --- |
| 德国 | 43.7 | 12.6 |
| 西班牙 | 32.2 | 9.3 |
| 英国 | 27.9 | 8.1 |
| 美国 | 27.6 | 8 |
| 荷兰 | 19.4 | 5.6 |
| 合计 | 150.8 | 43.6 |

资料来源：根据WTO数据整理得出。

## 背景知识

### 土耳其服装出口持续增长成为中国服装主要对手

据了解，在2013年1~9月，土耳其成衣出口量增长了8.5%，出口总额达129.75亿美元。

根据伊斯坦布尔纺织和服装协会的数据显示，这些出口服装中有75%出口到欧洲，其中又以出口德国为大宗。这一期间出口德国的服装总额达27.91亿美元，同比增长了8.3%。土耳其服装的第二大出口目标市场是英国，出口额为15.84亿美元，接着依次为西班牙、法国、爱尔兰等国。

纺织、服装工业在土耳其经济中占有重要位置。土耳其纺织、服装企业大部分为专业化分工生产，具有纺织染整到服装生产一条龙经营能力的企业为数不多。然而，近年来，一些大型企业联合成控股公司，可以从纤维生产直到制成最终产品，形成非常强大的完整产业链条，其产品价格拥有较强的竞争力。

中国服装产业虽然很发达，但是相较于土耳其，中国与欧洲国家的地理距离较远，运费较高；此外，土耳其出口到欧盟国家的产品，享受欧盟国家非常优惠的税收待遇，乃至免税待遇；另外，土耳其的纺织、服装工业具备原料充足、劳动力价廉的特点。这些因素导致土耳其服装在欧盟市场上纵横驰骋，成为中国服装的最主要的竞争对手。

资料来源：土耳其服装出口持续增长成中国服装主要对手[J]. 网印工业，2013（12）：55.

# 第三节 孟加拉国、越南、印度尼西亚和柬埔寨

孟加拉国、越南、印度尼西亚和柬埔寨四国,印度尼西亚是新兴市场国家,也是东盟最大的经济体,GDP总量居全球第16位,是世界第四人口大国,人口达2.6亿人。越南作为发展中经济体,通过吸引外资,逐步向工业化的发展中国家迈进。孟加拉国是最不发达国家之一,经济发展水平较低,国民经济主要依靠农业。柬埔寨是传统农业国,工业基础薄弱,属于世界上最不发达国家之一,贫困人口占总人口的28%。

## 一、四国纺织品服装产业概况

### (一)孟加拉国纺织服装业

纺织服装业在孟加拉国的经济上扮演着相当重要的角色,纺织服装业的产值约占工业总产值的38%,占其出口总额的75%,就业人数超过480万人,其中70%为女性。

纺织服装业是孟加拉国银行、保险、航运业的主要客源,并带动了运输、饭店、美容、化妆品及其他相关行业,提供了纺织服装及机械配件业约80万个工作机会,资源回收业约20万个工作机会。

#### 1. 孟加拉国纺织业

孟加拉国于1971年独立后,成立了首家国营纺织厂。20世纪90年代初期,私营纺织厂陆续开设。孟加拉国纺织业不及服装业重要,上中游的纺纱、织布及染整等纺织业较弱。据统计,目前,孟加拉国拥有2000多家纺织厂,其中有200多家纺纱厂,纱线生产能力约为5亿千克/年;拥有350多家大、中型机织布厂和1000多家小型动力织布厂,拥有4万多台动力织布机,其中只有约1/4的织布机为现代无梭型。另外,孟加拉国拥有500多家针织布染整厂和300多家机织布染整厂,具有约25亿米的年加工能力。

孟加拉国是世界上第二大黄麻生产国,年产量超过100万吨,其中,65%用于国内生产消费,其余用于出口。黄麻及制品是孟加拉国第二大出口产品。2016/2017财年,孟加拉国原麻出口额为12.18亿美元,黄麻产品出口额为8.04亿美元。根据孟加拉国政府部门统计,目前全国有22家国有黄麻厂,200家左右私人黄麻厂。

#### 2. 孟加拉国以制衣业为主

孟加拉国的服装厂成立于1978年。服装产业是孟加拉国的支柱产业,对孟加拉国国民生产总值贡献度为10.5%。孟加拉国服装产业发展较快,服装工厂从1984年年初的384家增长到2017年的4560家,大型服装加工企业有约600家。从事成衣服装加工的工人从1984年的12万人增长到2017年的450万人,其中80%为女性,从业人口占全国就

业人口6%，占全国工业人口数量的50%以上。

目前，孟加拉国是全球牛仔服装的主要生产国，年产量约为2亿件，欧洲市场份额为27%，已经超过中国。在出口创汇方面，成衣出口在其商品出口总额中占比为80%，成为这个贫穷落后的国家赖以赚取外汇的最重要来源。

制衣业的兴衰直接影响孟加拉国的就业状况、社会稳定、减贫乃至该国国民经济的发展，可以说是孟加拉国经济的生命线。

### （二）越南纺织服装业

纺织服装业是越南经济的支柱产业，也是越南优先发展的产业之一。根据越南信托（Vietnam Credit）发布的 *Industry Report Vietnam's Textile Industry 2017* 显示，2017年越南约有8700家纺织和服装生产企业，其中，服装企业占70%、水洗厂占6%、针织企业占17%、印染企业占4%、辅料企业占3%。

按企业所有制划分，越南纺织服装企业中私营企业占70%，外商直接投资企业占29%，国有企业仅占1%。大部分为中小企业，即员工人数在200~500人。

越南主要从事纺织服装供应链中的裁剪和缝纫环节。65%的订单为出口加工，很少参与产品的设计、营销和分销环节，ODM和OBM订单仅占10%。越南纺织服装业工业增加值为5%~10%。

2017年，越南纺织服装业雇员总数达280万人，占人口总数的3%，主要为女性。纺织服装加工业，占工业就业人数的25%左右，纺织服装业产值占越南工业总产值的9%左右，出口额占其出口总值的15%。纺纱产量700万锭，纱线产量70万吨。

### （三）印度尼西亚纺织服装业

纺织服装行业一直是印度尼西亚历史最悠久且最具有战略意义的行业之一，其产值、出口额和就业规模在全国各行业中居领先地位。纺织服装行业是印度尼西亚的支柱型产业，承接全球知名品牌服装的加工，印度尼西亚的棉纺、织造和服装的生产能力规模较大。

印度尼西亚不产棉花，棉花主要从澳大利亚、美国进口，但化纤生产相对发达。进口产品主要是棉花、棉布、人造纤维纱线及面料等。棉花的进口量占印度尼西亚总用棉量的98%。

2016年印度尼西亚的纺织服装业，上游：纤维企业31家，就业人口3万人。中游：纺纱企业288家，就业人口23万人；织造、针织、染色、后整理拥有大中型企业1479家，小微企业13万家，就业人口66万人。2016年，印度尼西亚的纱锭总量为1210万锭。下游：服装拥有大中型企业2830家，小微企业40.7万家，主要生产衬衫、棉质T恤、紧身胸衣、内衣、外套、运动衫和长裤等，就业人口168万人。其他产品（地毯、非织造布、床单等），企业735家，就业人口8万人。

### （四）柬埔寨纺织服装业

柬埔寨纺织制衣业是支柱产业，也是提供就业、消减贫困、保持社会稳定的重要行业，柬埔寨工业以制衣业为主，约占工业总产值的90%。

2000年以来，柬埔寨制衣业快速发展。据柬埔寨劳工部统计，2017年柬埔寨共有1154家纺织企业、服装厂、制鞋厂，雇佣工人77.7万人。2018年，柬埔寨制衣制鞋业工人最低工资为170美元。

## 二、四国纺织品服装出口是贸易顺差的主要来源，服装业为出口导向型产业

四国劳动资源丰富，且劳动力成本低，制衣业以承接国际订单（表7-18）。例如，孟加拉国制衣业为全球知名品牌，如Zara，H&M等代加工产品。目前，孟加拉国服装厂可以加工牛仔裤、T恤衫、休闲装、童装等各类产品，还有T恤衫和牛仔裤中的高端产品。各大国际知名品牌都将印度尼西亚作为其全球出口的生产基地之一，为全球品牌提供完整的服装产业链服务。柬埔寨的多数制衣工厂只做服装OEM加工，制衣企业以外商投资为主，投资商以中国台湾、日本、韩国、中国（大陆）为主。

**表7-18　2021年四国服装出口对其货物出口贡献率**

| 国家 | 货物出口额（亿美元） | 服装出口额（亿美元） | 占货物出口总额比重（%） |
|---|---|---|---|
| 孟加拉国 | 442.2 | 358.1 | 81.0 |
| 越南 | 3359.3 | 311.8 | 9.3 |
| 印度尼西亚 | 2298.5 | 93.5 | 4.1 |
| 柬埔寨 | 173.6 | 81.3 | 46.8 |

资料来源：根据WTO数据整理得出。

### （一）孟加拉国

根据WTO数据显示，2021年，孟加拉国货物出口额为442.2亿美元，进口总额为804.5亿美元，贸易逆差额为362.3亿美元。2021年，孟加拉国纺织品服装出口额为379.5亿美元，纺织品服装进口总额为149.5亿美元，贸易顺差额为230亿美元，纺织服装业是孟加拉国最重要贸易顺差商品。

从出口的贡献率看（表7-18），2021年，孟加拉国服装出口额为358.1亿美元，占货物出口总额的81%，服装行业主要依赖于出口，是出口导向型产业。2021年，孟加拉国纺织品出口额为21.4亿美元，占货物出口总额的4.8%。

### （二）越南

根据WTO数据显示，2021年，越南货物出口额为3359.3亿美元，进口总额为

3315.8亿美元，贸易顺差额为43.5亿美元。2021年，越南纺织品服装出口额为426.5亿美元，纺织品服装进口总额为196.2亿美元，纺织品服装贸易顺差额为230.3亿美元。纺织品服装顺差额远远大于货物贸易顺差额。

从出口的贡献率看（表7-18），2021年，越南服装出口额为311.8亿美元，占货物出口总额的9.3%，纺织品出口额为114.7亿美元，占货物出口总额的3.4%。

### （三）印度尼西亚

根据WTO数据显示，2021年印度尼西亚货物进出口额为4259亿美元。其中，货物出口额2298.5亿美元；货物进口额1960.4亿美元，贸易顺差338.1亿美元。2021年，印度尼西亚纺织品服装出口额为128.3亿美元，纺织品服装进口额为79.6亿美元，纺织品服装贸易顺差额为48.7亿美元，占货物贸易顺差额的14.4%。

从出口的贡献率看（表7-18），2021年，印度尼西亚服装出口额为93.5亿美元，货物出口的比重为4.1%；纺织品出口额为34.7亿美元，占货物出口的比重为0.1%。

### （四）柬埔寨

根据WTO数据显示，2021年，柬埔寨货物出口额为173.6亿美元，进口总额为283.7亿美元，贸易逆差额为110.1亿美元。2021年，柬埔寨纺织品服装出口额为84.6亿美元，纺织品服装进口总额为56.5亿美元，贸易顺差额为28.1亿美元。纺织服装业也是柬埔寨重要的贸易顺差商品。

从出口的贡献率看（表7-18），2021年，柬埔寨服装出口额为81.3亿美元，占货物出口总额的46.8%，是典型的出口导向型产业，主要依赖于出口。2021年，柬埔寨纺织品出口额为3.31亿美元，占货物出口总额的1.9%。

## 三、四国纺织品服装进出口贸易

### （一）四国纺织品服装出口竞争地位

近年来，四国承接纺织服装产业国际转移，特别是与欧盟和美国签署了自贸协定，服装出口享受普惠制零关税待遇，一跃进入全球服装出口前20位国家（表7-19）。

**表7-19　2021年四国服装出口额及地位**

| 国家 | 全球位次 | 服装出口额（亿美元） | 占全球服装出口总额比重（%） |
|---|---|---|---|
| 孟加拉国 | 2 | 358.12 | 6.53 |
| 越南 | 3 | 311.80 | 5.68 |
| 印度尼西亚 | 15 | 93.51 | 1.70 |
| 柬埔寨 | 18 | 81.26 | 1.48 |

资料来源：根据WTO数据整理得出。

2017 年，越南服装业工人月工资为 248 美元/月，印度尼西亚服装业工人月工资为 231 美元/月，孟加拉国服装业工人月工资为 197 美元/月，三国均低于中国服装业工人月工资 270 美元/月和印度服装业工人月工资 255 美元/月水平。

孟加拉国为不发达国家之一，除享受欧盟和日本普惠制（GSP）待遇外，还获得加拿大、挪威、日本、新西兰、澳大利亚的免关税市场准入待遇。

越南已与欧盟、澳大利亚、日本、韩国等签署 10 个多双边自贸协定。2015 年 12 月，越南与欧盟签署了自由贸易协定（EVFTA），于 2018 年生效。这是欧盟与发展中国家签署的第一份自贸协定，根据协定内容，越南与欧盟两个经济体之间 99% 的货物关税在协定生效后将被取消，越南对欧盟出口纺织品服装将享受"零关税"优惠待遇。越南还是《全面与进步跨太平洋伙伴关系协定》（CPTPP）成员，2018 年 12 月 30 日，《全面与进步跨太平洋伙伴关系协定》正式生效。

印度尼西亚享受欧盟提供普惠制（GSP）待遇，印度尼西亚的进口产品按最惠国税率基础上减少 3.5% 税。柬埔寨充分利用了美国、欧盟、日本等 28 个国家和地区给予柬埔寨的普惠制待遇（GSP）等优惠政策。

图 7-8 显示，2000—2021 年四国服装出口快速增长。2008 年，孟加拉服装出口额超过 100 亿美元，2013 年服装出口额突破 200 亿美元。2001 年 12 月《越美贸易协定》生效后，越南对美国纺织品服装出口大幅增长。2010 年，越南服装出口额超过 100 亿美元，2014 年突破 200 亿美元。2021 年，孟加拉国和越南分别为全球服装出口第二大和第三大出口国，两国服装出口额达 358 亿美元和 312 亿美元，分别占全球服装出口总额的 6.5% 和 5.7%。

（亿美元）

| | 2000 | 2005 | 2006 | 2007 | 2008 | 2009 | 2010 | 2011 | 2012 | 2013 | 2014 | 2015 | 2016 | 2017 | 2018 | 2019 | 2020 | 2021 |
|---|---|---|---|---|---|---|---|---|---|---|---|---|---|---|---|---|---|---|
| ◆ 孟加拉国 | 50.7 | 68.9 | 83.2 | 88.6 | 117.0 | 119.0 | 149.0 | 192.0 | 194.0 | 235.0 | 246.0 | 266.0 | 287.0 | 292.0 | 329.0 | 340.0 | 275.0 | 358.0 |
| ■ 柬埔寨 | 9.7 | 22.1 | 26.4 | 26.6 | 30.1 | 24.4 | 30.4 | 40.0 | 40.2 | 48.3 | 53.4 | 59.4 | 66.5 | 70.6 | 78.6 | 83.3 | 75.5 | 81.3 |
| ▲ 印度尼西亚 | 47.3 | 49.6 | 57.6 | 58.7 | 62.9 | 59.2 | 68.2 | 80.5 | 75.2 | 76.9 | 76.7 | 75.9 | 74.7 | 82.1 | 89.3 | 86.0 | 75.5 | 93.5 |
| ✕ 越南 | 18.2 | 46.8 | 55.8 | 74.0 | 87.2 | 85.4 | 104.0 | 131.0 | 144.0 | 171.0 | 202.0 | 219.0 | 230.0 | 250.0 | 289.0 | 309.0 | 281.0 | 312.0 |

（年份）

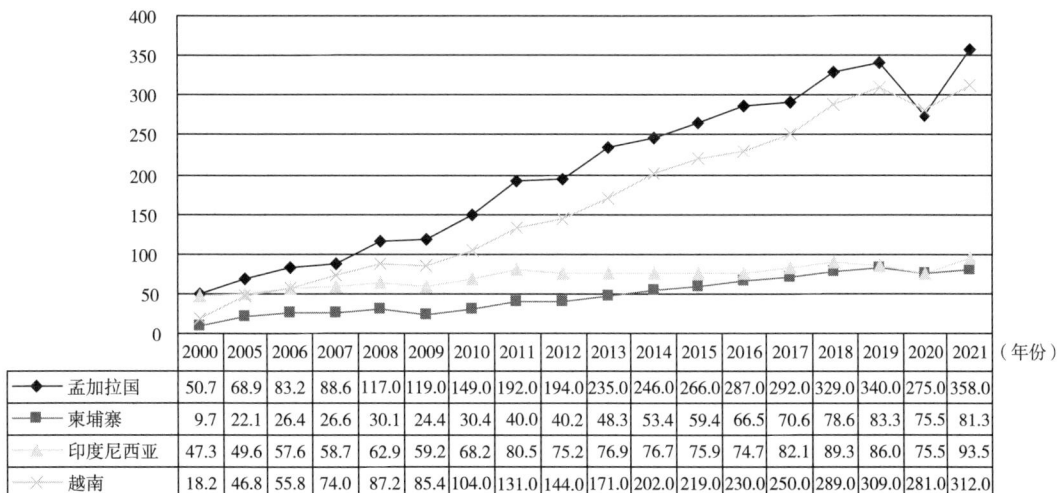

图 7-8 2000—2021 年四国服装出口额

资料来源：根据 WTO 数据整理得出。

2021 年，越南纺织品出口额为 114.7 亿美元，位居全球出口国第 7，占全球纺织品出口总额的 3.2%。2021 年，印度尼西亚纺织品出口额为 34.7 亿美元，位居全球出口国第 18，占全球纺织品出口总额的 1%（表 7-20）。

表 7-20　2021 年越南和印度尼西亚纺织品出口额及地位

| 国家 | 全球位次 | 纺织品出口额（亿美元） | 占全球纺织品出口总额比重（%） |
|------|---------|----------------------|----------------------------|
| 越南 | 7 | 114.7 | 3.2 |
| 印度尼西亚 | 18 | 34.7 | 1.0 |
| 孟加拉国 | 26 | 21.4 | 0.6 |
| 柬埔寨 | 59 | 3.3 | 0.1 |

图 7-9 显示，2000—2021 年四国纺织品出口贸易增长。在四国中，越南纺织品出口快速增长，2021 年达到 114.7 亿美元，印度尼西亚和孟加拉国纺织品出口规模较为平稳，分别保持在 40 亿美元和 20 亿美元左右。而柬埔寨纺织品出口规模非常小，几乎没有出口能力。

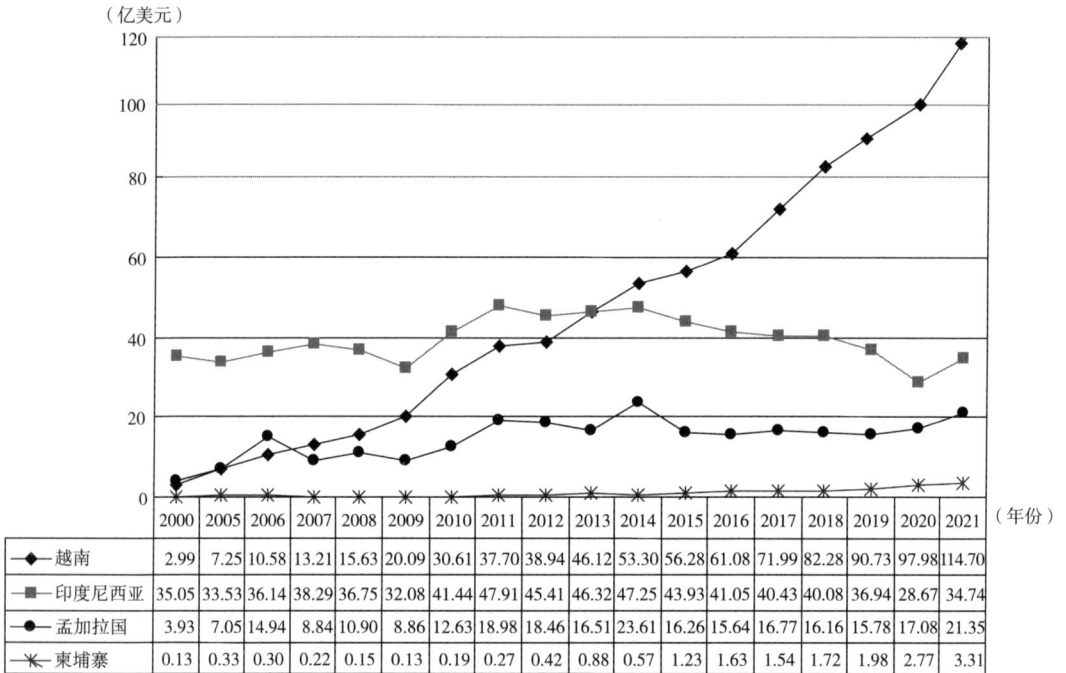

（亿美元）

| | 2000 | 2005 | 2006 | 2007 | 2008 | 2009 | 2010 | 2011 | 2012 | 2013 | 2014 | 2015 | 2016 | 2017 | 2018 | 2019 | 2020 | 2021 |
|---|---|---|---|---|---|---|---|---|---|---|---|---|---|---|---|---|---|---|
| 越南 | 2.99 | 7.25 | 10.58 | 13.21 | 15.63 | 20.09 | 30.61 | 37.70 | 38.94 | 46.12 | 53.30 | 56.28 | 61.08 | 71.99 | 82.28 | 90.73 | 97.98 | 114.70 |
| 印度尼西亚 | 35.05 | 33.53 | 36.14 | 38.29 | 36.75 | 32.08 | 41.44 | 47.91 | 45.41 | 46.32 | 47.25 | 43.93 | 41.05 | 40.43 | 40.08 | 36.94 | 28.67 | 34.74 |
| 孟加拉国 | 3.93 | 7.05 | 14.94 | 8.84 | 10.90 | 8.86 | 12.63 | 18.98 | 18.46 | 16.51 | 23.61 | 16.26 | 15.64 | 16.77 | 16.16 | 15.78 | 17.08 | 21.35 |
| 柬埔寨 | 0.13 | 0.33 | 0.30 | 0.22 | 0.15 | 0.13 | 0.19 | 0.27 | 0.42 | 0.88 | 0.57 | 1.23 | 1.63 | 1.54 | 1.72 | 1.98 | 2.77 | 3.31 |

图 7-9　2000—2021 年四国纺织品出口额

资料来源：根据 WTO 数据整理得出。

### （二）四国纺织品进口规模

随着服装加工业的快速发展，四国纺织品进口快速增长，成为全球纺织品前 20 位的进口国家（表 7-21）。2021 年，越南成为全球纺织品第二大进口国，进口额达 187.8 亿美元，占全球纺织品进口总额的 4.8%。孟加拉国为全球纺织品第五大进口国，进口额为

146.1 亿美元，占全球纺织品进口总额的 3.8%。2021 年，印度尼西亚纺织品进口额为 70.9 亿美元，居全球纺织品进口第 10 位。2021 年，柬埔寨亚纺织品进口额为 54.9 亿美元，居全球纺织品进口第 18 位。

表 7-21　2021 年四国纺织品进口额及地位

| 国家 | 全球位次 | 进口额（亿美元） | 占全球纺织品进口总额比重（%） |
|---|---|---|---|
| 越南 | 2 | 187.8 | 4.8 |
| 孟加拉国 | 5 | 146.1 | 3.8 |
| 印度尼西亚 | 10 | 70.9 | 1.8 |
| 柬埔寨 | 18 | 54.9 | 1.4 |

资料来源：根据 WTO 数据整理得出。

图 7-10 显示，2000—2021 年四国纺织品进口贸易快速增长，与四国大力发展服装加工业密切相关，服装加工业对纱线和面料进口依存度高。例如，孟加拉国纺织原料、纱线严重依赖进口，孟加拉国纺织工业用棉的 95%、织布用纱的 80% 和印染用坯布的 70% 均需通过进口。越南每年从美国、印度和巴西进口棉花，还从中国、韩国、土耳其进口纱线，面料和辅料。

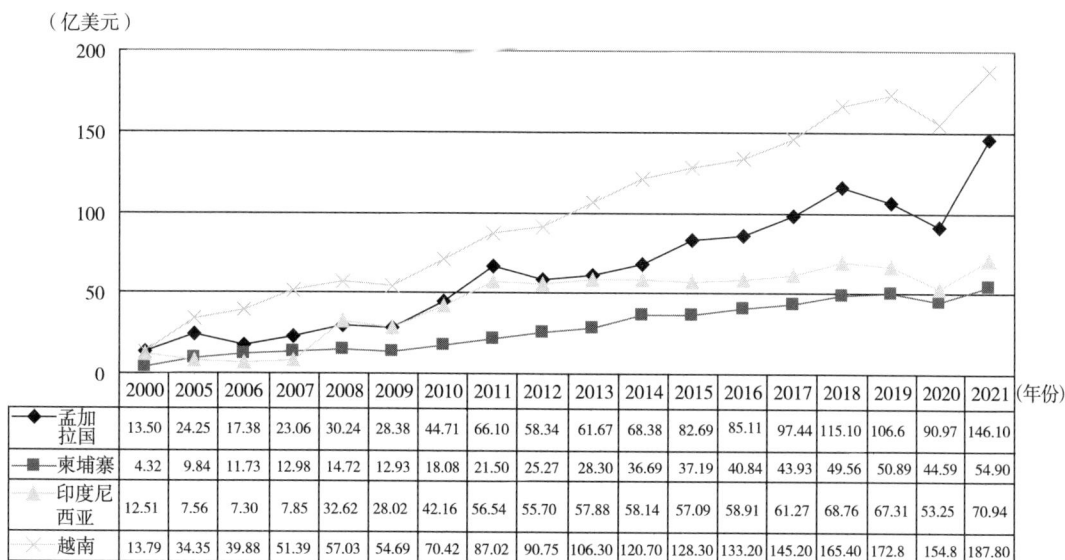

（亿美元）

| | 2000 | 2005 | 2006 | 2007 | 2008 | 2009 | 2010 | 2011 | 2012 | 2013 | 2014 | 2015 | 2016 | 2017 | 2018 | 2019 | 2020 | 2021 (年份) |
|---|---|---|---|---|---|---|---|---|---|---|---|---|---|---|---|---|---|---|
| 孟加拉国 | 13.50 | 24.25 | 17.38 | 23.06 | 30.24 | 28.38 | 44.71 | 66.10 | 58.34 | 61.67 | 68.38 | 82.69 | 85.11 | 97.44 | 115.10 | 106.6 | 90.97 | 146.10 |
| 柬埔寨 | 4.32 | 9.84 | 11.73 | 12.98 | 14.72 | 12.93 | 18.08 | 21.50 | 25.27 | 28.30 | 36.69 | 37.19 | 40.84 | 43.93 | 49.56 | 50.89 | 44.59 | 54.90 |
| 印度尼西亚 | 12.51 | 7.56 | 7.30 | 7.85 | 32.62 | 28.02 | 42.16 | 56.54 | 55.70 | 57.88 | 58.14 | 57.09 | 58.91 | 61.27 | 68.76 | 67.31 | 53.25 | 70.94 |
| 越南 | 13.79 | 34.35 | 39.88 | 51.39 | 57.03 | 54.69 | 70.42 | 87.02 | 90.75 | 106.30 | 120.70 | 128.30 | 133.20 | 145.20 | 165.40 | 172.8 | 154.8 | 187.80 |

图 7-10　2000—2021 年四国纺织品进口额

资料来源：根据 WTO 数据整理得出。

## （三）四国纺织品服装主要出口市场

### 1. 孟加拉国

成衣出口目的地主要为欧盟、美国、日本、澳大利亚、加拿大等，而这些国家和地区所给予孟加拉国的优惠待遇如下：

（1）根据欧盟"普惠制"和"EBA"制度（除武器外所有商品），孟加拉国在欧盟市场享有免配额、免关税优惠待遇，这是孟加拉国纺织业优于其他竞争者的主要优势；

（2）孟加拉国纺织品在 2004 年及以前获得了加拿大、挪威、日本、新西兰、澳大利亚的免关税、免配额市场准入优惠待遇；

（3）在美国市场上，孟加拉国有 30 个类别的成衣产品受到配额限制，比中国的受限产品种类要少得多。近年来，孟加拉国政府一直在积极游说美国给予孟加拉国服装零关税准入（与其他 33 个南撒哈拉和加勒比海地区最欠发达国家一样）。

孟加拉国成衣主要出口市场是欧盟和美国，其中，法国占出口的 22%，德国占出口的 17%。孟加拉国的机织成衣约 44% 出口欧盟，约 49% 出口美国，其他部分主要出口日本、加拿大、澳大利亚，只占其出口总量的 1.6%；孟加拉国出口的针织成衣中，约 59% 输往欧盟，约 34% 输往美国，其他主要出口日本、加拿大、澳大利亚，约只占其出口总量的 1.8%。

### 2. 越南

纺织品服装主要出口市场为北美和亚洲地区。2021 年，越南纺织品服装出口额为 425.2 亿美元，其中，对美国出口额为 176.2 亿美元，占越南纺织品服装出口总额的 41.4%，居第一位。对中国纺织品服装出口额为 44.8 亿美元，占比 10.5%；对韩国纺织品服装出口额为 40.5 亿美元，占比 9.5%；对日本纺织品服装出口额为 39.1 亿美元，占比 9.2%（表 7-22）。

表 7-22　2021 年越南纺织品服装主要出口市场

| 出口市场 | 纺织品服装出口额（亿美元） | 占越南纺织品服装出口总额比重（%） |
|---|---|---|
| 美国 | 176.2 | 41.4 |
| 中国 | 44.8 | 10.5 |
| 韩国 | 40.5 | 9.5 |
| 日本 | 39.1 | 9.2 |
| 加拿大 | 10.4 | 2.5 |
| 总计 | 311.0 | 73.1 |

资料来源：根据 WTO 数据整理得出。

### 3. 印度尼西亚

纺织品服装是印度尼西亚第四大类出口商品，2021 年纺织品服装出口额为 138.9 亿美元，占其货物出口总额的 6%，主要出口市场为美国、日本、中国、韩国和德国（表 7-23）。其中，对美国出口额为 55.5 亿美元，占比达 40%；对日本出口额为 11.7 亿美元，占比达 8.4%。2021 年纺织品服装进口额为 96.9 亿美元，占其货物进口总额的 4.9%。

表 7-23　2021 年印度尼西亚纺织品服装出口主要市场

| 出口市场 | 纺织品服装出口额（亿美元） | 占印度尼西亚纺织品服装出口额比重（%） |
| --- | --- | --- |
| 美国 | 55.5 | 40.0 |
| 日本 | 11.7 | 8.4 |
| 中国 | 6.6 | 4.8 |
| 韩国 | 5.7 | 4.1 |
| 德国 | 4.8 | 3.5 |

资料来源：根据 WTO 数据整理得出。

#### 4. 柬埔寨

2021 年，柬埔寨服装出口额位 84.7 亿美元，主要出口市场是欧盟、美国和日本。其中，对美国服装出口额达 31.8 亿美元，是柬埔寨服装第一大出口市场；对加拿大服装出口额为 7.9 亿美元；对日本服装出口额为 7.6 亿美元。

## 小结

本章简要介绍了全球纺织品服装主要出口市场的格局，包括美国、欧盟主要国家和日本。还介绍了中国、土耳其、印度、巴基斯坦、孟加拉国、越南、印度尼西亚和柬埔寨等纺织品服装主要出口国产业、贸易发展情况。

## 复习与思考

（1）世界主要纺织品服装出口国有哪些？
（2）简述中国与土耳其纺织品服装出口市场的分布。各有哪些产业基础优势？
（3）简述孟加拉国和越南服装主要出口市场分布。

## 参考文献

［1］郭燕. 后配额时代的中国纺织服装业［M］. 北京：中国纺织出版社，2007.
［2］中国商务部. 巴基斯坦纺织服装业基本情况［OL］. www.wenku.baidu.com.
［3］郝杰. 土耳其纺织服装业：力求在国际市场树立新形象［J］. 纺织服装周刊，2007（22）：11.
［4］商务部贸易救济调查局. 中国企业投资孟加拉国纺织服装业形势分析［OL］. http：//gpj.mofcom.gov.cn.
［5］孟加拉国经商参处. 中国企业投资孟加拉国纺织服装业的优势分析［OL］. http：//info.textile.hc360.com/2007/01/19154251869.shtml.
［6］Vietnam Credit. Industry Report Vietnam's Textile Industry 2017［OL］. www.vietnamcredit.

com. vn.

［7］商务部孟加拉国经商参处 . 孟加拉国纺织服装产业投资前景［OL］. http：//bd.
mofcom. gov. cn.

［8］赵京霞 . 后配额时代的国际纺织品贸易［M］. 北京：中国纺织出版社，2006.

［9］赵永霞，刘凯琳，张荫楠 . 世界纺织版图与产业发展新格局（四）［J］. 纺织导
报，2020（1）：25-42，44，46-47.